M. Weber
A. Müller
W. Roscher
G. Schmoller
W. Sombart

歴史学派の世界

J. Schumpeter
C. Menger
E. Lederer
F. List
A. Wagner
B. HildeBrand
K. Knies
L. Brentano
W. Ashley
W. Cunningham

住谷一彦
八木紀一郎
編

日本経済評論社

目　次

第1章　「歴史学派の世界」とマックス・ヴェーバー

住谷　一彦

1 歴史学派の復権

最近の欧米諸国における経済理論の世界でドイツ歴史学派に対する関心が高まってきている。歴史学派経済学が経済理論の世界からその姿を没して既に久しいものがあるだけに、こうした研究動向は止目されてよいであろう。(1)ここではそれを簡潔に叙述したヴェルナー・パシャに拠って問題点をスケッチしてみることにしたい。(2)

パシャは、経済理論の世界で一九八〇年代以降制度的な問題と進化的な視点への関心が復活してきたことを指摘し、それは経済学の主題と領域と方法に関して、境界を狭く限定する傾向から、振り子の針が反対の方向に進んできていることを示すものだと述べている。そして、その方向へ押し進める諸要因として、パシャは以下の諸点を指摘する。第一は新古典派経済学の還元主義を避けようとして採る全体論的な方法である。このアプローチを結びあわせているのは、ミュルダールにみられるような開放系の視点、脱中心的な全体性（すなわち、少数の要因を他のものよりも重要であると前提しない）、循環的および累積的な因果関係、質的で複雑な性質をもった相互作用、不断の変化と流動、といった方法的形式である。第二はドイツ歴史学派、とくに最新世代に属するヴェーバー兄弟やゾムバルト、シュピートホフなどによって提唱された社会経済学の潮流である。そこでは科学は形式主義的な「純粋理論」と「形態（ゲシュタルト）理論」の両方を利用することによって発展されるべきだという認識がみられた。これは社会科学の二極化構造（ヴェーバーのいう「法則科学」と「現実科学」）を開示するものであった。パシャはドイツ語圏における伝統的なもう一つのアプローチとしてオーストリア学派の限界効用理論を挙げている。この学派は、パシャによると、英米の新古典派とともに近代経済学の潮流を形づくっていくが、そこにはなお或る制度的思考の流れが通奏低音をなしているという。これは恐らくヴィーザーやシュンペーターに最もよくうかがえるだろう。第四に挙げられるのは、アメリカの新制度主義経済学である。別の呼称としては公共選択理論、合理的選択理論、取引コスト理論、所有権理論、契約理論などといわれるものである。それは進化の視点から制度の成立・発展・衰退という事態の推移を通して、社会・経済の変化を説明しようとするものであり、シュンペーターの技術革新と経済主体の動学理論が濃くその影を落していることは否めないところであろう。ただ、シュンペーターでは発明・発見は経済理論にとって外生的要因であったが、新制度主義では内生的と位置づけられており、そこから両者の対照性がさまざまに顕在化していく。パシャは、ドイツ語圏に特有なアプローチのいま一つのタイプはオルドー学派であるとして、これに留目している。その特徴点は、経済秩序の理念型から出発して、その機構を論理的に分析しようとするものであり、第一に経済秩序を政治・社会・文化的秩序とは独立したものと理解すること、第二にそれを、首尾一貫した経済秩序の基礎づけをおこなうための経済政策の主要な仕事とみなすこと、にあった。オルドウ学派は歴史学派における理論と歴史の曖昧な結びつきを厳しく批判したが、それでもなおドイツ歴史主義の影響が広く空気のように浸透していることは、エアハルトのブレーンであったミュラー＝アルマックをみても明らかである。ヴェルナー・パシャは、こうした諸潮流が折り合わさって最近における歴史学派への関心を喚び起こしたとみるのであるが、とくにそれが一九八〇年代末から顕著になってきた理由として、日本に先導されつつ形成された東アジア新興工業地域の出現と、いわゆる「ベルリンの壁」の崩壊に象徴されるソ連・東欧社会主義計画経済の挫折、ドイツ統一につづく東欧社会主義の体制転換の問題を挙げる。前者については国家が経済「開発」上に演ずる積極的な役割をいや応なく認めざるを得ないという歴史的な現実認識が指摘でき、利益集団の力、リーダーシップの質、海外からの圧力、といったより広汎な制度的文脈を考慮に入れなければならなくなった。パシャは「現代世界の東アジアの役割に関する重要な問題は、進化的、制度的アプローチの応用のためのメッカとなっている」とまで言っている。しかし、制度的、進化的アプローチにとってより以上重要であったのは、中東欧諸国の市場経済への体制転換という現実である。新古典派の標準的理論にもとづく市場経済の導入は、結局はひとつのショック・セラピーであった。体制転換にとって重要な多くの変数は、標準的な経済学では非常に小さな役割しか果たしていなかったからである。ほかならぬドイツでドイツ統一や中東欧の体制転換に関する経済分析は、その多くがオルドー学派的背景をもつ制度主義的経済学者によって生み出されたことが、その間の事情を何よりも雄弁に物語っている。ところで、パシャは詳しくはふれていないが、この研究動向をみていくうえで無視できない今ひとつの流れがある。それは移行経済学あるいは比較経済制度（体制）論とよばれる問題領域である。これについては、堀林巧（以下人名は敬称を略させていただく）の鋭い指摘がある。(3) 行論上必要なかぎりで彼の論旨をまとめてみれば、こうである。

何よりも注目すべきことは、イギリスの旧ソ連・中東欧研究機関、とくにバーミンガム大学社会科学部に所属するロシア東欧研究センター（Center for Russian and East European Studies, CREES）にみられる研究動向である。そこではヨーロッパ研究の一環としての移行経済諸国研究が一般的動向となっており、その研究過程で新古典派から新制度学派へと関心が移ってきた。すなわち、従来のショック・セラピーか漸進主義かといった移行論から、制度変化と移行経済の型の関係を問題にする議論に変化していったからである。その分析理論を移行経済学と呼ぶか、比較経済制度論とよぶかは、さしあたっては名称の問題であるが、目新しいのは、伝統経済概念導入および資本主義の比較制度分析という視点の提起である。その準拠枠となっているのは、㈠資源配分形態。伝統（慣習による配分）、市場（需要、供給、価格メカニズム）、指令（エジプトなど古代帝国の存在）。㈡所有形態。私的所有と市場（典型的にはアングロアメリカンモデル）、社会的所有と市場（旧ユーゴモデル、現中国モデル）、私的所有と指令（ナチス経済、戦時資本主義経済）、国家的所有と指令（旧ソ連モデル）。㈢計画化の役割（旧ソ連の戦時共産主義における計画化なき指令。あるいは日本、フランスのような計画は指示的で調整は市場という指令なき計画化）。

㈣刺激（物質的刺激あるいは道徳的刺激）。㈤政治とイデオロギーの役割（ハイエクのような経済的自由主義と政治的民主主義の不可分性強調、北欧的福祉国家の社会民主主義、開発独裁、イスラム原理主義）。これらの指標にもとづき世界の経済制度を次のように分類する。⑴市場資本主義（スイス、イギリス、アメリカ、オーストラリア、インドネシア等）、⑵計画的市場資本主義（日本、韓国、インド、フランス等）、⑶社会的市場資本主義（スウェーデン、旧西独、オランダ、コスタリカ等）、⑷市場社会主義（旧ユーゴ、旧ハンガリー、中国、エジプト等）、⑸指令社会主義（旧ソ連、旧ルーマニア、ラオス、エチオピア）、⑹新伝統経済（イラン、パキスタン）。もとより一応の分類ではあるが、ここにはポスト共産主義体制の市場経済への移行をめぐって一時優勢であった市場経済システムによる純粋かつ単純な分析は影をひそめ、資本主義システム自体が歴史的かつ国民的多様性を有しており、それは制度的、組織的調整や調整諸モデル、統治諸形態の複雑なレパートリーによって特徴づけられ、この多様性がシステムのダイナミズムを生む原因であり、またその結果でもあることが認識されるに至っている。こうして多くの資本主義経済は、それぞれが多様な形態、さまざまな機能原則を伴う混合経済であって、ポスト共産主義体制の移行問題も、それはある純粋なシステムから他のそれへの「移行経済」といったものではなく、システム変化の歴史的かつ経路依存的（Pathdependent）性格や資本主義の複雑な諸機能に依存することが次第に明らかにされていった。移行経済学で支配的であった、西欧の「市場経済」という標準、単一モデルへの将来的収斂という視点は修正されざるを得なくなり、経路依存的アプローチが優勢となった。これは国民経済の歴史的個性を経済分析の枠組に入れることを意味しており、この文脈において歴史学派の問題意識が改めて再認識されることにもなるのである。それを受け入れる土壌は、とくにドイツにおいては歴史的に存在していたことが、シュモラー・ルネッサンスに象徴される歴史学派の復権につながっていくといえるのではないだろうか。(4)

しかし、歴史学派の伝統は、ドイツ以外では、とくに日本が挙げられなければならない。日本の経済学が明治以降ドイツ歴史学派の影響を強く受けながら発展してきたことについては、すでに多くの先学の研究がある。(5) また、近代経済学の内部では高田保馬の勢力説、大熊信行の配分理論などが指摘できる。(6) ただ、戦後日本の経済学はマルクス経済学と英米の近代経済学が支配的であった。しかし、ソ連、東欧社会主義体制の崩壊は、これまで述べてきたように、マルクス経済学の整序・調整だけではなく、近代経済学の内部でも制度的、進化的経済理論の台頭をみるにいたり、ふたたび歴史学派の存在理由が経済理論、とくに政策理論レヴェルで問われるに至った。では、日本の経済学史研究において、歴史学派はどのような今日的意義を有しているのだろうか。かくて現時点におけるその問題性に改めてスポットライトがあてられることになる。

2　歴史学派の世界

一九九六年秋、日本経済学史学会は共通論題として、「歴史学派の世界」をとりあげた。(7) 日本における経済学研究の歴史をふまえて、どのようなことが論じられたのであろうか。次に、ごく概括的にそこでの問題点を素描してみることにしたい。

このフォーラムの企画者で司会者のひとりでもあった八木紀一郎は、ここ二〇年来ドイツ経済学史研究が活発化したなかで、歴史学派再評価の機運が盛りあがってきたことを、次のように指摘する。(8)「制度と人間行動の発展に注目する進化的な経済学の可能性が探られるなかで、経済のなかに歴史的・倫理的要素を取り入れようとした歴史学派の経済学の再評価がおこなわれると同時に、メンガーをはじめとするオーストリア学派もまた、歴史学派と異なった形で、制度進化の理論の先蹤者としてクローズアップされるようになったことである」と。「英米経済学を基準とした経済学史の標準的な理解では、オーストリア学派は不十分な新古典派であり、歴史学派は経済史家、経済社会学者、あるいは社会政策論者の集合体ではあっても、経済理論と関連する学派とは考えられなかった。しかし、進化的な制度経済学という新たな問題関心から照射するならば、オーストリア学派と歴史学派が対立した前世紀末の方法論争も別様に見えてこないだろうか」。では、どのように「別様に見え」てくるのだろうか。

八木は論点をもっぱら「方法論争」に限定しつつ、その意義を検討する。「方法論争」については多くの研究があり、我が国でも同様である。八木の新しい点は初版『原理』と『経済学方法論』との関連を追求しつつ、シュモラーの「経験主義」的立場と対決したメンガーが行為理論へと純化していき、経済行為を目的論的関連において捉えることで、いわゆるホモ・エコノミクスは「たしかに『利己的』ではあるが、それは現実の人間がもつ様々な性向のうち最重要な一つを取り出したものであり、人間の行為連関における経済的側面を理論化するための不可避的な抽象である」とみなすに至ったことを明らかにしたところにある。それは経済理論がさまざまな非経済的要素に影響されない理想的な経済過程を論じるものであるとする点で、およそ経済理論は――マルクスの『資本論』も――理念型的に構成されるとしたヴェーバーの見解に接続することになる。八木はメンガー、シュモラー、ヴェーバーのトリアーデを構成することで、歴史学派の存在理由をメンガーからヴェーバーへのラインの否定的媒介者という位置づけで評価しているように見える。「否定的」という意味は、「マックス・ヴェーバーは、歴史学派に対するメンガーの批判をほとんど受け入れた」からであり、その「媒介者」である所以は、「われわれの科学が、経済的な文化諸現象を個々の原因――経済的なものであれ、非経済的なものであれ――へ、因果的にさかのぼって帰属させるかぎり、われわれの科学は『歴史的』認識を追求するものである[9]」からである。この文脈でヴェーバーは自らを「歴史学派の子」と呼んだのであった[10]。

八木とはやや異なった視点からであるが、八木と同じような評価を下したのは、小林昇「経済学・歴史・歴史主義」である。小林の論文は、前述のフォーラムに先き立って行われた講演を骨子としている。小林が検討したい論点は、いわゆる歴史学派を特徴づけている歴史的思考ないし歴史主義における「歴史」の意味である。その地平《ホリツォント》からステュアート、スミス、リスト等々が検討され、シュモラー等と対比される。[11] ステュアートには国民経済の歴史的個性を経済史一般の発展法則のなかにおこうとする認識がはっきりと窺われ、スペインを近代世界からはずして古典古代に親縁的とし、その他の西欧諸国を世界史の前線を形成しているという西欧世界史の広袤《ぼう》への正確な認識と歴史を開く理論形成という点で、歴史学派の歴史認識が遂にもちえなかったレヴェルに立っていることが指摘される。スミスの『国富論』が理論と歴史の単純な一致ないし対応の域をつとに離脱していることは既に明らかにされているが、その第三篇にみられる近代成立過程の経済史的叙述が歴史学派の多くの業績を遥かに抜く的確な歴史認識を示していることは、すでに大塚久雄の指摘しているところでもある。[12] 小林によれば、リストも単純に歴史学派の先駆者ではない。その有名な発展段階論も、後代の歴史学派にみられる段階論よりは一八世紀英仏の段階説の直接の継承なのである。リストの経済学体系における「隅の首石《コーナー・ストーン》」ともいうべき『農地制度論』についても、歴史学派のなかではその重要さが気づかれず、換骨奪胎されたかたちで内地植民論の潮流に流れこむにとどまっていた。結局リストにみられる世界史的視野と歴史認識は、歴史学派をこえて遥かにヴェーバーの広大な学問的世界への連繋を予想させるものであった。[13] このようにみてくると、小林のシュモラーをはじめとする歴史学派への評価が透《す》けてみえるようになる。すなわち、「歴史認識・歴史研究ないし歴史的洞察を深く有機的にふくんだ経済学の大体系は、ステュアートとスミスとマルクス以外には見当らないといってよい。……シュモラーの上掲の『綱要』は、……彼に托したシュンペーターが理想とした『経済社会学』(Wirtschaftssoziologie) と呼べるものには到達しているとはいえないのであり、上記の三人の代表作と肩を並べることはできないとすべきである」[14] ということになる。小林はアメリカの制度学派における歴史学派の影響にも一言ふれているが、「歴史学派の『歴史的』方法に浸透される余地はむしろ少なく、広くドイツ経済学における経験的方法や社会有機体の観念や相対主義等が反って受け容れられたのであった。それは広範な社会学的方法といってよいであろう」という評価である。むしろ「アメリカにおける歴史学派の影響といっても、ヴェブレン→コモンズ→ミッチェルの線は、同時にむしろ、歴史学派と標高を争う連峯を示しているというべきであろう」。

このように見てくると、小林の歴史学派評価は、必ずしもポジティヴとは言えないことが分かる。この論文には出てこないが、講演では、歴史学派は、ステュアート、スミス、リスト、マルクス、メンガー、マーシャル等の経済理論が聳える高い山脈《やまなみ》にかこまれた低い連峯にたとえられていた。この「低い連峯」から一歩抜きんでて、これら歴史的山脈の巨峯にその名をつらねる人として、小林がとりあげたのは、マックス・ヴェーバーであった。ヴェーバーだけは、「経済学を離れると同時に歴史学派を離れ、……国民主義を超えた世界史的気圏に到達し、旧来の相対主義や倫理主義や心理主義を方法的に深処で変容させ、ドイツの哲学・史学・法学等と並んで学問史の先端を開拓しつつ、とくに西欧の精神史的最前線に立つこととなった」人物なのである。「それは歴史学派がついに立つことのなかった前線なのであった」(15)。小林の歴史学派評価はシュンペーターのシュモラー再評価に端を発した事実に顧みて、それを自明のように受け継ぐだけではシュンペーター的学問世界の充塡にとどまり、それで果たして「斯学の世界史的前線の構築となりうるかどうか」と疑問を呈している。

小林の論旨は、三人の報告者に大なり小なり或る影響を与えることになった。つぎにこれら報告者の提起した論点を若干摘記してみよう。

最初の報告者である田村信一「歴史学派の歴史意識」（本書では「国民経済から資本主義へ」となっている）は、一九世紀以降のドイツ語圏で形成された経済学の諸潮流で、とくにイギリス古典派の法則定立的・一般理論指向的な潮流に対して、因果帰属的・国民経済指向的な潮流にみられる歴史的思考の優位性を特殊・ドイツ的な特徴とみて、これをいわゆる旧歴史学派（ロッシャー、ヒルデブラント、クニース）、新歴史学派（シュモラー、ブレンターノ、クナップ、ビュッヒャー)、さらに最新歴史学派(ゾンバルト、ヴェーバー、シュピートホフ、シュンペーター)へと展開する歴史学派の山脈《やまなみ》のなかで、とくにロッシャー→シュモラー→ゾムバルトの線を追及することを通じて浮き彫りしようとするものである。その点では三人の報告のなかで一番オーソドックスなスタイルといえるだろう。ロッシャーについては、彼のいわゆる「歴史的方法」は「理論的方法」に対立するよりは、むしろ「補完」の意味合いが強く、古典学派に対抗して新学派を創始しようとするものではなかった点が指摘される。端的にいえば、彼の経済学は「ドイツの近代的工業化を上から推進する官僚リベラル派の学問的啓蒙」を目指すものであった。その文脈で核をなす「国民経済」の概念は一つの全体概念であり、有機的生命体に類比して捉えられている点で、国民経済の統一性は民族といった形而上学的実体によって保証されていた。この点はのちにヴェーバーによって「ロッシャーとクニース」のなかで徹底的に批判されることになる。田村のシュモラー研究については戦前の大河内一男による保守的な国家主義者シュモラーという像《ビルト》に対する国民自由主義者シュモラーという方向への是正という点での評価が定着しつつある。(16) 本報告ではさらに一歩すすめて彼の国民経済論が分析されている。国民経済が一つの全体として統一される実在的原因に集団形成力である人間の共同感情をおき、それが家族集団から次第に村落経済→都市経済→領邦経済→国民経済へと共同圏が拡大するかたちで発展段階論が構想されている。ここではロッシャーの有機体論的形而上学に代って、経済制度の歴史的発展=進化論が姿を現わしてくる。今日シュモラーがふたたび注目されるに至ったのも、実は近代経済学で外生的要因とされた、この制度の内生化と進化的アプローチという問題局面であった。これにはシュンペーターのシュモラー論が巨きく影響しているといってよいであろう。だが、田村はシュモラーの批判的継承の線上でゾンバルトを捉えようとする。何故ヴェーバーでなく、またシュンペーターでなく、ゾンバルトであるのか。本報告の軸線もここをめぐって展開する。歴史学派批判は周知のようにオーストリア学派の創始者メンガーによってなされたのであるが、それは該学派の拠って立つ「歴史的方法」に根本的な疑惑を与えた点で学界の受けた衝撃は巨きく、かつ深刻であった。歴史学派のなかからその批判を受けとめつつ、それを超える方向へと社会科学的認識の視座と方法を打ち出したのは、一九〇四年に発表されたヴェーバーのいわゆる「客観性」論文であったことは、もはや周知のところであるが、田村によれば、それとは異なった視点と方法でヴェーバーに先んじて応えたのがゾムバルトであり、彼が一九〇二年に刊行した『近代資本主義』全二巻は、その序文が明示しているように、メンガーにより対立的に分離・批判された歴史的方法と理論的方法との統一が意識的に目指されているというのである。(17) 経済システム（Wirtschaftssystem）という概念が、二つの方法を媒介する結節点となっている。ゾンバルトの『近代資本主義』は、営利欲、経済合理性、市民的徳性の複合体としての「資本主義的精神」（Kapitalistischer Geist）があらゆる制度に浸透していくプロセスの理論的・歴史的分析であり、その意味で今日いうところの「制度と進化」の枠組を有する研究であった。ゾンバルトは、さらに一九一三年に『ブルジョア』を刊行し、彼の研究目的が近代化過程という人類の歴史を画する現象の織り出される背後にある「資本主義的合理性の進展――経済発展の加速化に伴う経済の非人格化・経済プロセスの事象化（Versachlichung）――が『生の様式』に及ぼす意味」を問うにあることを明らかにした。これは既に若きマルクスが提起した疎外論と対応するとともに、ヴェーバーが「資本主義の精神」論で追求した近代職業人の運命を問う視座とも重なりあって、両者間で激しい論争が展開する導線にもなる。(18) ただ、ゾムバルトはヴェーバー、シュンペーターなどと第三世代の最新歴史学派に属するとみなされているが、柳澤治が報告する第四世代の人々からみると、必ずしも歴史学派の正当な批判的継承者とみられていないところに問題が残る。それは「資本主義の精神」論争でゾンバルトがフィレンツェの偉才アルベルティからフランクリンへの線を辿ろうとするのに対して、ヴェーバーがその線を真っ向から断ち切るところにも露呈している。(19) ここではゾンバルトの「資本主義的合理性」について、一九〇〇年に刊行されたジンメルの『貨幣の哲学』から深い影響を受けていることが「扇の要《かなめ》」となっているのを指摘するにとどめよう。[20]

塩野谷祐一「歴史主義・制度主義・進化主義」(本書では「シュンペーターと歴史学派」となっている)は、彼の用語法でいうならば、田村、柳澤の報告が、すぐれて歴史学派の人々を対象としつつ、その残した業績に対して歴史的接近を試み、それの「歴史的再構成」を目指したのに比して、いわば「ドイツ歴史学派の理論的構築物の部分に対して一つの『合理的再構成』を行う」ことを企図している。そこでの理論的接近の仕方とは、「制度と進化」というテーマを「歴史と倫理」という方法を通じて捉えることである。たまたま歴史学派の代表としてシュモラーが対象とされているが、これは「歴史学派の理論的構築物の部分」として取り上げられたのであって、歴史学派の全体がそれで汲み取られると考えているわけではない。彼が「対象」となったのには、もちろんシュンペーターのシュモラー論が関わりを持っており、塩野谷の考えるメタ理論としての学史研究のレヴェルでシュモラーの業績が経済社会学として今日的意義を有しているとみなされている点も対象化の要素となっている。その意味では決して無前提的ではない。塩野谷の報告は、それゆえ、全体として一つの理論的考察なのである。すなわち、シュモラーの業績は現代の理論研究においてどんな意義を有し、いかなる面で理論的寄与をなし得るか、を明らかにすることが目指されている。そのための方法概念が「歴史と倫理」である。塩野谷によればシュモラーとメンガーの「方法論争」は、相互に的をはずした不生産的な論争であった。そこでのテーマは「効用と価格」の経済学か、或いは「制度と進化」の経済学か、というテーマの選択をめぐっての争論《イッシュー》であり、「歴史と倫理」の方法は、後者のために構想されたものであった。「価値判断論争」でも塩野谷は通説を退け、シュモラーは科学の世界で一般的・客観的価値が事実として形成される進化的、歴史的過程を問題としたのであり、問題は彼が社会は全体としてある目的を持つものとみなされ、倫理的価値が社会を支配すると想定されていることである。これは一種の目的論的社会理論であり、シュンペーターのいわゆる方法論的「道具主義」に対する方法論的「全体主義」である。シュンペーターは制度が個人を規定する局面を問う経済社会学の場合には、このシュモラーの方法は有効であると考えた。この尺度でいくと、シュンペーターの方がヴェーバーより「歴史学派の世界」にヨリ親近的ということになる。ヴェーバーは、塩野谷のいう経済社会学の局面でもシュモラーには厳しく批判的であった[21]。ただ、シュモラーとヴェーバーの関係は、社会政策学会に対するヴェーバーの評価も含めて、まだ明らかにされねばならない問題が多い[22]。「制度と進化」というテーマについてもシュモラーは「あらゆる国民の経済組織は、長い間考えられてきたように、自然的産物ではなく、主として異なった社会階級との関係において何が正しいか、何が正義であるかに関するその時々の倫理観の産物である。経済組織のあらゆる進歩はこれまで倫理的観念の勝利であって、将来もそうであろう」と断言し、制度は倫理的価値の内在化（法律・道徳・慣習等）であり、倫理と経済との間に孕まれる緊張のダイナミズムが制度の進化を惹起すると考えた。この面では自由と効率の原理にもとづく自生的秩序として制度の進化を捉えるオーストリア学派出身のミーゼス、ハイエクなどとは明らかに異なっている。また、少なくとも近代的市場経済秩序の自生的成長を想定するヴェーバーの『経済と社会』とは方法も視座も巨きく違っている。塩野谷もヴェーバーは「制度と進化」のテーマでは歴史学派より新古典派的と見ている[23]。

結局塩野谷にとって歴史学派はどんな今日的意義を有しているのだろうか。シュンペーターの『経済学史』（一九一四年）にしたがって、彼は次のように見ている。社会の歴史的進化をテーマとする場合、経済を中心として社会の諸分野（とくに慣習、規範、道徳、価値観など）との相互関係を問う経済社会学がどうしても構想される必要がある。その文脈でマルクス、ヴェーバー、シュンペーター、パレートと並んでシュモラーの『一般経済学概要』（一九〇〇〜四年）も重要な業績となる。また、歴史学派は、倫理は制度に内在し、個人を拘束するものとみなしているが、これは方法論的全体主義と倫理的目的論の採用を意味し、合理的経済人と方法論的個人主義に立って自生的秩序論を主張するオーストリア学派の「制度と進化」論と対決することにもなろう。歴史学派では制度は歴史と理論との統合に対する結節点をなしており、この方法的枠組みの上に立つ歴史学派の諸峰は、新古典派経済学の拡張としての新制度派経済学や、シュンペーターの線上に展開される進化的経済学にとっても、方法的側面で避けて通れない学史上の山脈《やまなみ》をなしている。

田村のゾムバルト評価、塩野谷のシュモラー評価とは異なって、柳澤治の「第一次大戦後における歴史派経済学と政策論」は、これまで十分な照射と意義とが与えられてこなかった、いわば歴史学派の第四世代にスポットを当てようとする野心的な試みである。これまで歴史学派の末流ないし残滓として消極的にしか評価されなかった「大戦後」=ヴァイマール期の歴史学派は、それ以前のいわゆる最盛期の歴史学派に対して、どのような意義が見出されるのであろうか。柳沢の指摘する論点を概括してみよう。第一に学派の関心が大きく移動したことである。従来学派の実践的なプログラムの討論場であった社会政策学会の中心課題は社会問題、とくに労働者問題と社会改良主義的立場からするアプローチであったが、大戦後は狭義の社会問題から農業・手工業・商業問題等を含めた、より多角的な社会的政策（Gesellschaftspolitik）への取組みに移行した。第二に、その関心は特定の経済現象に局限されることなく、経済社会の有する多面的な問題を、「全体として、また歴史的段階的に認識しようとする点において、同時代の他の経済学にみられない独自な特徴を有していた(24)」。それはリスト以来ドイツ歴史学派に固有な鋭い歴史意識を示すものである。第三には、この時期の社会政策学会での独自なテーマが資本主義の構造転化に関わるものであったということである。それは戦前から豊かに培われてきた歴史学派の歴史的認識を顕著に表明するものであり、「資本主義分析のための経済学説として『第一次大戦後』の歴史学派は、なお十分に評価されねばならない面を持っているといえよう」。第四に、この第三、四世代の学者がヴェーバーを主な編纂者とする『社会経済学講座』（Grundriss der Sozialökonomik）に結集し、ヴェーバーの業績を継承する線上に活動したことである。柳澤は「M・ヴェーバーによる方法論的批判をもって歴史学派の終焉とする見方は性急に過ぎる嫌いがあり、われわれは、むしろその後に展開される上述のような『社会経済学』的な取組みを歴史学派の第三世代の学的営為として旧・新学派のそれと並べて、それ相当に評価する必要があるのではないかと考えている」。第五に、ヴァイマール期の晩期歴史学派（仮りにシュモラーからヴェーバー、ゾンバルトまでを盛期歴史学派とすれば）は、資本主義の構造転換という問題を、単に現状分析としてではなく、経済発展の歴史的段階的な認識に基づき、国民経済と世界経済との関連、国内市場、農工関係の在り方と関連づけて分析した。この問題視角はかつてリストが提起したテーマであり、一九世紀末・二〇世紀初頭の「工業立国」論争へとつながるドイツ歴史学派に特有な問題関心であった。最後その意味でも歴史学派の山脈は、ヴェーバーの批判で消え去ったのではなく、連綿とつづいているのである。ナチスの圧に以上に挙げた晩期歴史学派の諸特徴はナチズムと歴史学派との間に鋭い緊張関係をもち込んでいく。ナチスの圧力による社会政策学会の解散、主要学者の職場からの追放、亡命、逮捕の事実は、歴史学派の主流がナチズムと対立的であったことを明示している。ということは、ここに至るまでの全経緯を検討することによって初めて「歴史学派の全体像」が画ける事態を如実に物語っているのではないだろうか。柳澤の報告は、これまでの経済学史上における歴史学派の画像が、なお中途半端なものであったことを示した点できわめて重要な問題を提起したといえるであろう。なお、柳澤が社会政策学会の解散でもって歴史学派の終焉を考えている点は、ヴェーバーの歴史学派との関係を考えるうえでも示唆深いものがある。(25)

以上「歴史学派の世界」をめぐる論者の諸報告を概括したのであるが、そのすべての論旨を貫く共通項となる音調《トーン》は、マックス・ヴェーバーの歴史学派に対する関わり方をめぐっての高い評価であった。このことは、いったい何を意味しているのであろうか。歴史学派のラディカルな批判者でありながら、なお「歴史学派の子」と自称したヴェーバーの存在こそ、今日歴史学派の復権が囁かれているにもかかわらず、否、それゆえにこそ復権への円環を完結させるうえで避けて通れない一つの環をなしているといえるのかも知れない。次に、その点について若干の私見も交えて検討を試みてみることにしたい。

3 「歴史学派の世界」とマックス・ヴェーバー

本稿の問題視角からみて今日なお顧みられてよい業績の一つは、ザリーンの『経済学史の基礎理論』(一九二九年刊、高島善哉訳、三省堂、一九四四年)である。ザリーンはそこでドイツ歴史学派の経済理論を全体認識に指向する「直観的理論」として、イギリス古典学派の部分認識に指向する「合理的理論」への対重(Gegengewicht)的な位置にあると評価している[26]。換言すれば、ドイツ歴史学派では経済理論における「国民性」と「万民性」との対立として楕円形を画くにとどまり、結局同心円にならないまま終ったことになる。しかし、ザリーンは合理的理論に即して直観的なるものを把握し、逆に全体認識への指向のもとに部分認識を構築するという、二つの理論を一つの中心をもつ同心円に止揚する方向を指示するにとどまった。高島善哉は、ザリーンの問題を一面で継承しつつ、他面でこう批判する。イギリス古典学派は、何故ザリーンのいう「合理的理論」を構築できたのか。高島のみるところでは、それを可能にしたのは、実に当時のイギリスが占め得た世界史の布置状況における一回性にあった。その状況をふまえて超国民的・普遍的な理論的把握の方法が、実践的には最も国民的な思想スタイルとなって達成されたのであり、そこでは現実の「歴史」が「理論」形成の媒介環たる役割を事実上果たしたのであった。したがって理論のうえでは歴史とは無媒介な外見を呈することになった。ところが、ドイツでは事態は「正に逆」であった。ドイツ国民はそうした世界史的布置状況を自ら作り出すほかはなかった。こうしてドイツ歴史学派の経済理論は、そのような歴史に「媒介せられた理論」ではなく、それを「媒介する理論(=政策理論)」とならざるを得なかった。この差違はきわめて大きく、古典派から新古典派への経済理論の発展では、初発から「歴史」は与件として、およそ「媒介の理論」を考える必要はなかったのである。歴史学派では「歴史」は自然のコースとして近代経済学のように視野の外におくわけにいかなかった。[27] こうして、歴史学派では「理論」と「歴史」は認識の二つの対象として、それを止揚ないし綜合する性向が絶えず登場してくることになる。ザリーンはこれを「合理的理論」と「直観的理論」に対象化したのであったが、塩野谷の「合理的構成」でいえば、「直観的理論」は「方法論的全体主義」であり、「合理的理論」は「方法論的個人主義」にもとづいて構成されることになろう。ということは、塩野谷の場合には後者の経済理論を前者の社会理論に接合する一点が探索されなければならないことを意味する。高島はスミスの「価値の理論」とリストの「生産力の理論」を相互媒介する経済社会学の構想を提起したが、[28] 一つの社会科学体系に結実するまでには至らなかった。塩野谷の経済社会学は、「スミスとリスト」ではなくシュンペーターを媒介にして、高島の構想の批判的継承を目指した試みであるように思われる。しかし、そもそもザリーンの二元論を一つの同心円に収斂することはできるのであろうか。ザリーンは或いはその線上にゾンバルトを見ていたかも知れない。ヴェーバーに比してもゾンバルトに与えた彼の高い評価は、そのこととあながち無関係ではないであろう。[29] しかし、柳澤の論稿におけるゾンバルトの位置づけは、ザリーンのそうした希望を挫折せしめるかに見える。ここで私は敢えて考えてみたい。「直観的理論」と「合理的理論」との間に架橋（相互補完）するというシュンペーター、ザリーン、あるいは高島、塩野谷等の理論構想は、そもそも妥当なことであろうか、と。

この問題を当時にあって徹底的に考え抜いたのは、周知のごとくマックス・ヴェーバーであった。それは有名な「客観性」論文が「方法論争」への彼に独自な解決を目指すものであったことからも明らかである。「この問題はこのようなものとして存在しており、ここであれやこれやと穿鑿《せんさく》して考え出されたものではないということは、……理論的な考察様式と歴史的な考察様式とが、いつになっても、見たところ橋渡しのできない深い溝によって、いかに分離されているか、〔理論的と歴史的な〕『二つの国民経済学』に、ウィーンの絶望した一受験生が当時嘆き訴えたように、この状況を知る人は誰でも、以上の問題に気づかないはずはないのである」[30]。ヴェーバーは、この問題状況に対してどのように対応したのであろうか。

「客観性」論文は、この点についてヴェーバーの立場をつぎのように指示している。われわれの認識は二つの異なった目標を追うことができる。一つは対象の一般法則性を発見すること、一つは対象の個性もしくは特殊性を把握すること。ここから「法則科学」と「現実科学」が成立する。ヴェーバーによれば、この両者は論理的に矛盾なく成立可能であり、いかなる理論もどちらか一方を正しいと決めることは不可能である。われわれは現実の法則性に関心を向けるか、その特殊性に向けるか、選択は自由であり、どちらがわれわれの認識関心にとって役立つべきか、また役立ち得るかということが決定的である[31]。この選択は科学的認識の意味に関わっている。すなわち、自らの選択した科学的認識はいかなる目的に仕えるのか、その結果はどうであるのかへの自覚が問われることになる。ヴェーバーの『科学論集』は、テンブルックによれば、「『法則科学』と『現実科学』のどちらか一方のタイプが文化――および社会科学を支配したら、われわれの文化はどうなってしまうのかという考察に基づいて、二つの科学の文化意義を把握することに向けられていた」[32]という。そして、この文脈のなかでヴェーバーは「われわれが営みたく思う社会科学は一つの現実科学である」と、はっきり決断したのであった。もちろん、この選択はそれ自身では科学的には取り扱われえない一つの前提にかかわっている。彼は近代の「合理化」過程が、人々の「生」を脱呪術化し、人はいまや神々が互いに相争う世界で自らの責任でもって選択せざるを得なくなっていることをはっきりと看て取っていた。そしてまた、この「合理化」は人間の「生」に「文化意義」のはっきりしなくなった状況をつくり出していると考えていた。そのなかでもしも科学が「法則科学」に変ってしまったら、「あの『あらゆる価値の神々のたそがれ』の招来に力を貸すこととなろう。それはその本性からして、われわれにただ技術的な適応という態度しかとらせないために、われわれにとっては何ものをも意味しえぬ規則性だけを残すこと」[33]になる。それは彼のよく知られている価値的立場、すなわち、「われわれは、世界に対して自覚的な態度をとり、また世界に一つの意味を付与する能力と意志とを備えた、文化人である」という立場にとって耐え難いことであった。ヴェーバーは、あの『国民国家と経済政策』で明言したごとく、何にもまして「世界をそこにおいて自らの価値が適切な姿で現われるように形成しよう」[34]と欲したのであった。彼はメンガーの歴史学派批判の方法的な諸論点は、法則は現実の演繹をいずれは可能とするだろうという一点を除けば、ほとんど全て受け入れた。が同時にまた、「我々が研究しようとする社会科学」は一個の「現実科学」であり、法則の定立はそれ自体としては斥けられないけれども、社会科学の目的としては明確に斥けられる。彼の、現実はどこでも一回限りのものであり、したがってまた、法則によって把捉され認識され得るものではないという思想をみるかぎり、彼の歴史学派へのコミットメントは、はっきりしている。[35]ヴェーバーの見るところでは「法則科学」と「現実科学」、ザリーンのいう「合理的理論」と「直観的理論」の二元性は、そもそもその調停が可能であるような、すなわち、同心円を画きうるような関係ではなく、はっきりと異なった認識関心に方向づけられた、両立可能な社会科学における二つの立場なのである。ヴェーバーは自らの価値的立場から「現実科学」を選び取ったのであるが、それによってまた、彼はリスト以来の歴史学派に流れている「現実科学」としての側面をはっきり継承したといえるのではなかろうか。[36]今日脚光を浴びている「歴史学派の復権」は、果たしてこのヴェーバーの批判的に継承した世界の重さに耐えうる地平を切り拓くことができるであろうか。

注

（1）その代表的な研究としては、B. P. Pridat, *Zufall, Schicksal, Irrtum*, Marburg, 1993; *Die andere Ökonomie*, Marburg 1995; B. Schefold, "Schmoller als Theoretiker", in *Beibamd zur Faksimileausgabe von Schmollers*》*Grundriss*《, Düsseldorf 1989; J.

Backhaus, Hrsg, *Gustav Schmoller und die Probleme von heute*, Berlin, 1993; P. Koslowski (ed.), *The theory of Ethical Economy in the Historical School*, Heidelberg 1994 などが挙げられよう。

（2） 八木紀一郎・真継隆編著『社会経済学の視野と方法』ミネルヴァ書房、一九九六年、一三三～五九頁。以下邦訳文献のあるものは、邦訳から引用することにする。

（3） 堀林巧「最近の研究動向」より引用。本稿は一九九六年末住谷および山田誠・工藤章主宰の研究会「中欧経済体制『変容』に関する研究」での研究発表要旨である。なお、この問題局面については、堀林の次の論文も参照。「ポスト共産主義時代の中東欧」（住谷・工藤・山田編著『ドイツ統一と東欧変革』所収、ミネルヴァ書房、一九九二年）。

（4） 本書所収の柳澤の論文は、この地下水脈を掘り起こす作業の一つでもある。また、晩期歴史学派の第四世代にレプケ、オイケン、ベッケラート等の「オルドウ学派」に属する人々が入っていたことは、第二次大戦後におけるエアハルト、ミュラー-アルマック等の「社会的市場経済」論へとつながる線の存在を予示しているといえよう。一九七五年ケルン大学経済政策研究所に客員研究員として赴いたとき、私はヴィルゲロート教授からオルドウ学派の人々は皆ヴェーバーが編纂者であった『社会経済学講座』（Grundriss der Sozialökonomik）を一つの共有財産としていたという話を直接うかがったことがある。

（5） 住谷悦治『日本経済学史』（ミネルヴァ書房、一九五八年）を参照。そこに先学の業績が挙げられている。

（6） 高田保馬については、八木紀一郎の指摘がある。前掲書所収の八木論文を参照。大熊信行の配分原理については、『マルクスのロビンソン物語』（同文舘、一九二九年）の「配分学説史考」を参看。

（7） 「経済学史学会大会報告集」（第六〇回全国大会、中央大学、一九九六年一一月九～一〇日）所収の「共通論題　歴史学派の世界」における論者の報告要旨を参照。学史学会の「共通論題」のフォーラムは、最初に小林昇の講演（本書所収）があり、八木と私が発題と総括を受け持ち、田村、塩野谷、柳澤の三氏が報告、それに原田、高、小林純の三氏がコメントするかたちで行われた（いずれの報告も本書に収録されている）。田村、塩野谷両氏の報告については同報告集の要旨から引用。他は本書所収の論文から引用する。

（8） 八木紀一郎「カール・メンガーと歴史学派」一九四～二二〇頁。八木は学会の「共通論題」では司会者の一人として発題をおこなったが、その要旨は本書巻末の「あとがき」に収められている。

(9)　M・ヴェーバー「社会科学的および社会政策的認識の『客観性』」(祇園寺信彦・祇園寺則夫訳『社会科学の方法』講談社学術文庫、一九九四年、四八〜九頁)。ここでいう「われわれの科学」は、法則定立を指向する「法則科学」ではなく、後述するような歴史的個体に刻印されている特殊性の文化的意義解明を指向する「現実科学」のことである。

(10)　ヴェーバーが如何なる意味で「歴史学派の子」であったかは、それ自体一つの興味深いテーマである。最近ヘニスが『マックス・ヴェーバーの問題設定』(雀部幸隆他訳、恒星閣厚生社、一九九一年)のなかでクニースからヴェーバーへの線を強調した点で、問題はさらに複雑さと奥行きを増すに至った。

(11)　小林が歴史学派の連峰を、他の諸高峰と比較する尺度は、西欧的近代が有する文化的意義を、どれほどの幅広さと奥行きの深さに根ざした世界史的洞察でもって明らかにしているかという点におかれている。この看点からスチュアート、スミス、リスト、マルクス、そしてヴェーバーが群を抜く巨峰として眺望されることになる。

(12)　『大塚久雄著作集』第二巻、岩波書店、一九六九年、二五七頁。「私は、スミスの透徹した史眼にむしろ驚きの目を見はるものである」。なお、大塚の『近代欧州経済史序説』第一章が、スミス『国富論』第四編の引用で始まっていることにも止目すべきであろう。

(13)　この看点は、すでに早く『フリードリッヒ・リストの生産力論』(小林昇『経済学史著作集』第六巻所収、未来社、一九七八年)に芽生えている。住谷『リストとヴェーバー』(未来社、一九六九年)は、その看点をドイツ資本主義分析の思想という面でさらに展開すべく企図した試論である。なお、私の場合、大塚久雄の「祖国ドイツの経済力(生産力)をイギリスのそれに拮抗し凌駕させようとの熱望のために、近代イギリスの経済力(生産力)を問題にした点において、ヴェーバーはまさしくリストの愛国的パトスとロゴスの継承者、ということができるであろう」(『大塚久雄著作集』第八巻、三三一頁)という視角からも、一つの示唆を得ている。この「パトスとロゴス」という表現が三木清の愛好するところであったことは、大塚史学を理解するうえで深く留意されてよいように思われる。

(14)　小林昇「経済学・歴史・歴史主義」二五七頁。なお、以下の引用もとくに明示しなくとも、本書所収のこの論稿からである。

(15)　同右、二六一頁。小林がヴェーバーに与えた高い評価は、まさにヴェーバーが「経済学を離れると同時に歴史学派を離れた」ことによるという認識に基づいている。ここで小林がいう「経済学」は、ヴェーバーに即していえば、法則定立を指向する「法則科学」が念頭にあるとみてよいであろう。ところで、ヴェーバーが自らを終始経済学者と考えていたことは、一九一三年の「価値自由」論文をみても明らかである。問題は、ヴェーバーがいかなる意味で自らを経済学者（経済社会学者でなく）と考えていたか、である。シュンペーターがヴェーバーを経済学の素人《しろうと》と評して以来、それが定説となった観があるだけに、改めて検討されてよい問題である。最近明らかとなったハイデルベルク大学における一八九八年の『経済学講義』テクストは、ヴェーバーの考えている「経済学」の見取り図を提供するものである。このテクストは、のちの彼が編纂者となった『社会経済学講座』（Grundriss der Sozialökonomik）の体系性を検討するうえで、一つの重要な手がかりとなるであろう。私見は、「国民経済論の史的展開」（内田義彦他『経済学史』筑摩書房、一九七〇年、所収）二四二〜七〇頁に述べられている。参照されたい。

(16)　牧野雅彦「教育者としてのグスタフ・シュモラー――マックス・ウェーバーとドイツ歴史学派経済学――」㈠（『広島法学』第二〇巻第四号、一九九七年三月）一二三頁注(1)を参照。この牧野論文は、シュモラーとヴェーバーの関係について、幾つか重要な問題点を提起している。

(17)　W・ゾンバルト（岡崎次郎訳）『近世資本主義』㈠（生活社、一九四二年）序文（二版）四〜一二頁における行論を参照。なお、ゾンバルトの本書を「方法論争」との関連で読み込もうとするところが、田村論文の新しい点である。もっともすでにザリーンもそのことにいち早く気づいてはいたが。

(18)　ヴェーバーとゾンバルトの論争は、ブレンターノが介在することによって、しかもブレンターノの著書が『近代資本主義の起源』と題されていたため、往々「起源論争」の観を呈したが、ゾンバルトと関わらせると、それが近代資本主義の文化的意義をめぐる一層スケールの大きい論争であったことが分かってくる。ヴェーバーのゾンバルト評価が『近代資本主義』初版と『ブルジョア』とで大きく変っていることも、この点と関連しているように思われる。

(19)　拙稿「ヴェーバーとゾンバルト」（『東京国際大学国際関係学部研究』第六号、一九九六年）を参照。ただ、そこでもふれたように、ゾンバルトの提示したアルベルティ→デフォー→フランクリンの線《ライン》が、たとえヴェーバーの批判を全面的に受け入れるにしても、非西欧的文化世界での資本主義の形成と展開を見ていくうえできわめて示唆に富んでいる点も見落してはならないであろう。

(20)　ヴェーバーが「資本主義の精神」論を展開するうえでジンメルの『貨幣の哲学』がきわめて重要な影響をもっていたこ

とは、すでにマリアンネの『伝記』でも指摘されており、また、テンブルックがヴェーバーによる『貨幣の哲学』（二版）への欄外書き込みにとくに言及していることによっても明らかである。しかし、ゾンバルトもまた自らの『近代資本主義』の作成にあたって、ヴェーバーに劣らず大きな影響を受けていたことは忘れてはならない。そして、ゾンバルト―ヴェーバー論争は、ジンメルを入れることにより一層その奥行きを増すことになろう。

(21)　たとえば、ヴェーバーはシュモラーの有名な村落経済→都市経済→領邦経済→国民経済という経済発展段階説が概念構成のうえでも歴史的な実証面でも全く意味を持たないことを激しく批判している。「経済行為の社会学的基礎範疇」（富永健一訳、尾高邦雄編訳『マックス・ウェーバー』〔世界の名著〕所収、中央公論社、一九七五年）三七四頁。

(22)　前掲牧野論文における問題点の指摘を参照されたい。その一例を挙げれば、社会政策学会のあり方をめぐって、従来しばしば同じ陣営に属すると見られたゾンバルトとヴェーバーが、学会を積極的に価値討議の場とする点で、ヴェーバーは、論者の価値判断を討論の対象からはずそうとするゾンバルトと異なって、シュモラーと親近な見解に立っているのである。前出牧野論文一〇六～七頁の行論を参照。

(23)　「大会報告集」一〇七頁。この相違は、ヴェーバーとシュンペーターのシュモラー評価を分ける決定的な点である。シュンペーターのシュモラー評価が方法論的全体主義と不可分であるならば、シュンペーターは自らの方法論的個人主義（道具主義）との間を、どう架橋し得るのか。塩野谷論文でも必ずしも明瞭ではない。方法論上二元論を認めることにならないであろうか。「経済行為の社会学的基礎範疇」をみるかぎり、ヴェーバーの方が首尾一貫している。この論稿は、ヴェーバーも自ら述べているように経済社会学と特徴づけられているが、その行論を仔細に追うと、シュンペーターの想定するような経済社会学とは異なり、「社会的行為の経済的な考察」（前掲書、三〇七頁）を目指すものであり、そのかぎりでは、むしろ「社会経済学」の理論構成を目指すものであると規定できるように思われる。ヴェーバーの『経済と社会』第一部（現行版）は、その意味では明らかに彼の編纂した『社会経済学講座』全体の構成を見すえつつ構想されているといってよい。

(24)　柳澤治「第一次大戦後における歴史派経済学と政策論」（本書所収）一九七頁。以下の引用も同論文からである。

(25)　ヴェーバーは「価値判断論争」とともに、活動の舞台を自らも主唱者の一人であった社会学会の方に移していったかのように言われているが、最後まで経済学者ヴェーバーの実践的な舞台は社会政策学会であった。これは後述するように、ヴェーバーの「経済学」が「現実科学」であったことと深く関連している。
(26) ザリーン(高島訳)『経済学史の基礎理論』二八八頁。「前者[限界利用説]も後者[労働価値論]も共に一つの部分真理[合理的・抽象的理論]であって、これらのものの限界を示すべきものこそ、直観的、歴史的理論であらう」([ ]は引用者)。
(27) 同右書、三二五頁。「歴史派経済学が求めたものは純粋経済学にとっては『与件』であった」。
(28) 高島善哉『経済社会学の根本問題』(日本評論社、一九四一年)を参看。
(29) 前出ザリーン『基礎理論』三〇一頁。「ゾムバルトが……方法上の疑点にも素材の懸念にも妨げられないで、一つの建物を築造し、そののちへ最良のドイツの伝統を取入れ、且つ本質的部分においては前代の学者が欲して遂げ得なかったところのもの、つまり直観的理論を実現したのである。ゾンバルトの『近代資本主義』においては、非歴史的な合理理論と理論なき歴史との並列の代りに、一つの融合が与えられてゐる」。点の辛いザリーンにしては、きわめて思い切った高い評価なのではなかろうか。
(30) ヴェーバー「社会科学的および社会政策的認識の『客観性』」四二頁。
(31) 同右、一〇五〜六頁。
「また例えばいま問題にしている「抽象的な理論」はどの程度もっと論じ尽くされなければならないかの問題は、結局、このことの科学的な研究の必要度やそれがどれだけ効用が上がるかの問題でもある。というのは実は、〔この研究のほかに〕研究されるのを待っている他の問題が幾つもあるからだ。『限界効用理論』もまた『限界効用の原則』に従うわけである」。
(32) F・H・テンブルック(住谷・小林・山田訳)『マックス・ヴェーバーの業績』未来社、一九九七年)二〇七頁。
(33) 同右書、二〇八〜九頁。
(34) 同右書、二〇八頁。
(35) 「法則科学」で前提されているホモ・エコノミクスは、メンガーによって一つの理念型的なカテゴリーとして、普遍妥当的な論理的構成物とみなされたが、ヴェーバーは先にあげたハイデルベルク大学の『経済学講義』テクストではっきりと近代という歴史的形象が初めて作り出すことを可能にした一つの「歴史的抽象」(マルクス)の産物であることを認識していた。その点でもメンガーとは一線を画している。

(36)　やや異なった表現ではあるが、牧野雅彦も前掲論文で「歴史学派によっては十分に明確化されなかった歴史と歴史的評価の論理的性格を明らかにすることによって、ウェーバーはシュモラーの歴史的方法の核心を救出したのだと言うことができるであろう」(二、七六頁)と述べている。出口勇蔵の古典的研究『経済学と歴史意識』(初版弘文堂一九四二年、再版ミネルヴァ書房一九六八年)以来、ヴェーバーが歴史学派の批判的継承者であったということは通説となっている。しかし、その意味内容については、必ずしも一義的とはいえなかった。何よりも出口はじめ論者の多くは、経済科学はすぐれて「理論科学」(メンガー)であり「法則科学」であることを自明の前提にしてきたからである。そのこともあって、ヴェーバーが継承したのが理論的には曖昧であったにせよ、歴史学派のすぐれて「現実科学」としての面であったことは、これまで十分明確にはされてこなかった。この点を誰よりも鋭く明示したのは、テンブルックの功績である。前掲『マックス・ヴェーバーの業績』一八二〜三頁。

第2章　アダム・ミュラーの価値論と球体的経済構想

原田　哲史

はじめに

本章ではドイツ・ロマン主義経済思想の代表者のひとりアダム・H・ミュラー(1)（Adam H. Müller, 1779～1829）の思想を、とりわけ彼の『貨幣新論の試み』（一八一六年）における価値論と、球体になぞらえた国民経済の構想とを中心に明らかにする。

ドイツ歴史学派経済学の先駆として、経済の国民的・歴史的側面をすでにクローズアップしていたリストとロマン主義の経済思想が挙げられるが(2)、とりわけ戦後、リストに比べてロマン主義への論及は充分になされてきたとはいえない。このことは、ひとつには戦時中ナチスによってロマン主義が――誤った解釈に基づいてであるが――悪用されたことへの嫌悪感に由来するが、さらには、その経済思想が独自の保守的観点でもって、物質的・工業的生産力の上昇よりも経済諸部門の公正な競合と共同体的な構成とをあくまで重視したため、産業的発展を競った戦後諸国の状況からすれば、また工業的生産力を高く評価するマルクス主義の側からも、目をそむけられたことにもよるであろう(3)。もっとも現在、産業界のエゴイズム、大量消費、資源枯渇、環境汚染といった事態を凝視するわれわれは効率よりも公正と調和を重視しつつ経済学とその歴史的歩みとを探るべきであるとすれば、ロマン主義の経済思想を振り返ることは無意味ではないのである(4)。

他方、価値論の研究に目を移せば、近年ドイツ語圏では、ドイツ経済学史研究全般の進展と、カール・メンガーの効用価値論のルーツをたどる問題意識とを背景として、一九世紀における「古いドイツ使用価値学派(5)」の意味が問われている。これは「学派」というよりも、むしろドイツの古典派および歴史学派その他（例えばゾーデン、フーフェラント、ロッツ、ラウ、ヒルデブラント、ヴァーグナー）に浸透していた価値論上の傾向とでも言うべきであり、その核心は、主観的価値の理論ではあるが、個々人の主観的価値によるのではなく、倫理や歴史的伝統といった精神的価値をも包摂しつつ、国民経済全体にとっての効用から価値を定義する論理であり、客観的（社会的）な使用価値論とも呼ばれる。そこでは、労働価値論や生産費論に反対して、生産よりも社会・国民全体にとって意味のある精神的・物質的欲求の充足が出発点にすえられるが、その原理は、そこでの効用論を個人の効用を中心とした論理へと転換させた限界革命において、解体させられた。

以上が「古いドイツ使用価値学派」として刻印される思想家たちに共通する主要な特徴であるが、彼らのあいだで、その基本認識から多かれ少なかれ派生的に論じられていた事柄は、第一に「種類価値」の概念である。国民経済ないし総体としての国家にとってどの財が重要かという観点から、複数の財を種類ごとにランク付けすべきであるという、とりわけラウやヒルデブラントによってなされた主張である。第二には、例えばロッツにおいて「世論の判断」による「共同価値」として示された、「価値基準に関する基礎的なコミュニケーション理論[6]」という論点である。プリッダートは、そこに、社会全体の望ましい状態をめぐる議論（コミュニケーション）と連動するような新しい経済的価値論を模索するための示唆を得る可能性がある、と言う[7]。

もっとも以下は、こうしたドイツ的使用価値論との関連を念頭におきつつも、ミュラーの価値論とその基礎をなす彼の経済構想それ自体を明らかにすることに限定される。かつてドイツ使用価値学派について論じられるなかで、ミュラーの価値論がそれに属することが指摘されてきたが[8]、その際、彼の価値論が上に述べたドイツ的使用価値論の特質をどのように含みつつ、かつどのような独自性を有したのか、さらには、その独自性はミュラーのどういった論理構造に由来するのか、必ずしも明らかにされてきたわけではない。

1 価値論

ミュラーにおける価値の観念が国民経済全体における財の意味を問うものであることは、『貨幣新論の試み』での次の叙述から読み取られる。「ある経済的対象は、全体という有機体において現実の転換作用を通じて現れ、今やそれが、全体の有する多かれ少なかれ本質的な器官として、この有機体の存続と高度な活性化に値するものであることが規定されるのであり、そのとき、その対象の価値は規定されるのである」(S.64)。[9] ここでミュラーは、「全体という有機体」やその「器官」という特有の表現を使いつつ、国民や財の相互作用の総体である有機体としての国民経済ないし国家の「存続と高度な活性化に値するもの」か否かという点で対象の価値が規定されること、価値とは「全体という有機体」への貢献度であること、を説いている。

さらに、ミュラーは、複数のそうした対象が交換される場として市場の役割を強調する際に、市場には「分割され孤立させられた――しかも今初めて手を動かしている――労働者の勤勉による移ろいやすい生産物のみならず、権勢・信用・知恵およびすべての見えない財と欲求といった過去の遺産の総体が現れるのであり、これらは、ほかならぬ生産それ自体を生み出すことができるものであるが、不信心な理論によれば、不生産的と見なされてしまうのである」(S.134f.)、としている。ミュラーは、物質的生産物とりわけ近代的な工業によるそれのみならず、とりわけ歴史的に受け継がれた非物質的な財をも市場において交換される対象として、あるいはその交換において決定的に作用する要因として見なしている。ここで彼は、精神的な「見えない財」を「生産それ自体を生み出すことができるもの」として、物質的財の生産のみを生産的とするスミス理論を批判し、後のリストによる生産力の理論と共通する見解を示しているが、[10] 批判が「不信心な」という形容詞でもってなされていることから、リストにはない宗教的性格も垣間見える。

ミュラーが生産よりも欲求とその充足を経済論の出発点していることは、「我々は消費をすべての生産の動因として考える限りで、消費を欲求と名付ける」と言い、さらに「やはりおのずから分かることは、国家経済の指導者は、生産それ自体とかかわるはずは断じてありえず［……］、生産が欲求を通して一定の方向を受け取る限りにおいて、生産と関わりうるのである」[11]（S.93）と論じていることから、明らかである。欲求が常に生産に先立つのであり、その欲求に応じた、その欲求へと向かう、そうした「一定の方向」での生産こそが本来のあり方なのであるから、為政者も、欲求の充足が最終的な目的であることを認識していなければならない。

では、精神的な財をも包摂する見地から「欲求」がどのように定義されるのか。ミュラーはここで、抽象的にではあるが、こう述べている。人間はみずから「自分の不足・不完全性・移ろいやすさ」を乗り越えて、自分自身のみならず、その生きる場である「族集団の全体」が「健康・充溢・持続」の状態に至るよう貢献しようとし、同時にその中で自分自身の存在を確証しようとするものであって、そのように欲することはすべて、精神的・物質的という区別を問わず「欲求」と見なされる、と。すなわち「飲食を必要とする」ことのみならず、「同僚を必要とする」こと、さらには「相対する族集団の人々を必要とする」こと、またこれらの必要を満たす場としての諸制度の体系すなわち「国家を必要とする」ことまで、「すべての個々の欲求」（S.93-94）として数えあげられる。

以上のように、ミュラーは、国民経済全体にとって財の有する意味からその価値を規定するとともに、その際、精神的な財をも経済的財に含め、かつ生産よりも欲求とその充足に経済活動全体の動因を見るのであって、彼の議論はまさに「古いドイツ使用価値学派」の核心をなす特質を体現しており、その意味で、ミュラーをその「学派」に含み入れることは正しい。もっとも、これでもってわれわれは、考察の端緒を終えたにすぎないのであり、ここからミュラー独自の論理構造に入っていかねばならない。それとともに、彼においても「種類価値」概念や世論による価値基準形成といった論点が見られるかどうか問うことになる。

さて、価値と価格は次のように定義されている。

「ある物の価値とは、その物が関係においてより多く公正かより少なく公正かということを通して受けとる意味のことであって、しかもその関係とは、［第一に］そこからその物が生じたところの関係であり、あるいは［第二に］そこにおいてその物自体が他の複数の物に対して位置する関係である。こうした諸関係の公正さとは、諸関係の持続の条件であるし、また諸物の複数の価値は持続によってのみ規定されるべきなのである。［それに対して］ある物の価格とは、かき集めた数量であり、刹那のために潜んでいる力の寄せ集め、その物が刹那のために行使するはずの力の寄せ集めである」（S.59）。

価値は第一にその物が公正な関係から生じたかどうか、また第二に現在その物が公正な位置関係にあるかどうかを基準にして測られるのであり、しかも公正さの程度を決めるのは、その物が「諸関係の持続」にポジティヴに作用するか否かという点である。他方、価格の高低は、「諸関係の持続」への貢献ということとは独立に、すなわちそうした作用方向とは無関係に単に数量的に多いか少ないかによって決まり、その意味で「かき集めた数量」なのであるが、そうした価格は方向が問われないとはいうものの、数量のみに頼るのであれば、実のところ「諸関係」を破壊する「刹那」の利益に役立つよう作用するのである。

価値に関する第一の点は、生産過程において規定される価値を表しており、一見、労働価値論ないし生産費論への傾斜を想起させるが、それに続く靴製造を例とした叙述を見ると、そうではないことが分かる。彼によれば、「すべての経済活動」（S.60）を構成する大小さまざまな要因はいずれも直線として捉えるべきであり、各々の活動領域において二つの直線が向かい合うところに経済活動が成立する。そもそも両直線が向かい合わなければ経済活動そのものは成り立たないので、経済活動においては二つの直線それぞれの量よりもその「方向」がはるかに重要である。靴製造の核心は、道具によって「武装された」職人の手と加工される皮という二つの要因の収斂であり、「武装された手の力と、材料というもう一方の力とが互いに向かい合うようになり、はじめてその労働が始まるのである」(S.60)。

この例をめぐるミュラーの叙述は、確かに「方向」の重要性については分かるとしても、たとえ副次的にであっても問題となるはずのそれぞれの「力」の数量についての分析に乏しく、やや説得力を欠くが、「経済的諸対象のすべての関係は互いに［……］必然的に制約しあい、かつ結合し合う」(S.59)として、両者の均衡を前提としたうえで論じられており、ミュラーは、二要因が数量的にもバランスをとりつつ、適正にかみ合う状態で存在すべきことを主張しているのである。(12) さらには、こうした均衡を保って、「存続する」意味のあるよう両者が「ともに努力する」(13)(S.60)ことそれ自体に意義を見出すミュラーにとっては、生産に着目した「関係の公正さ」(S.59)を問うことは、生み出された物から振り返るならば、主体的な力と材料の力とが適正に配分されて、持続的使用にふさわしく作られているか否かを問うことになる。材料を多く使用していても職人の作業が不充分であれば――またその逆の場合も――脆い製品となるため、生み出された物の価値は少ないのである。この点は、「ぞんざいさ」の見られる製品は「最も憎むべきもの」であり、「持続性」(14)すなわち製品の耐久性こそツンフトの親方が配慮した重要な事柄であるが、近代的マニュファクチュアは数量的増大にのみこだわってしまう、とした『国家学綱領』(一八〇九年)での議論の一層の展開として捉えることができよう。

価値をめぐる第二の「その物自体が他の複数の物に対して位置する関係」については、すでに述べた、財が「有機体」の「存続と高度な活性化に値するもの」かどうかを問う価値規定でもって理解することができる。もっとも、ミュラーによる「有機体」的な国民経済の把握を見ておくことによって、その理解を深める必要があろう。

「［第一に］諸物相互の複数の関係がやはり考察されて、そして［第二に］この諸関係が相互に再び同様により大きな複数の関係へと集団をなし、融合するのであり、それはまるでデザイナーが人体の器官を見ながら、それをまねて整序するかのようであるが、さらに最終的に［第三に］、複数の部分すべてのあいだで無限の均整が、ひとつの幸福な均衡が姿を見せるのであって、そうなるやいなや、全体を表す明確な像が可能となり、その像において、人々は［一方で］複数の大きな輪郭とともにありながら、同時に［他方］すべての諸器官を、それでもってその諸輪郭が形成されるところのすべての諸器官を、知っているのである」（S.43）。

この第一段階での「複数の関係」のひとつを靴製造として、それを人体における一本の指に対応するものと考えると、第二段階では、複数の指を含む手の全体として工業が捉えられる。第三に、手に対する足の関係のように、工業を農業との対応でイメージすることができるのであり、その場合、両者は役割こそ異なるが、いや異なるからこそ、互いに相手を必要とし、また一方だけの肥大は不自然である。例えば、手が強くても足が弱ければ体全体を支えることができないから、手の機能もその存在基盤が疑わしくなってしまう。このように手足のバランスと同様に工業と農業のバランスのとれた全体として、有機体的全体としての国民経済の全体が構想されているのであって、有機体的構想はときには複雑怪奇な議論へと展開されるに至るが、その基本的な発想は、「人体の器官」になぞらえた素朴なものである。

さらに、「その像において、人々は［一方で］複数の大きな輪郭とともにありながら、同時に［他方］すべての諸器官を、それでもってその諸輪郭が形成されるところのすべての諸器官を、知っているのである」という記述は注目に値する。この有機体のなかにある者は、自分の属する職場・業種さらには経済部門また場合によっては国民経済全体――すなわち「複数の大きな輪郭」――について熟知し、その職場・業種・部門の一員として自覚的に仕事をするとともに、同時に、同じ職場の他の成員、同じ業種の他の職場、同じ経済部門の他の業種といった、それぞれの全体の中において自分自身とは異なる、ないし自分が属する集団とは異なる性格を有する他の諸要素の役割について認知しており、そのうえで、みずからの個別的（個性的）仕事を行なうのである。すなわち、全体を視野に入れつつ自己の個別的な仕事を他との関連において自覚的に行なう個人がそうした有機体を構成する人間であって、決して単に全体に埋没してしまう個人ではない。すなわち一本の指は、他の指とのコンビネーションを意識し、かつ手足という「より大きな」肢体がどのように動いているかを知りつつ、その個性を発揮するわけである。ミュラーの理想は、個別性（個性）認識と全体認識とを有する自己意識をもった存在としての人間であり、彼の人間観は、アトム的な個人を否定するものであるとしても、全体のなかで他者との異質性を意識する個性的人格という点に着目したある種の近代的個人主義なのである。(15) 彼が、部分労働・単純労働に一面化され全体に埋没した没個性的存在でしかない近代的工場労働者を「都市の賃労働者というガレー船奴隷」（S.135）として痛烈に批判するのも、まさにこの見地からである。

さらにミュラーは、複数の経済部門の分業と均衡について、ならびに生産と消費との関係について、「人格」との関連で次のように説明している。

国民経済全体を構成する「市民的生活の諸機能」はすべて、もともと「ひとりの人間がその人格とともに含みもっていたものである」が、その諸部分が「この人格から出ていく」のである。「鍛冶という手工業――またはある別の手工業――は農業から切り離される」が、それと同時に農業もひとつの「人格」から出ていかなければならないのであり、農業従事者は「以前その鍛冶屋が耕地をも耕していた分だけ［鍛冶屋を］助けるように、それと同じものをより小さい力でもって生産するはずである」。他方、その鍛冶屋も、本来の全体性を有する「人格」という「全体の均衡から出た」のであり、農業とは「相対する方向での別の仕事」すなわち鍛冶という手工業を担うのである。そして、鍛冶屋も、以前その農業従事者自身が鍛冶仕事を行なうことによって得ていた必要物に相当するものを生産し、農業従事者を助けることになる。こうした分化は、鍛冶と農業に限らず「すべての考えられる方向へと」多種多様に展開されていくのであるが、このような社会的な分業関係としての「市民的生活の諸機能」は、本来ひとつの「人格」に完全に含まれていた諸要素が徐々に社会的に展開されていったものであるから、それが本来的関係からの自然な展開であれば、あるいはそれが本来的「人格」からの分化であることを、分化した後の人格が自覚しているならば、常に、「彼がより多く生産することになるのは」他者によって「消費されうる限りでのことである」という関係が成り立つから、農業と工業のいずれにおいても生産と消費は一値する。分化とともに国民経済内部で生産され交換される財の数量が増大するとしても、この均衡が保たれ、「全体がもっぱら共同体的に拡張されうる」のであれば、それは望ましい「内側から成長する」(S.127f.)「持続」の状態であって、生産と消費は一致するのである。

このような均衡的成長こそ公正な国民経済、すなわち、農業と工業の――この両者を根幹とするあらゆる「市民的生活の諸機能」の――いずれもが各々の個別的機能を全体の成長に調和させて発展を遂げる国民経済であって、こうした状態にあれば、諸財の価値はそれぞれの財の必要性と他の諸財の必要性との比較関係として、諸欲求の「関係適合的で公正な充足」(S.99) を基準としておのずから決まってくるのである。こうした見地に立つミュラーにおいては、「頻繁に生ずる切実な欲求という基準」に照らして「諸商品のあいだに」一定の「ランク付け」がなされうることも指摘されるが、その場合にも、この「ランク付け」は「種類価値」の論理へと彫琢されるには至らず、むしろ、「この関係における本質的な諸商品はとりわけ切望されて」結果的に「価値測定物に、尺度に、貨幣になる」(S.128f.) として、「本質的な諸商品」について説明することなく、貨幣導出の論理へと行き着くにとどまる。(16) 財または商品の価値は国民経済の均衡さえ保たれれば自然に決まるのであるから、ミュラーの主要な関心は、他のドイツ使用価値論者たちのように複数の欲求の「ランク付け」に基づく「種類価値」の概念の展開ではなく、そうした均衡の維持と、均衡に基づいた国民経済の発展それ自体なのである。

「人格」的均衡状態の観念は、ミュラーにとって自然なものとして前提されているが、彼は均衡を妨げる諸要因を見ないわけではない。それどころか、その観念を基準として撹乱要因の回避と抑制を説いている。

彼によれば、国民経済における最も厭うべきものは、商工業者が「絶対的な私的所有」の観念と、物質的商品が絶対的に増加すれば国民経済は進歩すると見なす「偽りのトゲトゲしい進歩の寓話」(S.52)とにとらわれて、農業とのバランスを無視して多くの物を生産し、それを販売して、絶対的に多くの所有物を――それは「刹那」的な享楽に役立つに過ぎないにもかかわらず――得ようとすることである[17]。このこと自体「人格」的均衡の破壊へと作用し、価値体系を破壊することになるが、それは別の経路をもたどって価値のシステムを偏向させる。商工業者が同様の観念・寓話にとらわれて過度の外国貿易を営むと、諸商品と金属貨幣(とりわけ金)の国内市場への流出入によって、諸商品の価格が本来の価値から独立して変動し、物価の不自然な高騰と下落が引き起こされる。「刹那が力をもつことになれば、生産物は、市場の変動と[商品の]刹那的使用とを通して、ある一時的で人工的な価値を、言いかえれば価格を受けとるのであり、この価格が自然的で永続的な価値から乖離することは可能となる」(S.128)とされる。こうして価値からの価格の乖離が生ずると、価格変動の悪影響から逃れられるのは多くの物質的富を「絶対的な私的所有」として蓄えた者のみとなってしまう。ミュラーが価格を「かき集めた数量」、「刹那のために潜んでいる力の寄せ集め」と言うのは、以上のような意味を含んでいるのである。

こうした事態への対処としては、第一に、伝統的な諸共同体を、政府が強引に破壊・改編することなく、そのまま維持することである。ミュラーは、この点でオーストリアは「古い有機体的で武骨な自然における果実」(S.102)と言いうる諸共同体を残しているので、ヨーロッパ諸国のなかでも優れている、とする。ここに彼の、改革によってそれを破壊するプロイセンへの間接的な批判を見てとることができよう[18]。第二に、共同体の保持とともに、意識のうえでも、「世俗の賢人たち」によって忘れさせられたキリスト教的隣人愛の精神が自然に行き渡る状態に保つことである。この精神は、特定の仕事に就く個人が「全体をもとめる衝動」を満たしうるのは、異なった仕事に就く隣人との関係を通じてであるから、「あなたの外側にいるその人が征服されず、打ち負かされずに存在し続けなければならぬことを知りなさい」(S.94f.)と教えているのである。第三に、国民経済における貨幣数量(金属貨幣)の増減による物価の高騰・下落が生じた際、政府が適正な量の紙幣を発行し、貨幣量を調節して、価格を価値に近づけることである。ミュラーはこうした機能との関連で、紙幣を「金属の単独支配」という物的依存関係を打破し「人格」的関係を再建する「理想的貨幣」(S.196)として高く評価している(19)(vgl. S.265-274)。

2　球体的経済構想

本来的な「人格」になぞらえた、均衡を保ったうえでの国民経済の成長は、そのまま有機体としての人間の成長そのものと対応させるなら、子供から大人へとより大きく姿を変えていく身体の拡張過程でもって描くことができようが、ミュラーは、ここでもうひとひねり加えて、「球体」のシェーマを提起している。すべてをバランスよく備えた理念としての本来的「人格」には、例えば足と手のように目に見える肉体的肢体として対をなすもののみならず、消費生活と生産生活や、精神的生活と物質的生活という対称をも含んでおり、いわばさまざまな種類の二つの極をもつのである。しかし、消費生活と生産生活や精神的生活と物質的生活といった対極の均衡は、目に見える身体の形態をもってしては表現できない。国民経済に関して農業と工業、消費と生産、精神と物質といった複数の二極のすべてが両極のバランスとともに発展する図式を描くには、単なる人間の肉体的拡張よりも「球体」の拡張のイメージの方がよいのである。

あらゆる機能を有する「人格」の理念を「球体」の「中心点」とすると、例えば、農業と工業とはそれぞれ、その「中心点」から正反対の方向において両極をなすのであり、このことは、先に述べたように、両者を本来的に含む「人格」から二種の対立的性格の――かつ相互補完的な――機能が分化したことを表す。その際、それぞれの「半径はしたがって等しいものと考えられねばならない」。なぜなら、本来ひとつの「人格」に含まれるはずの一方の機能が特定の人々によって担われることになれば、他方の人々は、かつてその機能をみずから担っていた分を委託するのだから、それに見合うだけ別の必要物のための仕事を担うことによって、前者の人々を助けなければならないからである。「球面」においては、それぞれの極から相手方の極に向かって生み出されたものが提示され、対立的方向の二つの力がぶつかりあう箇所で相互転換関係すなわち交換が成り立つのである。同様にして、他のさまざまな二つの機能も「中心点」から分化して別の二極をなし、その両極それぞれから出る力が球面上で相互交換を展開する。このようにして、多種多様の二極が同一球面上に存在し、力をぶつけあう。各々の機能は、常に反対の機能（対極）と相対しつつ、「球面の個々の点から」球面上に力を発揮し、さまざまな相互転換関係すなわち交換が球面上でくり広げられるが、「どの機能も他の機能よりも中心点から遠く離れることは許されない」。一方が他よりも遠く中心点から離れることは、一方の極のアンバランスな優位となり「球体」はいびつとなってしまうから、そうした事態は不自然であり、回避・抑制されねばならない。「さらなる進歩があるとしても、外的［社会的］分業が進展しても、拡張された経済の営み［全体］の形態が変化することはありえない」（S.129）。

こうした「球体」的構想は、それぞれの対立に関して一個の「球体」が想定されるというよりも、複数のそうした関係が重ねあわされて、ひとつの「球体」に複数の二極が存在し、「球面」で多数の極から発せられる諸力が交錯する状態が生ずる、という印象を与えるけれども、そうであれば、ある二極（例えば消費と生産）と、他の二極（例えば精神と物質）との合計四極の絡み合いがどのようなものになるのか、言いかえれば、異種の軸どうしの関係が「球面」においてどのように現れるか、充分に説明しているとはいえない。またそもそも、それぞれの軸どうしの関係が――同じ長さの半径相互の関係として――対等でなければならぬとしても、「球体」において互いに対等に相対しうる（それぞれが相互に九〇度で交わる）軸は三本しかひけないはずであるが、ミュラーは何本の軸を想定しているのか明記していない。[20] こうした点においてミュラーの「球体」構想は不明な部分を残しており、経済学のモデルとしては完成の域に達しているとはいえない。

しかしながら、ミュラーにおいて重要なことは、それによって想定される国民経済とその発展のイメージなのである。農業と工業、消費と生産、精神と物質、これら各々の両極において均衡が保たれ、さらにそれぞれの均衡同士もまた調和することが必要であること、しかも、その発展は、「球体」における多数の極が「中心点」における完全な「人格」を意識して、等しく外側に徐々に伸びていくかのように、均衡・調和状態のままで同心円的に拡張する過程であること、これが健全で自然な国民経済の存在であり発展なのである。したがって、決して人為によって不自然な発展――一極のみの増長――が促進されてはならないのであって、それは、ミュラーが他の諸著作で説くところによれば、とりわけプロイセン改革において行政権力によって「上から」なされるツンフトと農村共同体の解体およびそれを通じての人為的な産業化であり、さらにさかのぼれば、フリードリヒ二世が新興の市民身分と結んで過去の共同体を支配の道具へと再編しようとした試みである。[21] まさに、こうした――ベルリンに生れ育ったミュラーにとって祖国である[22]――プロイセンの過去と現実への批判を含意したうえで、国民経済が自然な均衡を保ちつつ「もっぱら共同体的に拡張されうる」ことが説かれており、彼は、物質的富の増大を追い求める支配者によって、あるいは物質的富の増大を国民経済の発展と見誤った官僚によって「トゲトゲしい進歩」が不自然かつ急速に促されるよりも、均衡の維持された「穏和な進歩」（S.52）の方が望ましいことを、訴えるのである。

さて、以上においてすでに見え隠れしているように、ミュラーの「球体」的構想は、フリードリヒ以前の「中世」における――これは彼によって美化されてはいるが[23]――「すべての経済的諸力」が「中心点へと向かう一定の内的方向」（S.63）をめざすという共同体関係を典型とした「球体」的な経済システムが、いわば理念的・予定調和的に存在し、その国民経済の体系は、それを妨害する人為的な偏向さえなければ自然に理想的な展開を見せる、といった一種の自然法的観念を前提としている。

ミュラーは言う。人は「私的所有」によってみずからを「強くする」ことに躍起になって、まるで自分の人格を物に「釘付けにし、磔けにする」かのようであるが、そうした人は、「何のために」そうするのか、また、それとともに「全体がトゲトゲしい進歩」へと向かって行くなら、最終的にいったい「どこに行くのか」、と問われてみても答えられないであろう。「やはりすべての問いに答えられる」のは「最も自然な秩序の基準や法則」に照らしたときであり、それは、「天体と大地」が日々描いている構図にも現れている、個の自由と全体との調和を規則付ける次のような法則である。

「我々の生活におけるすべての運動が平穏な中心点に引き付けられることを通して、全体は落ち着くのであり、その際、どのひとつの運動も犠牲になることはない。すべての点は自由に、自分の固有の軌道を追っていくのであるが、とはいうものの、それらすべては、ひとつの、強力ではあるが軽微に作用する法則に従っている。［……／］私がこの構図を使うのは単なる比喩のためではなくて、この同じ法則が自然全般のすべての力を、そしてまた人間の営みを秩序付けているからである」（S.53f.）。

さらに、この法則の作用は「神の助け」とも表現されており、国民経済については次のように述べられる。

「神の助けがすべて逃げ去ってしまうのは、諸事物の神的な紐帯が思い上がりによって引き裂かれたり、国民の統治において刹那的な欲求のみが考慮されて、すべての人間の永遠の欲求がもはや考慮されないときである。そうなれば、世俗の補助手段が利用されねばならない。［……］なぜなら、見えざる手はもはや人間の秩序形成に対して刻印することがないからである」（S.104）。

「神の助け」はさらに「見えざる手」[24]と表現されているのであって、ミュラーがここでアダム・スミスを意識していることは明らかである。スミスと同様、ミュラーも政府による経済への人為的な介入に反対しており、人間が意識的に経済を操作する必要があるのは、介入によって偏向した状態を、「見えざる手」が効力を発揮するようなもとの状態に戻すときのみである、とされる。その他にも、身体のある器官が全体の調和に背いた場合に医者が「この有害な機能の性質と方向とを改善する」（S.265）のと同様、自然法に基づく経済の調和を乱す要因があった場合には調和を回復するための人為的介入が認められるとされ、紙幣の過剰発行とともに暴利が生じたり、世界貿易の影響による金価格の高騰によって国民経済全般の価値・価格関係が混乱に陥ったときに、国内の金属貨幣量との関係を注視しつつ紙幣発行の調整が必要であることが説かれている。興味深いのは、ここにおいてミュラーが「世論」の役割を強調している点である。「『公共精神』に満ちあふれた人間」の「世論」は、諸財の価値が本来的な「人格性によって把握されるべきこと」（S.261, vgl. S.265-267）を訴えるのであり、それが政府に適正な調整をなさしめる、と言うのである。世論が複数の種類価値の序列それ自体を決定するといった論理ではないが、自然法的・予定調和的な精神と物質の均衡、言いかえれば信用貨幣（紙幣）と金属貨幣（地金）とのバランスがとれたうえでの、同じく予定調和的な消費と生産の均衡に基づく価値体系、それに接近すべき価格、という総均衡状態へと現状を復帰させるにあたって、「世論」が有効な作用を及ぼす、と説かれるのである。[25]

「見えざる手」によって経済的諸活動が導かれて私益の追求が公益に貢献するとともに諸部門間の均衡のとれた「自然的自由の体制」[26]が形成される、とするスミスの議論に自然法思想が見られることについては、後の研究においてしばしば指摘されるところである。[27]ミュラーはこのスミス経済思想の自然法的性格を見抜いており、それどころか、そうした思考様式を手を加えたうえで継承していることを、みずから次のように表明している。

スミス批判者であるはずの[28]「私を、人々は次のように非難することができるかもしれない。すなわち、アダム・スミスの自由競争原理も確かにそうした球体構造へと至るし、そして、この著述家［スミス］も確かに、人々が経済的諸対象に対して互いにみずからそれら自体で均衡を形成することを許すべきであることを、また政府が決して勝手気ままに恣意的に経済活動に対してある種の軌道を――自然な経済の営み全体においてみずから［……］整序するわけではない軌道を――指図するべきではないことを、要求している、という非難である」(S.130f.)。

この想定される非難に対してミュラーは反論しないのである。ただし、ミュラーが言うには、彼は、スミスと同様「政府の恣意」に反対するが、それに加えて「私人の恣意」にも反対するのである。すなわち、スミスによって承認されたけれどもミュラーが批判するものは「私人の恣意であって、スミス博士がそれでもって国家行政に相対するよう努めたところの自然の法そのものではない」(S.131)。

われわれの目からすれば、厳密に言えば、スミスも――その「正義」や「同感」ないし「良心」の観念に注目すれば――社会における私的利益の追求を完全に無制限に肯定したわけではないのであって[29]、ミュラーがスミスを単に「私人の恣意」を放任する者と見なすのは疑問であるし、また、スミスの自然的調和の論理はミュラーのように中世や同職組合を理想とするものではないし[30]、精神と物質の均衡的調和を説くわけでもないのだから、ミュラーがスミスの「私人の恣意」容認を批判し、「自然の法」概念は受け継いだかのように言うのも、単純に受け容れられるものではない。しかし、こうしたミュラーの議論の甘さにもかかわらず、ミュラーの主張がなお一定の説得力を有するのは、その根底に、一八〇〇年代初頭の状況からすればもはやスミス的調和の論理は現実性をもたないという認識をふまえたうえで、自然法的思考を貫徹しようとするのであれば、スミス的なそれは大きく改編される必要がある、とする彼の志向である。

「彼［スミス］の理論について後世の見地から言ってみると、もし彼がその世紀の帰結を経験していさえすれば、言いかえれば、もし彼が、彼の賃労働者たちが――一時期の黄金時代を経て産業化を成し遂げるはずの労働者たちが――今日救貧税によって食いつなぐとともに、大挙してメソディストの集会に流れ込んであの高度な財貨――これはスミス的な商品庫や市場には知る由も必要なかったが――から発せられるほのかな光を求めていることを見たとすれば、それでも、彼自身、私に謝らないのであろうか」(S.136)。

スミス的マニュファクチュア段階を超えて産業革命の確立へと歩を進める一九世紀初頭のイギリスにおいては、かろうじて残存していた中世的な土地所有関係の徹底的な破壊とともに、農村から排出される貧民が都市において近代的賃労働者層を形成するのであるが、循環性の景気変動をともなう新たな工業は、生産の拡張・収縮に応じて雇用量を調節するために大量の待機労働者を常に確保しておくことになる。この待機労働者は失業者として救貧税によって養われ、しかもその主な税源は農村の土地所有者であるから、この意味でも、農業の側の犠牲でもって工業的発展が進行する。さらに、これに追い討ちをかけるように、圧倒的な生産力を有するに至った工業が農業との均衡的交換を超え出て外国貿易へと向かい利益を蓄えるので、国民経済において商工業が農業に対して不均衡な優位に立つことになる。(31) スミスによって提唱された作業場内分業を機軸とした工業の発展は、「都市の賃労働者というガレー船奴隷」たる労働者自身の人間性の欠損という弊害のみならず、伝統的な農村共同体の破壊と、工業の農業に対する支配的地位とをともなう。したがってミュラーにしてみれば、スミスが作業場内分業と、物質的利益の増大を動機とした商工業の発展とを賛美することそれ自体に、すでに問題を引き起こす原因の一端があるのであって、このスミスの議論は、一九世紀初頭の状況に照らせば、スミスのもう一方の主張である、農工を中心とした経済諸部門の均衡を説く「自然的自由の体系」の論理とは矛盾するわけである。

産業革命とともに生み出されたイギリスの下層社会にキリスト教精神での救済を説き、急速に支持者を増やしていったメソディストについてミュラーが言及していることは、興味深い。すでに述べたように、彼によれば、キリスト教の隣人愛とは、自分とは異なった役割をする他者について、自分とその他者との共同関係においてひとつの完成された「人格」が成り立つのであるから、自分自身の「全体をもとめる衝動」からすれば他者を決して征服してはならないし、それどころか愛情でもって接するべきである、と教えるものである。近代的工場制度での工場主と賃労働者の関係においては、前者にとって後者が単なる物質的富の獲得のための手段でしかなく、労働者は工場主のための「ガレー船奴隷」となるから、そもそも双方のあいだに精神的にも物質的にも全体としての「人格」を形成しようとする関係が成立しないのであり、その点において、有機体的・キリスト教的見地から資本・賃労働関係は批判されるのである。とりわけ、自然法の存在を肯定し、奴隷制への反対をも唱えるに至るメソディストをここに挙げることによって、ミュラーはそれへの共感を示している。(32)それに対して、スミスはそうした意味でのキリスト教的な「人格」的共同関係を「知る由も必要なかった」。いや厳密に言えば、『国富論』においても分業にともなう単純労働よって人間の無知や道徳的退廃が生ずることが指摘され、それに対処すべく公教育の実施が提案されてはいるが、(33)それは『国富論』全体からすれば、作業場内分業と工業的発展の提唱と比べて副次的な位置におかれているにすぎず、そのことによって作業場内分業そのものを疑うという発想は見られない。ミュラーはこの点を根底から問うたのであり、スミスのその楽観性がスミス的自然法そのものであるなら、その自然法的構想は、一九世紀初頭の現実に照らして、共同体的要因を含み入れつつ大きく訂正・改編されねばならない、と考えたのである。

ミュラーのいう共同体が伝統的なものであり、彼がその維持と自然な発展を説く点に関しては、国家が「生きている人々と死んだ人々と生れてくる人々とのあいだの合同事業である」(34)とするバークの影響を受けていると言えるが（vgl. S. 161）、さらに、キリスト教的な隣人愛や「神の助け」が常に自然法的思考と結び付けられていることからトマス・アクィナスの自然法の影響が考えられる。ミュラーは新旧両派のキリスト教の統合を志向したとはいえ、プロテスタントからカトリックに改宗した彼にとってトマスの存在は見逃せない。(35)『貨幣新論の試み』ではトマスへの言及は見られないが、一八一三年には、神学に関する自分の考えが「聖トマス・アクィナスの見解によって」確証されると記しているし、一八二五年には、トマスが「自分自身の最も確かな拠り所」(36)であるとしている。自然法はひとつであっても人間社会の「多様性」ゆえにそれを貫く自然法の適用は多様となり、しかも多様性の個々の部分に存在する伝統的な諸規定は概して「自然法の特殊的規定に関して先祖たちが導入した事柄」であるから尊重すべきこと、その意味で自然法が「習慣」(37)としても捉えうること、以上のように『神学大全』に記されている事柄は、自然法の貫徹する多様な諸肢体からなる有機体として人間社会を捉え、かつ諸肢体の成長を中世以来の諸共同体とその精神的遺産の継承・発展に対応させるミュラーの社会観と一致する。また、ミュラーの「絶対的な私的所有」への批判も、諸財は富者と貧者との差を広げるために用いてはならず、その意味において究極的には自然法的秩序に基づいて運用されるものであるとするトマスの議論と対応する。(38)

トマスの自然法については、すでに完成された神の秩序があって、人間はそれを破ることができず、結局のところ、それは既存の中世的秩序の支配者のもとへの服従となる、という問題点が指摘されている。(39)ミュラーにおいても、中世的共同体における上下関係が肯定されるから、そのことが当てはまらないわけではないし、彼がプロイセンにおいて反改革の貴族の代弁者であったことも事実である。(40)しかし、彼の場合、既存の支配者への単なる柔順な服従や、中世への夢想的な回帰が提唱されたのではないことは、次のことから明らかである。第一に、共同体において指導的地位に立つ者が自然法的「人格」的調和にそぐわない強権的な行為をしたり、そうした行為を放任している場合には、それを止めるように、また適切な手立てをとるように要求する成員の権限を認めていることである。この要求は貴族に対しても為政者に対しても当てはまるのであり、この関連で「世論」の役割が高く評価される。(41)第二には、ミュラーは、発展とは中世的諸共同体の相互連関としての国民経済がそのまま「球体」として拡張されることであると言うと同時に、紙幣発行を含む経済的「信用」すなわち商業的発展の頂点に立つ「信用」諸制度が自然法的な調和状態の再構成に貢献する点を指摘しているのであり、このことは、一方で、近代的商業の発展を下地にしたうえでの自然法の理念の実現を、すなわち「信用」に媒介された高度な段階での共同体的国民経済を展望する歴史発展構想を示しているし(42)、他方、そうだとすると、彼の言う中世的諸共同体の相互連関とは中世そのものではなく、むしろ、それを彼なりに「人格」論的・「球体」論的に整理した、共同体的連関に内在する理念である、と考えられる。彼は、国民経済におけるお仕着せの工業化と工業・物質優位による発展とに反対し、国民固有の共同体の理念や精神、風習・道徳を継承したうえでの内発力による継続的発展を主張したのであり(43)、彼の自然法論は、それを、人々が自明として受け入れるはずのものとして存在論的に説明して、支えているのである。

おわりに

ミュラーは、国民経済全体における諸財の意味を価値とし、伝統的な精神的価値をも経済的価値に含み入れ、かつ生産よりも欲求充足すなわち消費に経済活動全体の起点を見るといった「古いドイツ使用価値学派」の特質をそなえており、彼を価値論に着目してその学派に分類することは可能である。もっとも彼は、諸財を分類しランク付けしてそれらの価値を複数の「種類価値」へと位置付けること自体にはさして関心を示さないのであり、それは、諸財の価値が経済的諸活動の有機体的・人格的均衡のなかでおのずと決まると考えるからである。そうした均衡は自然法的・予定調和的に定められたものであり、中心問題は、どのようにしてそれが政府と私人の「恣意」によって破壊されないようにするかという点である。したがって、彼が世論の役割を認める場合にも、世論自体によって経済的価値のランク付けそのものが決定されるといったものではなく、自然法的均衡の乱れた状況を修正し回復させるという関係においてである。

このような自然法的・伝統継承的思考にもとづく均衡観念の前提や、その観念に制約されたうえでの世論の肯定といったミュラーの論理は、何ものにとらわれぬ諸個人がみずから経済の体制と秩序を形成するのが近代的かつ理想的な思想だとするなら、非近代的で理不尽な思考様式であることになる。しかしながら、彼に見られる、各人や各単位集団がそれぞれみずからの個性的自由を内発的に行使しつつ、他の異なった性格の個人や単位集団と相互補完的に——その意味で各々が不可欠の存在として——関連しあい、本来的な「人格」たる全体として齟齬のない調和を作り出す、という個性的人間・集団の自由と調和の論理にもとづく国民経済論は、別の観点からするならば、見るべきものがないわけではない。産業界のエゴイズムの現れである「刹那」的な大量消費への慫慂が資源枯渇・環境汚染という深刻な事態の一原因であることが否めないことを痛感するとき、われわれは、では本来の制約されるべき——「公正」な——産業・商業の位置はどこなのかと考え、経済生活においてバランスのとれた物質・精神の関係とは何かを考える。こうした想定を念頭において発言する際、調和を前提に個別的自由を主張しているのであり、また父祖伝来の海や森を返せといった訴えは、調和が過去に存在した継承されるべきものであることを含意している。このような思考様式はミュラーのそれに近いものと言えないだろうか。ミュラーによれば、個の自由と全体の調和の「法則」は、自然にも人間にも同様に当てはまるのである。

体系的な緻密さを欠くミュラーは一級の経済学者ではない。しかし、物質的・工業的発展を重視する多くの経済思想に対して、少なくともそれらへの——まさにミュラー的意味で——「対極」をなす思想のひとつとしては、振り返る意味があると言えよう。

注

（1） もうひとり代表的思想家を挙げるとすればフランツ・フォン・バーダー（一七六五～一八四一年）であろう。バーダーはミュラーよりも社会・自然哲学的性格が強く、それに着目した新しい研究として、P. Koslowski (Hrsg.), *Die Philosophie, Theologie und Gnosis Franz von Baaders,* Wien 1993 や、伊坂青司「バーダーの自然哲学」（伊坂他編『ドイツ観念論と自然哲学』創風社、一九九四年、一九九～二二七頁）、および伊坂青司「ミュンヘンのロマン主義者たち」（奥田宏子他『ヨーロッパの都市と思想』勁草書房、一九九六年、五五～八六頁）がある。

（2）例えば、G. Stavenhagen, *Geschichte der Volkswirtschaftslehre,* 4. Aufl., Göttingen 1969, S. 191-195. シュターフェンハーゲンにおけるミュラー評価については、原田哲史「戦後ドイツ語圏におけるアダム・ミュラー経済思想研究」（『四日市大学論集』第八巻第二号、一九九六年三月）六六頁参照。ミュラーから旧歴史学派のヒルデブラントに至る道筋については、原田哲史「交換手段の転変を基軸とした発展段階論」（八木紀一郎他編『社会経済学の視野と方法』ミネルヴァ書房、一九九六年）四五～六四頁参照。

（3）原田哲史「アダム・ミュラーにおける自由『抗争』と『均衡』」（『四日市大学論集』第六巻第二号、一九九四年三月）二頁、一六～八頁、一九頁の注8、および原田「戦後ドイツ語圏におけるアダム・ミュラー経済思想研究」六五頁参照。

（4）永井義雄「二一世紀を展望して」（永井編『経済学史概説』ミネルヴァ書房、一九九二年）三〇一～二頁参照。

（5）この言葉を最初に使ったのはコモルツィンスキである。J. v. Komorzynski, *Der Werth in der isolirten Wirthschaft,* Wien 1889, S. 63-64. 新たな通史的研究のなかで論じられたものとして、K. Brandt, *Geschichte der deutschen Volkswirtschaftslehre,* Bd. 1, Freiburg 1992, S. 169-184. メンガーとの関連で論じられたものとして、E. Streissler, "Carl Menger, der deutsche Nationalökonom", in B. Schefold (Hrsg.), *Studien zur Geschichte der ökonomischen Theorie,* X, Berlin 1990, S. 153 ff. その他、Vgl. B. P. Priddat: *Die andere Ökonomie,* Marburg 1995, S. 44. ここに挙げたブラントおよびプリッダートの著書については、筆者による紹介（『経済学史学会年報』第三三号、一九九五年、一七五頁、および第三四号、一九九六年、一三八頁所収）を参照。

（6）B・P・プリッダート（原田哲史訳）「ドイツ経済学における主観的価値の理論」（『四日市大学論集』第一〇巻第一号、一九九七年九月）二四七～五〇頁、また二五六頁参照。その他、K. H. Rau, *Grundsätze der Volkswirthschaftslehre* (= *Lehrbuch der politischen Oekonomie,* Bd. 1), 6. Aufl., Leipzig, Heidelberg 1855, S. 75-79 (§ 61-62); B. Hildebrand, *Die Nationalökonomie der Gegenwart und Zukunft* (1848), in *Die Nationalökonomie der Gegenwart und Zukunft und andere gesammelte Schriften*, hrsg. v. H. Gehrig, Jena 1922, S. 256-260 (§64); J. F. E. Lotz, *Revision der Grundbegriffe der Nationalwirthschaftslehre*, Bd. 1, Koburg, Leipzig 1811, S. 41-44 (§ 12). ヒルデブラントについては、わが国では、橋本昭一「ヒルデブラントの価値論」(関西大学『経済論集』第二〇巻第一号、一九七〇年五月)があり、「種類価値」についてはその六一頁参照、また六六〜七頁ではミュラーとの関連が指摘されている。「種類価値」の概念がメンガーによって批判されていることについては、Vgl. C. Menger, *Grundsätze der Volkswirthschaftslehre* (1871), (= *Gesammelte Werke*, hrsg. v. F. A. Hayek, Bd. I, 2. Aufl.) Tübingen 1968, S. 109. 〔安井琢磨訳『国民経済学原理』日本評論社、一九三七年、一〇八頁、八木紀一郎他訳『一般理論経済学』みすず書房、第一巻、一九八二年、一九五頁〕。

(7) Vgl. B. P. Priddat, "Der 'Gattungswerth' oder die Moral der sbjektiven Wertlehre in der deutschen Nationalökonomie", in Priddat (Hrsg.), *Wert, Meinung, Bedeutung: Die Tradition der subjektiven Wertlehre in der deutschen Nationalökonomie vor Menger*, Marburg 1997, S. 278-281.

(8) 例えば、O. Spann, *Haupttheorien der Volkswirtschaftslehre* (= *Gesamtausgabe*, hrsg. v. W. Heinrich u. a., Bd. 2), Graz 1969, S. 199. また、Stavenhagen, *Geschichte der Volkswirtschaftslehre*, S. 104.

(9) A. H. Müller, *Versuche einer neuen Theorie des Geldes* (1. Aufl., 1816), Neuausgabe, hrsg. v. H. Lieser (= *Die Herdflamme*, hrsg. v. O. Spann, Bd. 2) Jena 1922, S. 64 を、このように頁数のみ記す。以下も同様。

(10) Vgl. F. List, *Das Nationale System der politischen Oekonomie* (1. Aufl., 1841), (= *Schriften/Reden/Briefe*, Bd. VI, hrsg. v. A. Sommer), Berlin 1930, S. 173-186 (Kap. 12). 〔小林昇訳『経済学の国民的体系』岩波書店、一九七〇年、一九七〜二一二頁(第一二章)〕。

(11) 引用文中の強調は原著者(ここではミュラー)に、[ ]は原田による。以下も同様。

(12) ミュラーは、「すべての経済活動」に妥当するとする、「方向」をともなう「直線」の観念を説くのであり、その際、算術的な数学では諸要因・諸活動の相互関係を表現するには不充分だから、今日のベクトルをイメージするような、「方向」(角度)を同時に表現しうる「幾何学」(S. 58, 60)をもってせねばならない、としている。

(13) この表現は物(材料)に関して擬人的であるが、ミュラーにとって経済学とは「第一に人格と物の相互の関係を維持・活性・統一すること」をめざすものなので、「人格と物の両者が経済的価値として相互に織り込まれる」(S. 15,17)ことは重要な課題である。

(14) A. H. Müller, *Die Elemente der Staatskunst* (1. Aufl., 1809), Neuausgabe, hrsg. v. J. Baxa (= *Die Herdflamme*, hrsg. v. O. Spann, Bd. 1), Jena 1922, Halbbd. 1, S. 312.

(15) 原田「アダム・ミュラーにおける自由『抗争』と『均衡』」一頁、一八頁注2参照。ミュラーに批判的なカール・シュミットでさえ、中世をモデルに構想されたミュラーの有機体的世界像においては「盗賊騎士がロマンティッシュな人間像となりうるが」、現実の中世の騎士は自己意識を有する「主体」ではなかったので、ロマンティッシュな存在ではありえなかったはずだと言って、ミュラーのロマン主義を「市民的安寧の産物」として、嘲笑的にではあるが、そこに近代的個人が含意されている点を指摘している。C. Schmitt-Dorotić, *Politische Romantik*, München, Leipzig 1919, S. 91.〔橋川文三訳『政治的ロマン主義』未来社、一九八二年、一一八頁〕。

(16) 『貨幣新論の試み』の別の箇所で示されている、交換手段としての貨幣の転変との関連におけるミュラーの歴史観については、原田「交換手段の転変を基軸とした発展段階論」四五～五二頁参照。

(17) 原田「アダム・ミュラーにおける自由『抗争』と『均衡』」八～一三頁参照。

(18) 同右、一三～五頁参照。

(19) 原田「交換手段の転変を基軸とした発展段階論」四九～五二頁、六一～二頁の注44参照。

(20) もっとも、『貨幣新論の試み』の叙述全体から推測すれば、すでに挙げた農業と工業、消費と生産、精神と物質という三つの関係が国民経済における主要な両極のように扱われているから、それでよいのかもしれぬが、他にも、それらのヴァリエーションのようで、厳密にはそうでもない人格と物の関係や、人間と物が国家に対する関係（vgl. S. 14ff.）、さらには信用貨幣と物的貨幣の関係（vgl. S. 277）といった対極関係が、ときには国民経済の重要な対立関係として論じられるのであり、またこれらが「球体」構想と関連付けられるのであって、議論は複雑であり、錯綜している。なお、ミュラー自身言及しているように、彼の「球体」構想はノヴァーリスからも示唆を得ている（vgl. S. 126）。ノヴァーリスの自然観については、宮田眞治「『創造する精神の構成論』としての『実験術』」（前掲伊坂他編『ドイツ観念論と自然哲学』）二二九～六〇頁参照。他方、ミュラーの「球体」構想の原型といえるものは、彼の初期の作品『対立論』（一八〇四年）にすでに見られる。Vgl. A. H. Mülle,r *Die Lehre vom Gegensatze* (1. Aufl., 1804), in *Adam Müller, Kritische, ästhetische und*

philosophische Schriften, hrsg. v. W. Schroeder u. a., Neuwied u. a. 1967, S. 201.

(21) 前記注(18)、および A. H. Müller, *Ueber König Friedrich II. und die Natur, Würde und Bestimmung der Preussischen Monarchie*, Berlin 1810, S. 20-22, 29-31 参照。

(22) ミュラーの生い立ちと青年期については、vgl. J. Baxa, *Adam Müller*, Jena 1930, S. 3-19. 彼はプロイセンでの任官を望んだが、一八一一年、ハルデンベルクは反改革の側に立ったミュラーを事実上プロイセンから追放した。Vgl. *ibid.*, S. 176-179.

(23) 前記注(15)で示したカール・シュミットの指摘参照。その他、実際の中世の下層民の鬱屈した生活については、阿部謹也『ハーメルンの笛吹き男』平凡社、一九七四年、参照。

(24) A. Smith, *An Inquiry into the Nature and Causes of the Wealth of Nations* (1776), (= *The Glasgow Edition of the Works and Correspondence of Adam Smith*, vol. II), Oxford 1976, p. 456.〔大河内一男監訳『国富論』Ⅱ、中央公論社、一九九七年、一二〇頁〕。スミスの「見えざる手(invisible hand)」はガルヴェによるドイツ語訳では "unsichtbare Hand" と記されており、ミュラーも同じ語を使っている。A. Smith, *Untersuchung über die Natur und die Ursachen des Nationalreichthums*, übers. v. Ch. Garve, Bd. 3, Breslau 1795, S. 45.

(25) ミュラーの言う「世論」は「『公共精神』に満ちあふれた人間」の、という限定付きであり、自然法的な秩序を認識しているものに限られることから、彼は単なる多数意見をそのまま認めるわけではない。しかしながら、そのことは、大衆民主主義の弊害に対する表明と見ることもできるのである。また、その「世論」観は、たとえ君主であっても自然法的な(個の自由と全体との調和という)原理を無視した場合は「世論」によって非難されうるという体制批判的な要素を含んでいる。ミュラーの「世論」観はとくに『フリードリヒ二世と、プロイセン王国の性質・尊厳・使命について』(一八一〇年)における、フリードリヒ二世をプロイセン改革と重ねあわせて批判する議論において見られるが、ミュラー自身、当時ドイツにおいて最初の近代的メディアといわれるH・v・クライスト編『ベルリン夕刊』(一八一〇~一一年)において、改革批判を「世論」として展開していたのである。なお、彼の「世論」観の体制変革的要素は、『フリードリヒ二世』論の影響を受けて同時期に執筆されたクライストの戯曲『公子フリードリヒ・フォン・ホムブルク』において、選帝侯によるホムブルクへの死刑判決を兵士の反乱とともに撤回させるという形で、発展させられる。前記注(21)で示した文献、また、J. Marquardt, "'Ein Traum, was sonst?': Die Vision vom Nationalstaat in Adam Müllers Vorlesungen über Friedrich II. und Kleists vaterländisches Schauspiel", in *Beiträge zur Kleist-Forschung*, 1992-Jg., S. 32-35 参照。

(26)　Smith, *An Inquiry into the Nature and Causes of the Wealth of Nations*, p. 687.〔大河内監訳『国富論』II、五一一頁〕。

(27)　田中正司『アダム・スミスの自然法学』御茶の水書房、一九八八年、三～一六頁、四六～七二頁、新村聡『経済学の成立』御茶の水書房、一九九四年、三一四～四八頁参照。

(28)　『貨幣新論の試み』では、すでにその前半で、例えば、スミスが国家の枠組を解さないとして批判されている (vgl. S. 73f.)。それ以前にも、『国家学綱要』(一八〇九年) において、スミスの分業論や生産的富の概念が批判されている。原田「アダム・ミュラーにおける自由『抗争』と『均衡』」参照。

(29)　水田洋『アダム・スミス』講談社学術文庫、一九九七年、六二～八六頁、二四一～三頁、新村聡『経済学の成立』三二一頁参照。スミスの「正義 (justice)」とミュラーの「公正さ (Gerechtigkeit)」の比較については、原田「アダム・ミュラーにおける自由『抗争』と『均衡』」二一～二頁、注28参照。なお『道徳感情論』をミュラーが読んだ形跡は見られない。

(30)　Cf. Smith, *An Inquiry into the Nature and Causes of the Wealth of Nations*, p. 79.〔大河内監訳『国富論』I、一〇四頁〕。

(31)　山之内靖『イギリス産業革命の史的分析』青木書店、一九六六年、二八四～三四九頁参照。

(32)　Vgl. K. Algermissen, "Methodisten", in *Staatslexikon*, hrsg. v. Görresgesellschaft, 6. Aufl., Bd. 5, Freiburg 1960, S. 177-680. R・F・ウィアマス (岸田紀他訳)『宗教と労働者階級』新教出版社、一九九四年、一三～一二三頁、中島和子他「黒人解放の思想」(田村秀夫他編『社会思想史事典』中央大学出版部、一九八二年) 四三三頁、さらにE・J・ホブズボーム (鈴木幹久他訳)『イギリス労働史研究』ミネルヴァ書房、一九六八年、二〇～三〇頁、ホブズボーム (水田洋他訳)『素朴な反逆者たち』社会思想社、一九八九年、二四七～八八頁参照。

(33)　Cf. Smith, *An Inquiry into the Nature and Causes of the Wealth of Nations*, pp. 781-782.〔大河内監訳『国富論』III、一四三～四頁〕。ただし、ミュラーが『国富論』のこの箇所を読んだかどうかは疑わしい。

(34)　E. Burke, *Reflections on the Revolution in France*, London 1790, p. 144, *Betrachtungen über die französische Revolution*, übers. v. F. Gentz, Th. 1, Berlin 1793, S. 151.〔水田洋訳『フランス革命についての省察』(水田編『世界の名著』第41巻)、中央

公論社、一九八〇年、一六七頁〕。『国家学綱要』でのバーク受容については、原田「アダム・ミュラーにおける自由『抗争』と『均衡』」三〜四頁、一九〜二〇頁の注14参照。

(35) Vgl. A. Langner (Hrsg.), *Adam Müller 1779-1829*, Paderborn u. a. 1988, S. 127. ミュラーがカトリックに改宗するのは一八〇五年である。Vgl. Baxa: *Adam Müller*, S. 33f.

(36) J. Baxa (Hrsg.), *Adam Müllers Lebenszeugnisse*, München u. a. 1966, Bd. 1, S. 759, Bd. 2, S. 720.

(37) Th. Aquinas, *Summa Theologiae* (1265-73), vol. 28, ed. by Th. Gilby, London 1966, pp. 76-77 (Ia2ae. 94, 1), pp. 106-107 (Ia2ae. 95, 2).〔稲垣良典訳『神学大全』第13分冊、創文社、一九七七年、六八頁、九六頁〕。

(38) Cf. Th. Aquinas, *Summa Theologiae*, vol. 38, ed. by M. Lefébure, London 1975, pp. 64-69 (2a2ae, 66, 1-2).〔稲垣訳『神学大全』第18分冊、一九八五年、二〇二〜八頁〕。

(39) 水田洋『近代人の形成』東京大学出版会、一九五四年、二四〜五頁参照。

(40) Vgl. Baxa, *Adam Müller*, S. 160-179.

(41) 前記注(25)参照。

(42) 原田「交換手段の転変を基軸とした発展段階論」四五〜五二頁、六一〜二頁の注44参照。

(43) 誤解を恐れずに言うなら、ドイツにおける、官僚による集権主義的な「上から」の改革を通じての工業化・近代化に反対して共同体関係の自然な発展を唱えたミュラーは、氏神信仰の国家神道的再編を凝視し共同体関係が権力によって破壊されることなく日本が発展をとげることを望んだ柳田国男に近い。川田稔『柳田国男——「固有信仰」の世界』未来社、一九九二年、二三七〜七三頁、鶴見和子『漂流と定住と』ちくま学芸文庫、一九九三年、八一〜一九二頁、八木紀一郎「近代日本における時間と空間」(八木他編『社会経済学の視野と方法』)六五〜七三頁、小沢浩「柳田国男と南方熊楠」(歴史学研究会編『講座・世界史』7〔「近代」を人はどう考えてきたか〕東京大学出版会、一九九六年)三七三〜八五頁参照。

第3章　国民経済から資本主義へ

――ロッシャー、シュモラー、ゾンバルト――

田村　信一

はじめに

ドイツ歴史学派という言葉は経済学の歴史上頻繁に用いられるが、その意味と範囲については必ずしも明確ではない。一般的には「歴史的方法」を初めて明示的に提唱したヴィルヘルム・ロッシャーを歴史学派の「創始者」とし、このロッシャーを含めて、ブルーノ・ヒルデブラント、カール・クニースをいわゆる旧［älere］歴史学派、その後に続くグスタフ・シュモラー、ルーヨ・ブレンターノらの世代を新［jüngere］歴史学派と分類することは慣行となっているものの、それ以上の学派の人脈や学問的内容に関してみれば、およそ統一性を欠いた理解が併存していたといっても過言ではない。例えば、わが国における歴史学派のイメージの原型を提出したと思われる白杉庄一郎は、古典学派と社会主義への対抗という観点から歴史学派全体の否定的評価を基調としつつ、新旧の相違よりもその共通性（帰納法的研究の重視と政策的研究の優位）を強調し、結果として経済史研究への視野の拡大を指摘するものの、カール・メンガーとマックス・ヴェーバーの批判による学派の「解体」を力説した。(1)

ところが周知のようにシュンペーターは、歴史学派の科学的業績（経済史と経済社会学）をむしろ積極的に評価し、新旧の慣習的区分を批判して「生粋の学派の出現」をもっぱらシュモラーと結びつけた。さらにはヴェーバーの批判を学派の「解体」と理解するのではなく、ヴェルナー・ゾンバルトとアルトゥーア・シュピートホフを含む「最新［youngst］歴史学派」の形成と把握したのである。(2)

こうした対立の根底にはそもそも「歴史学派」という現象をどのように定義するかという概念上のズレが存在している。白杉によれば、コスモポリタンな性格を持つイギリス流の経済学［Political Economie］がドイツに輸入され、国民経済建設の課題を有する特殊ドイツ的な「国民経済学」［Nationalökonomie・Volkswirtschaftslehre］(3)に変容し、そこに独自な「歴史的方法」を付与したものが「歴史学派」にほかならない。そして「歴史的方法」は、古典学派の自然主義に対抗する「歴史意識の覚醒」を背景とする帰納法の重視という意味で幅広く解釈されていたから、新旧学派の共通性を強調し、「国民経済学」を課題としなかったシュモラー以後の世代を「歴史学派」から追放したことは、ある意味では当然だったといえよう。

他方シュンペーターの場合、単なる帰納法の重視ではなく、経済学の理論命題そのものが歴史的モノグラフの結論とそこから得られる概括的命題から成り立つべきだ、との独自な方法論的信念こそが、ほかでもないドイツでのみ支配した「歴史学派」の本質を構成する。こうした方法意識を体現したのはシュモラーであり、したがって「旧歴史学派について語ることは良い習わしではない(4)」のに対し、シュモラーのメッセージの影響を受け、彼の「基本的原理」に忠実だった「最新歴史学派」が継承者として重視されるのである。

このような研究史の混乱の結果、これまで歴史学派に関わる多くの誤解や神話が再生産されてきた。例えば、ロッシャー以来一九世紀後半のドイツ経済学は歴史学派によって支配された(5)（支配的見解という意味では一九世紀の最後の二〇～三〇年間だけであり、大学ポストの支配という意味ではそこから二〇世紀初頭まで）とされたり、あるいは新歴史学派が社会政策学会と等置され、中間派のシュモラーに右派のアドルフ・ヴァーグナーと左派のブレンターノが挙げられ(6)（これは新歴史学派＝講壇社会主義者＝社会政策学派という思い込みの結果である。通常シュモラーの「歴史主義」に対する反対者を自認していたヴァーグナーは、後述するように歴史的モノグラフを共通項とする新歴史学派に含めないことが多いし、社会政策学会は初期には講壇社会主義に反対する自由主義派を有力な潮流として含み、後にはオーストリア学派が加わっている）、さらには一般に方法論争におけるシュモラーの立場が歴史学派全体を代表していたかのように受け取られたりする（ブレンターノもビュヒャーもメンガーに同情的だった(7)）。

こうした研究史の混乱の原因は、広い意味での同時代人シュンペーターの証言がある時期までほとんど無視されてきたからであるが、しかし同時に彼の場合、わが国で論議されてきた「国民経済」というテーマの問題が取り上げられていないからでもある。その意味で歴史学派の全体像を描くためには、テーマと方法論とを統一的に把握し、それぞれの世代間の継承関係を洗い直す作業が不可欠である。本稿の課題は、以上の観点から歴史学派の三世代にわたる本流をロッシャー、シュモラー、ゾンバルトの線でとらえ、ドイツ歴史学派の全体像に迫ろうとするひとつの試論である。

1　ロッシャーの歴史的方法と国民経済

まずロッシャーは、『歴史的方法による国家経済学講義要綱』[*Grundriss zur Vorlesungen über die Staatswirtschaft. Nach geschichtlicher Methode*, Göttingen 1843.]において「歴史的方法」をどのように提示したのであろうか。彼は、「可能な限り抽象的に、すなわち可能な限り空間と時間のあらゆる偶然性を取り去って概念と判断の体系を求める」「哲学的方法 philosophische Methode」と、「可能な限り忠実に現実の生を模写して人間的発展と関係の叙述を求める」「歴史的方法」を対比し、歴史家の仕事と自然研究者のそれとの類似性を指摘しつつ、歴史的方法の目標が「発展法則」の構成にあることを強調する。(8) その場合いわば方法上の精神にあたるものが、序文における次の「原則」であった。すなわち(1)国家経済学は国富を増進させるための貨殖学ではなく、「人間を判断し人間を支配することを問題とする政治的科学」であり、その目的は法制史・国家史・文化史と結びつけて初めて可能になる。(2)国民はたんに現在生きている個々人の集合ではないから、国民経済の研究は現在の経済状態の観察だけではなく、「現在にいたるまでの文化諸段階の研究」が不可欠である。(3)すべての国民経済の徹底的観察・相互比較および古代国民との比較を通じて、「本質的なもの・法則的なものを見つけ出すこと」が要請される。⑷歴史的方法は一定の経済制度を賞賛したり非難したりするものではなく、政策的実践を行う人々に制度の改廃について「ことごとに考慮しなければならない無数の事柄に注意を向けさせること」にある。(9)

ここで述べられていることは、経済現象の「孤立化」・「抽象化」に対する経済の人間的、具体的現実的、制度的な側面との相互依存性の重視であり、その方向を過去と現在の国民経済の観察と比較によって、自然科学に倣った「科学」たらしめようとする意欲である。ロッシャー以前一九世紀前半のドイツの経済学は、官房学の伝統の上に古典学派の受容が行われた後、一方で理論的には限界分析の先駆者（ヘルマンとテューネン）を生み出しながらも、他方では歴史意識の覚醒とナショナリズムの危機感から古典学派に対抗するロマン主義（ミュラー）・国民主義（リスト）を出現させていた。つまり歴史主義のうねりは、中世への憧憬や「価値の理論」に対する「生産力の理論」にまでいたっていたのである。そしてアカデミズムにおいては中庸が支配し、ラウの教科書の成功によって官房学的現状・歴史記述と古典派との折衷という形で経済学の体系化が進んでいたといってよい。しかしながらラウの体系は前者の部分について非歴史的・非学問的要素を多く含んでいたといわれており、(10)ロッシャーはラウの体系に沿ってこの部分を、「国民経済政策の問題に関するあらゆる党派的闘争を調停」(11)する立場から「科学的」に訂正し、他方で歴史主義の極端な進行に歯止めをかけようとしたように思われる。彼の歴史的方法は「リカードウ学派」とは距離を置いているが、むしろ「マルサスやラウの方法に近い」との言明、あるいは「農地制度論」のリストを「素晴らしい歴史感覚の持ち主」と賞賛しつつも、『国民的体系』の「非体系性」や歴史的事実の誇張および歴史的知識の一面性を論難し、リストの万民主義・個人主義というスミス批判に対して後者を擁護する彼の姿勢は、そのことを示しているだろう。(12)

ロッシャーの「歴史的方法」とは、「哲学的・抽象的方法」を補完する科学的方法の提唱であり、両者の調和による経済学の体系化の要請であった。したがって彼の場合、古典学派に対抗する新しい学派の形成という問題意識はまったくなく、むしろ歴史主義の流れの中から生じたそうした方向を抑制しようとする意識の方が強かったように思われる。その意味で、彼を「ドイツ歴史学派の精神的創始者[13]」と考えるほうが正確であろう。彼が学んだゲッティンゲン大学は古典学派受容の拠点であり、自由主義的経済学説はここを通じてプロイセン啓蒙官僚の改革に影響を与えたことを考えれば、ロッシャーの「実務家・大学生のための手引・読本」という副題をもつ『国民経済学体系』は、ドイツの近代的工業化を上から推進するリベラル官僚の学問的啓蒙という性格を有していた。

しかしながら彼の場合、個々人を超越する「国民経済」の生成は科学的に解明されるべきものではなく、所与のものとして前提されていた。利己心も公共心も人間の「自然的衝動」であり、この人間の（死者を含む）集合の「自然的産物」が「国民経済」である。人間が生まれ・成長し・死ぬことが自然法則だとすれば、「国民経済」もこの自然法則に支配され、生成・発展・没落する有機体なのである。そして国民経済内部における相互依存関係（例えば工業の繁栄は農業の繁栄を前提し、農業の繁栄もまた工業の繁栄を前提とする）は、「個々の事実がそこからのまさしく流出であるにすぎない有機的生命体の存在を仮定しなければ、説明が循環することになる[14]」だろう。ロッシャーにおいては、「国民経済」の統一性は形而上学的実体を確信する歴史哲学によって保証されており、発展法則は因果的研究によって帰納されるものではなく、観察された膨大な経済現象・制度的事実は法則の「例証」にほかならなかった。むしろ彼自身は、発展法則をヘーゲル流の普遍史的法則に高めることに警戒して、「道徳的・政治的科学」における例外の重要性を強調した[15]。こうした統一性の楽観論によって彼は、具体的政策提案の必要性から免れたのであるが、それは、関税同盟と産業革命によってドイツの工業化がすでに本格的に開始されていたことと関連しているように思われる[16]。

2　シュモラーの倫理的経済学と国民経済

シュモラーが、「旧ドイツ国民経済学と新ドイツ国民経済学の対立[17]」という表現でロッシャーらの世代を批判したとき、その中心にあったのは、「因果律」の軽視あるいは否定という論点であった。ロッシャーの場合には膨大な資料収集にもかかわらず、その発展法則は「因果的発展の完全な根拠付けのないひとつの図式[18]」にすぎず、ロッシャーの自然科学主義を批判して社会的発展における人格的要素の意義を指摘したクニースの場合にも、「『人格的要素』に対して因果律を否定している[19]」ように思われた。シュモラーは、現実の複雑性・特殊性を考慮せず（因果的研究の欠如）、概括的「歴史法則」や抽象的理論命題をいきなり「政治的処方箋」として現実に適用しようとする「社会主義」・「自由放任主義」に対しても、方法的にはまったく同様な観点から厳しく批判している[20]。

彼が直面した時代は、プロイセンによる政治的統一の実現と産業革命の終了によって、工業化の進行を前提とする国民経済の統合が課題となった時代であり、またそのあり方をめぐって労働者階級の「社会主義」とブルジョア階級の「自由放任主義」が鋭く対決した時代でもあった。シュモラーはこうした時代の課題に、クニースの問題提起をばねにしながら（発展の因果的要素としての人格の強調）、発展法則の探求に代わって「因果的研究」を前面に押し出すことでロッシャーの「歴史的方法」を精密化し、「社会主義」でも「自由放任主義」でもない「第三の道」=社会政策を提出することで応えようとしたといえよう。ここにおいて「歴史的方法」は、特定の政策課題を科学的に根拠づけるモノグラフとしての「精密な歴史研究」へと展開した。その模範となったのがシュモラーの『一九世紀ドイツ小営業史』［*Zur Geschichte der deutschen Kleingewerbe im 19. Jahrhundert*, Halle 1970.］であり、ブレンターノのイギリス労働組合史研究『現代の労働者ギルド』［*Die Arbeitergilden der Gegenwart*, 2Bde. Leipzig

1871-2.］であった。

シュモラーの社会政策的目標を簡単にいえば、以上の時代状況の中で危機に直面した手工業経営の近代化と労使対等の原則（団結権）の確立をつうじて、市場に公正な競争ルールの秩序を与え（所得分配の適正化）、国民経済を構成する諸階級の流動化と統合（社会的融和）を達成しようとするものであった(21)。「社会政策学会」が結成された一八七二年は、フランスからの賠償金支払いによって熱狂的な会社設立ブームが生じ、株式の高騰と投機熱というバブル経済をつうじて「不労所得」が蓄積され、貧富の格差の増大によって「階級闘争」が激化した時代であった。彼が「公正」・「正義」といった倫理的徳目を政策の中心に据えたのは、市場経済のルール化という観点からなのである。したがってシュモラーにおいては、ロッシャーのように統一体としての国民経済は所与ではない。それは「国民経済」を形成する「倫理的原因」の探求として学問的に体系化されるべき中心課題であり、その結果として政策的に実現されるべきものであった。

「国民経済をひとつの全体とする場合、その中心は統一の実在的原因を置くことである。何よりもまず純粋に個人的な欲求と衝動とをもつようにみえる人間が、ますます大小の集団と結びつき、直接的・間接的に共同して交換流通という形態で相互的に経済を営むということがどうして生じたのか、これを理解することがつねに問題なのである(22)」。

シュモラーはこの「統一の実在的原因」を人間の「共同感情」（エートス）あるいは「精神的集合力」と呼び、倫理的・道徳的（ジットリヒ）な人間行為の規範的力として把握する。

「より高級な文化とともに、……一連のいっそうの目的——神礼拝、教育、芸術、保健衛生その他——が成立し、それは社会的関係・共同体、およびそれとともに新しい観念の連鎖、感情、行為の目的をつくり出す。風習、法、道徳、宗教の如き社会的生のより高級な機能と形態が形成され、それらの発展は当初旧来の身近な目的のための手段として現われるが、しかしつぎに自己目的として、あらゆる行為の支配的な調整器として現われる。それらの独自の存在は、再び新しい社会的関係・共同体を創り出す」。「知性と技術、生産の増大と複雑な社会制度のあらゆる進歩は、行為を規定する感情がこうした方向に発達したときにのみ諸国民を確実かつ持続的に向上させるのである」(23)。

シュモラーにおいて、こうしたエートスは家族における自然的な「性的結合と血縁感情」から歴史的・文化的に発展したと考えられ、分業と利己心の発展が「遠心力」であるとすれば、この生産力の発展の成果を「共同体」メンバーに均霑すべき「求心力」として働く。すなわち国民経済の繁栄と国民のその繁栄への参与は、「自然」の結果ではなく、「ジットリヒなもの」が個人と社会を規制し（道徳と法への分化）、多様な政治・法・経済制度に「結晶化」することによってはじめて可能なのである。そしてこの共同体の圏の国民経済への拡大というテーマを、「発展法則」としてではなく、「仮説」として提示したのが彼の発展段階論（村落経済─都市経済─領邦経済─国民経済）である。そこでは「共同感情」が政治指導者の倫理的エートスに体現されていると理解され、国民経済形成におけるプロイセン官僚制の主導的役割が強調された。シュモラーにおいては、ロッシャーの歴史哲学（形而上学的実体の信念と発展法則）に代わって、エートスを「実在的原因」とする経済制度の歴史的進化論が楽観的な「進歩史観」を背景にしつつ登場したのであり、現実の歴史的発展は「指導者」の倫理的力によって実現されるとみなされた。そして「共同感情」の「実在」とその制度化の科学的根拠は、ディルタイに倣って当時隆盛を極めた「心理学」に求められたのである。

ところでシュモラーのこうした方向への展開は、同じく「精密な歴史研究」を志し、人間心理の「心理学的根拠」を要求する点で共通していたブレンターノのそれと対立するものであった。ブレンターノの労働組合研究は、利己心と完全な自由という理論経済学の前提条件が現実に欠如しているところでは労働組合による「補充」が不可欠である、つまり「国民経済学の補完」という観点から行われていた。(24) その意味で彼の方法意識は、ロッシャーの精神ときわめて近かったのである。しかしシュモラーは「精密な歴史研究」を倫理的原因の探求を基礎とする制度の進化論＝「倫理的経済学」に拡大しようとしたが、それは、「歴史的方法」による「国民経済学」の「補完」ではなく、「国民経済学」の「社会学」への拡大を意味したのである。彼は、ブレンターノやヴァーグナーも参加したシェーンベルク編『政治経済学辞典』（一八八二年）の刊行に対して、次のように批判している。

「われわれは、今日これを乗り越えなければならない。現在では国民経済学は、それが社会学 Gesellschaftslehre に拡大されるかぎりで、かつ拡大されるにつれてのみ科学である。その全体としての出発点は、もはや個人とその技術的生産とではなく、社会とその歴史的発展とである。その実行は、経済生活の社会的現象形態に関する研究でなければならない。まず第一に問題としなければならないことは、継起的に生じた経済的機関と経済的制度とがどのように歴史的に発展したか、あるいは実際にいかに関連しつつ並存していたか、ということである(25)」。

シュモラーにとってこの辞典は、イギリス流の「抽象的経済学」とドイツ流の官房学を折衷しようとしたラウの体系の、したがってまたロッシャーの体系の新版にほかならなかったのである。もちろんシュモラーのこうした指向は、「抽象的経済学」の存在そのものの否定を意味するのではない。

「いかなる国民経済組織も、相互に相対的に自立した二つの系列の原因によって支配されている。一方は、旧来の経済学がもっぱら問題にした自然的・技術的原因であり、他方は、――従来時として言及されたが、国民経済にとってのその意義が体系的に研究されなかった――諸国民の心理学的・風習的生《ジットリヒ》に由来する原因である。国民経済学は、前者の原因のみならず、後者の系列の原因も徹底的に究明されたときに、厳密な意味で科学となるであろう(26)」。

この文章はシュモラー経済学の体系化が、いわば「自然的経済学」と「倫理的経済学」の将来における統合という展望を持っていた点で、ラウとロッシャー以来の二元的構成を「心理学」による架橋を展望しつつ基本的には引き継いでいるが、しかし同時に経済学の社会学的拡大こそが科学としての経済学にとって当面の急務と考えられていたことを示している。メンガーとの方法論争が激化したのはこのためであり、シュモラー以外の新歴史学派の多くの学者がメンガーを支持したのは、むしろ旧歴史学派からの伝統にほかならなかった。

こうしたスローガンのもとでシュモラーの指導下に、社会政策的課題と結びついた幅広い歴史的細目研究が多数の弟子によって推進され、当時のアルトホフ体制ともあいまって、シュモラーの人脈がドイツの大学を支配したのである。それは厳密にいえば「シュモラー学派」による支配である。(27) しかしながら、国民経済が帝国主義的拡張の方向に展開し、工業化による大衆社会状況の徴候が出現した一九世紀末になると、プロイセン官僚主導の社会政策によって「共同体」としての国民経済の調和的発展を期待するシュモラーの立場は、現実の経済社会が抱えた課題とずれはじめていたといえよう。

3　ゾンバルトの近代資本主義論

大学でシュモラーに直接学んだ研究者だけではなく、社会政策学会の調査研究をもつうじて彼の「歴史的方法」に親しんだ歴史学派の第三世代にとっての悩みを、ヴェーバーは、「今日でも『抽象的』・理論的方法は、（我々の専門学科における）経験的・歴史的な研究と……鋭く対立し」、両者がそれぞれ実証主義的意味で「経験的な妥当性」を要求している、と表現している。社会政策学会は事実上歴史学派とオーストリア学派の共同機関となっており、ドイツの大学の国民経済学講座では、細目的歴史研究と限界効用学説が併存していたのである。「歴史学派の息子」と自称したヴェーバーは、こうした対立を「理念型」によって方法的に克服しようとしたのであるが、それは「歴史学派の解体」を意図するものではなく、「歴史学派の代表者」シュモラーによって提起された歴史的「因果的研究」を、「生の現実をその個性において理解しよう」とする「文化科学」として再生させようとする立場から行われた。こうした問題意識の背後には、ヴェーバーが若い世代の社会政策的立場を「資本主義的発展は不可避である」と総括したように、大経営化・工業化・帝国主義化の進展として現れる「資本主義」こそが現代の「生の現実をその個性において」規定している、という認識が存在したのである。[28]そこには経済システムが「共同体」に纏め上げられるとの信念はもはや存在せず、むしろ経済的進歩と人間的疎外状況が併存するアンビヴァレントなシステムと理解された。そうした観点からこの世代は、唯物史観や革命主義を拒否しつつマルクスの問題提起を積極的に受け止めようとしたといえる。

以上のような若い世代の目標は、シュモラーの継承と批判という意味での「シュモラーからの脱出」[29]であり、理論的研究と歴史的研究の統合という意味での「方法論争」の克服であった。「方法論争」からすでに二〇年が経過していたが、ようやくこの時期に「国民経済」に代わる新たな分析の枠組みが設定されねばならなかった。そして最初にこの問題を自覚して実践したのはゾンバルトであって、彼の初版『近代資本主義』[*Der moderne Kapitalismus*, Leipzig 1902.]の序文にはこうした問題意識がくっきりと現れている。彼は、「個別現象の場合ですら、ありうべき動機の全体との因果的結合に成功しなかった」シュモラーの「歴史的方法」を厳しく批判しつつ、本書の目的が、「経験と理論とが対立関係に陥っている」「かの神経質な対立を調停しようとする試み」であり、同時に手工業を保護しようとする「われわれの工業的発展の経過に関する数年来のまったく空しい論議」に決着をつけることにあるとはっきり述べている。[30]その意味で、「方法論争」の克服と「資本主義」論の展開という二〇世紀初頭のドイツにおける社会科学の問題設定の枠組みは、ゾンバルトによって形成されたといっても過言ではないだろう。

さてゾンバルトは、それまでカトリック社会運動の利子取得に対する倫理的非難、あるいはマルクス主義の搾取に対する政治的批判の意味で流布していた「資本主義」という言葉を、歴史分析の理論的道具として中立化しようとした。彼は、ドイツのアカデミズムの中で最初にマルクス『資本論』を積極的に評価し、剰余価値の搾取と窮乏化論を否定しつつ、資本家の利潤追求と資本投下を起点として労働者が価値を作り出し、利潤率均等化によって価値が社会的に分配される経済発展のシステムを「資本主義」ととらえて、伝統的・停滞的な身分・生計指向の「手工業」経済システムと対置した。経済発展は「倫理的」政策によって生ずるのではなく、「資本主義」という客観的な経済システムに内在するものと把握された。

「マルクス体系の『反倫理的性格』こそ、たとえばロートベルトゥスらのそれと区別されるものであり、……経済発展の理論――これこそマルクスの要諦である――は重要な社会主義体系のいずれにも知られていない」。「資本主義的経済秩序の法則としての価値法則はまったく一般的に、商品の価値は、すべての経済的過程を支配する労働の社会的生産力が究極的には規定的に自らを貫徹する特殊歴史的形態である、という内容を持っている。労働の生産力の程度、その変化などは、生産の代表者ないしなんらかの経済を営む個人の意識にのぼることなく、価格や剰余価値率、ようするに経済生活の総体的形成を究極的に『決定する』もの、すなわち個人の恣意にはっきりした限界を与えるものなのである」。「マルクスにおいて問題となっているのは、動機付けではなく、経済主体の個人的恣意の制限である、といえよう。マルクスの経済学体系を特色付けるのは極端な客観主義である。……これと対立するのが主観主義的方向であって、それは経済生活の経過を究極的に経済主体の精神［Psyche］から説明しようとし、経済生活の合法則性を心理学的動機付けに置き換えるのである」(31)。

これらの論述は、ゾンバルトが因果的起点としての経済主体の「動機」探求と、人間行為を外側から特定の方向へ規定する「客観的秩序」との相互関係において把握しようとしたこと、つまりマルクスの理論的成果を借りて、当時の「主観主義的」国民経済学（歴史学派とオーストリア学派）が陥った「心理学主義」からの脱出を図ろうとしたことを示している。ヴェーバーの場合における歴史的因果的研究への明確な指向と異なって、ゾンバルトはさしあたって直接マルクスと歴史学派とオーストリア学派を統合しようとしたのである。それは彼の初版『近代資本主義』の構成に明確に現れていた。すなわち第一巻は「資本主義の発生」であり、第二巻は「資本主義発展の理論」である。その関連を彼は次のように述べている。

「本書の基本思想によれば、歴史的事実の経験的・偶然的形態における叙述と、そうした事実が一度与えられた……という前提の下での経済の法則的経過の証明とが鋭く区別される。われわれは資本主義的経済主体ないし経済原理の発生を偶然性の観点の下で考察するが、それに対して世界が経済主体の像に従っていかに創出されるかを法則性の観点の下で考察する。後者の考察様式をわれわれは理論と呼ぶ。したがって資本主義的経済様式の客観的条件の成立論は、この叙述の発生史的部分ではなく、当然理論的部分に属する」[32]。

まず彼は、「資本主義の発生」において資本主義の生成・発展を中世以来のヨーロッパ独自の個性的現象とみなし、経済生活目的（身分的生計）と労働が「人格の表現」として分かちがたく結びついた手工業経済から、経済生活の目的（営利）が経済主体の人格から分離して企業組織そのものに体現化され（抽象化）、利潤追求が経済主体に対して強制的に課せられ（客体化）無限化される「非人間的」なシステムとしての「資本主義」への移行と把握する。そしてその推進力である資本家の動機は、一般的な利潤欲（衝動）ではなく、それに複式簿記と「経済人」に体現される計算感覚・経済的合理主義（ルネサンスと啓蒙主義の成果）が独自に結合した「資本主義的精神」[kapitalischer Geist]と概念化された。つまり手工業から資本主義への移行は、完全に異質の「欲求充足原理」から「営利原理」への転換を意味し、それを媒介するものが「資本主義的精神」である。したがってゾンバルトにとって商品流通を含む手工業経済において「資本の本源的蓄積」が行われることはありえず、「資本主義的精神」も手工業者の経済精神から成立することはありえなかった。そこで彼は、資本の発生を、十字軍以降の貨幣経済の急速な発展のなかで生じたイタリア諸都市における地価・地代・家賃の高騰と都市ブルジョアの急速な資金蓄積に求め（地代蓄積説）、また「資本主義的精神」の発生を、十字軍による「黄金熱」の覚醒とルネサンス文化の結合という、歴史的「偶然」によって説明しようとした[33]。

では「資本主義発展の理論」において、資本主義の発展がどのように「法則性の観点」から捕らえられているのであろうか。彼がここで議論の中心に据えたのは、一九世紀半ば以降の「高度資本主義[34]」時代における「都市形成の理論」であった。すなわち農業における資本主義の浸透と工業における大経営の発展・企業の集中は、農村過剰人口の形成と「工業都市」の成立をもたらすが、後者は企業者の利潤を起点に農村過剰人口を吸収し、消費産業と商業・信用機能を吸収して「大都市」に成長する。

> 「資本主義の内的深度と外延が大きくなるにつれて、必然的に国民経済的余剰価値のますます大きな部分が近代的交通の中心地、すなわち大都市に収入として集中して現れるようになる。大都市はまたますます消費の中心になる[35]」。

そこでは多くの資本主義的中小企業・新中間層の出現と実質的高賃金の可能性によって、購買力を豊かに持ち消費とレジャーを謳歌する「大衆」社会が成立し、「奢侈の民主化」が実現する。かつての奢侈品は「大衆品」となり、「需要の統一化」・「嗜好の画一化」・「流行の支配」をつうじて、資本主義企業がかつての手工業分野をますます侵食していく。つまりゾンバルトは、資本主義の発展が「大都市」の形成と大衆社会の成立を促し、社会の隅々にまで「資本主義的企業」が進出していくプロセスを、「資本主義発展」の自然「法則」と把握する。そしてこの過程は、「共同体（ゲマインシャフト）」からの「個人主義的解放」と（経済の非人格化・経済プロセスの事象化 Versachlichung にともなう）「物質文化」としての「資本主義文化」の支配という両義的観点から描かれていたのである。[36]

ゾンバルトは、以上のように「動機」から「倫理」を追放し、法則的「発展」がいわば「豊かな社会」を実現させることを論証して、シュモラーの「倫理的」社会政策・経済学を乗り越えようとした。それは社会政策的には、手工業の保護から資本主義的小企業の促進への転換を意味した。シュモラー以後の歴史学派の第三世代は、ゾンバルトのこのような問題意識を共有しつつ、彼の『近代資本主義』研究を出発点としてその批判と深化を課題としたといえるだろう。第一次大戦前のドイツのアカデミズムにおいて、「資本主義」ないし「資本主義的精神」という概念を学問的に積極的な意味で使ったのは、ゾンバルトとヴェーバーを中心とする少数のサークル、具体的には『社会科学・社会政策アルヒーフ』と『社会経済学要綱』[*Grundrss der Sozialökonomik*]に執筆した人々であった。[37]しかしゾンバルトの問題提起には、一方では方法的に経験と偶然および法則と理論の同一視から生じた発生史と法則的展開の二元論という難点がはらまれていた。また他方では「資本主義的精神」の探求が中途半端に放棄され、「資本主義発展の理論」は経済理論というよりも社会学的発展理論にほかならなかった。こうした欠陥に取り組んだのが、ヴェーバーとシュンペーターだったといえよう。[38]

おわりに

以上の三世代にわたるドイツ歴史学派の展開を、とりわけ「理論と歴史」の方法論的関連についてみれば、次のように総括することができる。まずラウの伝統を継承したロッシャーは、抽象的経済理論を「国民経済」の具体的歴史記述によって補おうとし、この部分を歴史哲学によって法則化しようとした。次いでシュモラーが、歴史的因果研究の観点から歴史法則の探求を批判したとき、経済理論の歴史研究による補完という問題意識はいったん放棄され、それに代わって「国民経済」の歴史的・制度的進化論を指向する「経済学の社会学への拡大」というパラダイムが登場した。しかし新歴史学派内部には、ブレンターノのように上記の問題意識を継承して歴史的因果研究を遂行しようとする潮流も存在しており、「方法論争」をきっかけにして、新歴史学派は方法的には内部対立を抱えることになった。やがてゾンバルトやヴェーバーは、「理論と歴史」の再統合によって「方法論争」を克服しようと試みたのであるが、それは新歴史学派内部で見れば、形式的にはロッシャーからブレンターノに引き継がれた問題意識を回復する形で行われたといえようが、その場合の理論は従来の「抽象的経済理論」ではなく、経済現象の社会学的理論へと旋回する。つまりシュモラーの「経済学の社会学への拡大」という線に沿って、「理論と歴史」の統合と「資本主義」という新たな問題設定（シュモラーからの脱出）が企てられたのである。もしドイツ歴史学派を直接継承する最良の研究成果をゾンバルトの『近代資本主義』研究とヴェーバーの『経済と社会』および『宗教社会学』研究に求めるとすれば、ロッシャーを批判的に継承したシュモラーによって従来の国民経済学の枠組みを超えるパラダイム転換が実行され（実質的な「歴史学派」の成立）、その中のいわば「シュモラー学派」の方法上・テーマ上の革新をつうじて成し遂げられた業績であるといえよう。

注

（1）とりわけ出口勇蔵編『四訂　経済学史』ミネルヴァ書房、一九七一年、第七章「歴史学派」を参照。なお白杉庄一郎『国民経済学研究』弘文堂書房、一九三九年、第一章、および『経済学説全集』5、河出書房、一九五六年、第三章をも参照。

（2）シュムペーター（東畑精一訳）『経済分析の歴史』5、岩波書店、一九五八年、一六九四頁以下。

（3）ちなみに Nationalökonomie と Volkswirtschaftslehre は必ずしも同義ではない。前者がいつ用いられたかははっきりしないが、一九世紀初頭アダム・スミスに大きな影響を受け、官房学の伝統を継承したいわゆるドイツ古典派の人々によって、国家経済学と分離された意味で使用されるようになった。後者は、やはりドイツ古典派に属するフーフェラントがイギリス古典学派に対して価値評価における人間の役割を強調する意味で、一八〇七年に導入したといわれている。その後ラウが、*Lehrbuch der Politischen Ökonomie* (1826) において、理論［Allgemeine Volkswirtschaftslehre］、政策［Volkswirtschaftspflege］、財政学［Finanzwissenschaft］に三分割し、Nationalökonomie ないし Politische Ökonomie の理論編として Volkswirtschaftslehre という言葉が普及した（Vgl. Harald Winkel, *Die deutsche Nationalökonomie im 19. Jahrhundert*, Darmstdt 1977, S. 8ff, 16f, 20f）。さらにロッシャーが後述の『要綱』において、国家経済学の対象を Nationalökonomie・Finanzwissenschaft・Wirtschaftspolizei に分割したことから、Nationalökonomie と Volkswirtschaftslehre の同一視が生じたように思われる。

（4） 前掲『経済分析の歴史』3、一〇六六頁。

（5） トマス・リハ（原田・田村・内田訳）『ドイツ政治経済学』ミネルヴァ書房、一九九二年、一一二頁。

（6） 出口勇蔵編、前掲書、三一七頁、小林昇・杉原四郎編『新版 経済学史』有斐閣、一九八六年、一一九頁。

（7） これらの誤解に対する批判については、田村信一『グスタフ・シュモラー研究』御茶の水書房、一九九三年、序章および終章を参照。

（8） Wilhelm Roscher, *Grundriss zur Vorlesungen über die Staatswirtschaft. Nach geschichtlicher Methode*, Göttingen 1843, S.1-2.〔山田雄三訳『歴史的方法に據る国家経済学講義要綱』岩波文庫、一九三八年、二二、二四頁〕（以下引用にあたっては必ずしも訳文によらない）。後にロッシャーは、『国民経済学体系』第一巻の序論でこうした論述を敷衍し、「哲学的方法」を当為 sollen を問題にする「理想主義的 idealistische 方法」、歴史的方法を存在 sein を問題にする「生理学的 physiologisch 方法」（「国民経済の解剖学・生理学」）とも呼び、政策的実践を生理学に基づく医学の処方になぞらえている（*Die Grundlagen der Nationalökonomie*, 3. Aufl. Stuttgart u. Augsburg 1858, S. 24, 38, 42）。

（9） *Grundriss*, S. IV-V.〔前掲邦訳、一八〜二〇頁〕。

（10） シュモラーによれば、ラウの教科書には、例えばツンフトの根拠は六つ、営業の自由の根拠は七つであるから後者に賛成すべきである、といった記述があるという（Gustav Schmoller, Wilhelm Roscher, *Zur Literaturgeschichte der Staats= und Sozialwissenschaften*, Leipzig 1888, S. 155）。

（11）　*Grundlagen*, S. 44.

（12）　*Grundriss*, S. V. 前掲邦訳、一〇頁。Wilhelm Roscher, *Geschichte der National-Oekonomik in Deutschland*, München 1874, Düsseldorf 1992, S. 973-975, 978.

（13）　Gottfried Eisermann, *Die Grundlagen von Wilhelm Roschers wissenschaftlichen Werk. Vademecum zu einen Klassiker der deutschen Dogmengeschichte*, Düsseldorf 1992, S. 27. なお次のビュヒャーの言葉はロッシャーの本質を突いている。「彼は……いわゆる古典派経済学に対決して研究内容と教授方法の対立を指摘しようとしたのだとか、あるいはしばしば指摘されているように新しい『学派』を創ろうとしたのだと考えるとすれば、間違いであろう。……ロッシャーはそのライフワークの開始にあたって、重農主義者やスミス以来国民経済学の領域で達成された学問的仕事の全体を押しのけたり、誤りであると宣言しようとは決して企てなかった。むしろ彼は既存の理論に、その観察領域をすべての諸国民・諸時代に拡大することによって確固たる基礎を与えようとしたのである」（*Karl Bücher, Wilhelm Roscher, Preussische Jahrbücher*, 77. Bd 1894, S. 106-7）。

なお拙稿「ヴィルヘルム・ロッシャーの歴史的方法──『歴史的方法による国家経済学講義要綱』刊行一五〇周年にあたって」（『経済学史学会年報』第三一号、一九九三年）を参照。

（14）　*Grundlagen*, S. 21.

（15）　*Grundlagen*, S. 43.

（16）　ここで論ずることはできないが、ヒルデブラントとクニースのロッシャー批判は、彼の歴史的方法をめぐる「方法論争」と理解することができる。

（17）　*Schmollers Jb*. N. F., 7. Jg., 1883, S. 1384.

（18）　Gustav Schmoller, Wilhelm Roscher, *Zur Literaturgeschichte der Staats = und Sozialwissenschaften*, Leipzig 1888, S. 170.

（19）　*Schmollers Jb*. N. F., 7. Jg., 1883, S. 1385.

（20）　Gustav Schmoller, *Über einige Grundfragen des Rechts und der Volkswirtschaft und der Volkswirtschaftslehre*, 2. Aufl., Leipzig 1904, S. 27ff.〔戸田武雄訳『法及び国民経済の根本問題』有斐閣、一九三九年、一二四頁以下〕。

（21）　彼の社会政策については、前掲『グスタフ・シュモラー研究』第一～三章を参照。

(22) Gustav Schmoller, *Die Volkswirtschaft, die Volkswirtschaftslehre und ihre Methode*, 1893, hrsg. v. August Skalweit, Frankfurt/M 1949, S. 13.

(23) Gustav Schmoller, *Grundriss der Allgemeinen Volkswirtschaftslehre* I, Leipzig 1900, S. 9.

(24) Lujo Brentano, *Die Arbeitergilden der Gegenwart*, 1. Bd., Zur Geschichte der Englischen Gewerkvereine, Leipzig 1871.〔島崎晴哉・西岡幸泰訳『現代労働組合論』上巻、日本労働協会、一九八五年、序言Ⅴ～Ⅵ頁〕。

(25) *Schmollers Jb.* N. F., 6. Jg., 1882, S. 1382.

(26) *Über einige Grundfragen des Rechts und der Volkswirtschaft*, S. 57.〔前掲邦訳、五四頁〕。

(27) 詳しくは前掲『グスタフ・シュモラー研究』序章を参照。

(28) Max Weber, Die “Objektivität” sozialwissenschaftlicher und sozialpolitischer Erkenntnis (1904) ; *Gesammelte Aufsätze zur Wissenschaftslehre*, 5. Aufl., Tübingen 1982, S. 187, 170, 159.〔出口勇蔵訳「社会科学および社会政策の認識の『客観性』」『ウェーバー　社会科学論集』河出書房新社、一九八二年、五六、三五、二三頁〕。

(29) Friedrich Lenger, *Werner Sombart 1863-1941 Eine Biographie*, München 1994, S. 242.

(30) Werner Sombart, *Der moderne Kapitalismus*, 2 Bde., Leipzig 1902, Geleitwort, S. X-XII, XIX-XX.

(31) Werner Sombart, Zur Kritik des ökonomischen Systems von Karl Marx, *Archiv f. soziale Gesetzgebung u. Statistik*, 1894, S. 556, 576, 591.〔知念英行編訳『マルクスと社会科学』新評論、一九七六年、四九～五〇、九一、一二一頁〕。

(32) *Der moderne Kapitalismus*, 1. Bd., S. 398-9.

(33) 以上の点について詳しくは、田村信一「近代資本主義論の生成(1)――ゾンバルト『近代資本主義』（初版一九〇二）の意義について――」（『北星論集』第三三号、一九九六年）を参照。

(34) ゾンバルトは、初期資本主義が重商主義政策によってその発展を「抑圧」されたとみなし、中世末・近世初頭の資本主義の発生から、対象をいきなり高度資本主義時代に転換している。この点を中心とする大改定の結果が第二版『近代資本主義』（一九一六年）であり、そこでは初期資本主義の経済史的叙述が大半を占めることになる。

(35) *A. a. O.*, 2. Bd., S. 221.

(36) 詳しくは田村「近代資本主義論の生成(2)――ゾンバルト『近代資本主義』（初版一九〇二）の意義について――」（『北

星論集』第三四号、一九九七年）を参照。

（37）　Vgl. Richart Passow, *Kapitalismus Eine begrifflich-terminologische Studie*, Jena 1918, S. 2-4, 93-98. なおパッソウは、「資本主義」と「資本主義的精神」概念がゾンバルトによってアカデミズムに導入されたことをはっきり指摘している。

（38）　一九〇四年に執筆されたヴェーバーの「プロテスタンティズムの倫理と資本主義の精神」は、明らかにゾンバルトのこの著作を前提としつつ、彼とは逆に宗教的＝倫理的原因を決定的に重視し（シュモラーの継承）、内在的に批判したものである。これを機に両者は、以後一五年に及ぶ「ゾンバルト・ヴェーバー論争」とも呼ぶべき論争を展開する。他方シュンペーターは一九〇八年、ゾンバルトの「資本主義発展の理論」に言及し、それは「精密理論」ではなく、「それにふさわしいのは『動学』の領域であ」ると指摘している（シュムペーター／大野忠男・木村健康・安井琢磨訳『理論経済学の本質と主要内容』(上)、岩波文庫、一九八三年、六六頁）。つまり彼の『経済発展の理論』（一九一一年）は、明らかにゾンバルトを意識して書かれたのである。そうした意味でシュンペーターも経済理論の方向に向かった「歴史学派の息子」という規定に改めて注目すべきであろう（大野忠男『シュムペーター体系研究』創文社、一九七一年、四〇七頁。なお彼の「総合的社会科学」の構想がドイツ歴史学派、とりわけシュモラーの遺産を継承したものであることを指摘した塩野谷裕一『シュンペーター的思考』東洋経済新報社、一九九五年をも参照）。

第4章　一九世紀ドイツ経済学の歴史的方法における方法なるもの

ビルガー・P・プリッダート（原田哲史訳）

はじめに

一九世紀のドイツ経済学は、他のヨーロッパ諸国の場合と比べて、独自の道を歩んだ。それは、国家の経済運営に強く方向付けられた、しかも独自の方法論を有する経済学であり続けた。この方法論を際立たせる試みは、とりわけ両歴史学派（旧歴史学派と新歴史学派）においてなされた。その学派の名前自体がすでに、「歴史的方法」に従うという研究プログラムを意味していた。

歴史的方法の発端と最初の定式化とは、W・ロッシャーにおいて見られる。その理論的素材は、アイヒホルンとザヴィニーによる法の歴史的方法、ヘルダーによる諸国民の心理学、及びヘーゲルから引き出された。アダム・スミスやとりわけリカードウのイギリス政治経済学は普遍的な経済的法則適合性を探究した「抽象的」経済学とされ、それに対して、歴史学派に属するとされるドイツの経済学者たちは、諸国民や諸文化の歴史的特殊性や独自性を考慮に入れようとした。もちろん彼らは「イギリス人の方法」を知っていたし、それを評価してもいたのだが、常にそれを歴史的な、文化的に多様な諸条件の中に織り込んで考察しようとした。この視角からすれば、彼らは極めて経験的（かつ統計的）な関心をもっていた。この点において彼らは、後に、体系と理論を欠いた経験への偏愛すなわち「歴史主義的な」偏愛として――メンガーだけによってではなく――非難されもした。

1　歴史的方法の倫理的・政治的要素

経済学の歴史的方法が探究するのは、市場プロセスに対してその枠組たる（法的・文化的・倫理的その他の）諸条件がなす相互作用である。この場合、「歴史的」ということは「時代に応じた、時代に条件付けられた」という意味で理解される。こうした解釈は、歴史的なものについての、同時にあてはまる第二の理解につながっていく。つまり、ドイツの経済学者たちは経済の諸形態が変化しうることを意識している、ということである。どのような国民経済も、また経済的諸発展のどのような段階も、独自の形態をなすのであり、その形態とは、いわば独自の経済スタイルを伴った固有の歴史的時代のあり方なのである。

歴史的方法の要点（及びそれによる批判）は知られているが、私は、歴史的方法に対して二、三の新たな視線を投げかけてみたい。

ブルーノ・ヒルデブラントは、アイゼナハでの「社会政策学会」設立集会におけるシュモラーの講演につけた序論的注解において、簡潔に、スミス主義と新たなドイツ経済学との方法論的な相違を明確にしている。スミスとその弟子たちは、

「国民経済のすべての法則は、利己的な本性を保持し続ける人間が財物に対してもつ持続的関係に基づくため、時間と空間を超えて妥当し、その現れ方がどのように変化しても貫徹する、とする見解から出発する。その際彼らが全く忘れているのは、社会的存在としての人間は常に文明の子供であり歴史の産物であること、すなわち、人間の諸欲求、人間の精神的・慣習倫理的[1]・政治的教養、人間の財物との・人々との諸関係は決して同一のままではなく、地理的に異なるとともに歴史的にも常に変化し、かつ人類の文化の総体とともに進化すること、である(1)」。

ここでは、スミス経済学は「抽象的交換価値説」として規定され、その学説は、J・B・セーやその他とりわけドイツの亜流たち（ヒルデブラントは、なかでもラウ、ヘルマン及びネベニウスを指している）とともに現れたネオ＝スミス主義的な標準的観念と同一視される。ヒルデブラントは次のように見抜いている。「その学説の特殊ドイ

ツ的な信奉者たちは、物質的享受を人間の目的とは見なさず、国民経済の政策論においては、私的な富をも、より上級の慣習倫理的財や、また諸個人を慣習倫理的に完成させる手段としての国家的な福祉と、結合しようと努めた」。にもかかわらず、彼らは「この学問分野［政策論］が……経済学説そのものに影響することをいささかも」[2]認めなかったのである。理論においては、彼らは厳格なスミス主義者のままであった。

「経済的な国民生活において利己心の支配と並んで、この利己心を制限して慣習倫理的諸原理に従わせる公共心の支配をもひとたび認めれば、それとともに、利己心の排他的支配という前提の上に築かれたすべての法則の正当性を否定しなければならない。というのは、利己的効用と公共心とは、二つの分かれた世界における二つの切り離された権力ではありえず、現実にはむしろ、常に国民の道徳性や教養に応じて非常に異なり変化する度合いにおいて、互いに入り乱れて作用するに違いないからである」[3]。

歴史的方法は慣習倫理と経済学のこうした相互依存関係を公正に評価しようとするものである。このことは、さまざまな行為の可能性が見られる（歴史的ないし経験的な）現実の空間を示すために、スミスにおいて普遍妥当的と見なされた合理的な行為類型の規範的・制度的な制約について研究することによって、なされるのである。現実の空間は、「私的利己心が……常におのずから必要性を公共的福祉へと」[4]至らしめるという「古典派的」配分思想を必ずしも常に一般的に満たすものではないのである。

「交換の自然学説」としてのスミス学派では、個人の「利己的な力」は「あらゆる自然力のように常に同方向へと機能し」、「また同様の条件では常に同一の諸作用」を生み出すように仕向けられる。そのため、スミス学派は、人間行為の特殊性すなわち意志的側面を無視する経済の自然科学として現れるのである。

ブルーノ・ヒルデブラントは個人主義と公共心の方法的区別を発展させる。カール・ミルフォートは、この区別が「歴史学派」の経済学者たちすべてに一般的にあてはまるとした。すなわちドイツ経済学は、方法論的個人主義という「イギリス的見地」（これは同時に後のオーストリア学派の見地でもある）に対して、方法論的集団主義の見地に立っている、とされる。ミルフォートはまた「方法論的本質主義」[5]とも言っている。

ミルフォートが「方法論的集団主義」という定義を用いるのは、ドイツの経済学者たちが行為者の振舞いを慣習倫理や規範に左右されるものと見なすことを際立たせるためである。方法に関して言えば、このことは、後にシュモラーが「倫理的・歴史的」経済科学を標榜した際に、その倫理的な構成要素をなすものである。もっとも、ミルフォートの定義は――明快であるがゆえにまた――不充分でもある。ドイツ経済学は、経済的行為者の振舞いを［単に］規範によって決定されるものとしてではなく、個人的振舞いと規範・慣習倫理との相互作用として捉える。現代的視点から見れば、ドイツ経済学はむしろ制度経済学的に解釈すべきものであって、問題は個人的行為と制度的行為との関係なのである。

「倫理的」構成要素と並んで重要な役割を果たすのは「歴史的」構成要素である。「世界はシステムではなく歴史である」[6]という格言が「歴史主義」の原理となるのであって、歴史主義とは「過去との認識的交わりにおける新たな方法であり、この方法は過去のもつ固有の権利や深遠な異種性を、過去の「固有性」、過去の「発展」、過去の交互的条件性を、明らかにするのである」[7]。人間の諸制度の歴史的形成は――とりわけF・C・フォン・ザヴィニーとC・F・アイヒホルンの法学において説かれたように――経済学に関しても認識されるのであり、この場合「法則妥当性」とは、時代的に不変の「抽象的」なそれではない。「今度は、新しい世界観に……まったく直接的に新しい価値評価・規範が結び付いている。歴史についての斟酌は今や、われわれに共通する行為の規範を、とりわけわれわれの政治的行為の規範を基礎付けるのであり、われわれの行動やわれわれの諸制度の意味や目的を基礎付けるのである」[8]。

K・クニースは、こうした経済学の方法の核心を、彼の主著の第九章で次のように叙述している。

「国民の経済生活全体は、その国民の他の部面での生活表出と次のように緊密に結び付いている。すなわち、総体との関連を視野に収める場合にのみ、人々は経済生活全体を――これを特殊的考察として扱うとしても――経験的現実の真理において把握しうるのであり、そうしてまた、国民経済の将来的発展についても新たな予想をもつことができるのである。もし経済学が物質的財の領域での諸法則を記述することに自らを限定するのであれば、あるいは、それに技術経済的な経営学説をさらに加えようとするだけであれば、経済学は、国民経済学[2]という名称と特質を断念せざるをえない……。しかし、経済学が国民生活・国家生活の現実の諸事実を観察・証明の基礎に据え、こうした国民・国家生活の諸問題を解こうとするなら、経済学はその領域と課題を総体としての生活から切り離すことは許されないし、両方とも生きた身体における生きた肢体として取り扱われねばならない。……経済学はこうした連関を考慮するべきであり、また総体の慣習倫理的・政治的課題における、経済学に関して問うべき部分において、協同的作用を及ぼさねばならない。したがって経済学は、道徳的・政治的諸科学の列に加わるものとしてその任を与えられているのである。それらとともにはじめて、経済学は現実の生活との結び付きをなしとげる。なぜなら、現実の個々の人間も、総体としての諸国民・諸国家も、「家政的」活動によって、経済的創造と経済的成果によってその生活総体の諸目的を満たすよう試み、それを通して物質的財のための経済的労苦を政治的・慣習倫理的行為へと高めるものだからである(9)」。

「生産の大きさは、慣習倫理的に正当化しうる製造手段に」従属すべきであって、このことはやはり――クニースが一八五三年すでに記したところによれば――「経済的財物の生産・分配・消費という経過の量的計測のみを考慮に入れる(10)」経済学のイギリス的構想とは対立するのである。クニースの倫理的経済学は、

「経済的により利益のある事柄と、慣習倫理的・政治的理由から生活全般にとってより良い事柄との間に衝突が生ずる場合には、前者を後者に従属させる用意がある(11)」。

「慣習倫理的・政治的」に「より良い事柄」を「経済的により利益のある事柄」よりも優先させることが倫理への優遇であることは明らかであるが、その際、ここで何が倫理的なものとして理解されているのか不明瞭のままであり、この不明瞭さは、クニースが「慣習倫理的・政治的」事柄というディメンジョンを入れているからなおさらのことである。「慣習倫理的」な事柄は――この用心深い表現をあえて理解するとすれば――政治的に解釈されて導入されているのであり、それは、慣習倫理的に妥当なものとして受け入れられる、公正で理性的な政治的諸現象のことである。

歴史学派の経済学者たちは、市場と国家との、個人の行為と制度の定着との相互作用の複合的理論を展開した。一方での経済成長・市場競争、他方での規範的要求・慣習倫理的自己理解という緊張は、とりわけ新歴史学派において、制度と規範の随伴的・動的適応の理論を発展させる試みによって、改革的に解決されたのである。その理論は制度転換の理論であり、D・C・ノースの理論と類似するものである[12]。

「今日の国民経済学は、合理主義や物質主義とは反対に、歴史的・倫理的な国家・社会把握へと至った。それは、所有者たちの階級的武器になりそうな単なる市場・交換学説すなわちある種の商売経済学から、再び偉大な道徳的・政治的科学になったのであり、この科学は、財の生産と並んで財の分配を、価値現象と並んで国民経済的諸制度を研究し、財・資本の領域に代えて再び人間を科学の中心点に据えるものである[13]」。

独自の法則性を担う理論として経済学を捉えることに反対して、シュモラーは、ヒルデブラントとクニースがすでにそうであったように、「国民経済的諸制度」は――これに市場も属するが――人間の集合的な合意の産物であり、そこにおいて人間の生活諸条件についての「価値評価」が下される、とする見地に立った。そのため、諸制度の分析は経済学（したがって「倫理的」と言われるそれ）の最重要な対象である。それまで優勢であった「国民経済的諸制度の安定性への信仰」は「古い経済学が個人の全能性に対して抱いていた子供っぽい迷信の産物[14]」であるとされる。その種の経済学ではなく、むしろ「社会経済学的な」提唱のみが、経済的諸制度の安定性をその時代に関して保証する姿勢を有する、と言われる。時代に応じた公正観念にもはや対応しないような不完全な諸制度（例えば賃金の場合）[15]は、「社会改革」によって新たに整備されるべきである。

歴史的方法によってはじめて、誤った因果性と決定論的な謬論が避けられうる。

「これまでのすべての経済的研究の大部分は、……特定の経済状態をあの第一の系列の諸原因から直接的に導き出すという大きな誤りによって、病んでいる。そうした研究は、中間的構築物の総体を忘れたか、見逃したのである……。そうした研究は常に、あらゆる技術の向こう側にあるものを技術的・自然的諸前提から説明しようと試みるので、病んでいる。それらは、特定の技術的諸事実から絶対的に必然的な一定の生活秩序と立法が生ずる、と主張するが、しかしこれは、歴史も示すように、非常にさまざまな姿をとりうるのである。それらはまさに慣習倫理・法の性質を、慣習倫理的な感情と文化理念との威力を――これらもまた経済全体を左右するのだが――誤認したのである[16]」。

「社会改革」というシュモラーの構想が意味するのはとどのつまり、「慣習倫理」とは伝統的に受け継がれた社会規範的な模範ではなく、すなわち経済がそれへと方向付けられるべき模範ではなく、新たに設定すべき契約的結合の制度である、ということになる。例えば賃金協約がそうであり、その場合、企業家組織と労働者組織がそれぞれの行為可能性を歴史的にまったく新しい状況のなかでまさに初めて探り出し、形成すべきものである。市場のみでも国家のみでも、純粋な所得分配問題をはるかに超える「社会問題」という問題を解決しうる能力はないであろう。むしろ、社会問題それ自体を規制する権限を法的保証とともに手にするものは、社会的な諸団体なのである。

「歴史的」方法の「倫理的」構成要素は、市場の失敗が生じた際に個人的利益と全体的利益との新しい関係を経済社会において作り出すことになる新たな諸制度を構成し、提案するところに、存するのであった。新たな諸制度は公正さの妥当な形式を定着させることに寄与すべきものであって、このことこそ、この経済学の「倫理的」志向なのである。

新たな制度的諸形態の創出、すなわち時代に応じたその改革は「歴史的」要素を強調する。ここで「歴史的」というのは、古い諸制度は古い問題状況にあわせて裁断されていたので、伝統的な（因習的な）諸形態をあてにすることができない、ということを意味する。このことは特に強調されねばならない。すなわち「歴史的方法」とは、経済学の「慣習倫理的ないし倫理的」要求を重んずるためには社会的交互作用のどのような新たな、時代に応じた諸形態が必要であるか、を研究することである。

「歴史的方法」を首尾一貫して解釈するなら、それは「社会改革」であり、現在なるものの形成である。ここにおいて「歴史」は歴史の形成として捉えられるのであり、単に歴史的に異なった諸形態の分析としてではない。この形成的要求において、ドイツ経済学の「新」歴史学派の代表者たるシュモラーは、「旧」歴史学派（ロッシャー、ヒルデブラント、クニース）と区別される。

2　歴史的方法の国家法的要素

しかしながら、「倫理的」及び「歴史的」という形容のみでは、ドイツ経済学の方法を性格付けるには不充分である。欠けているのはその国家法的な構成要素である。

われわれが取り扱うのは次のような諸現象である。

1　市場経済は常に、国家経済全体における特殊的で下位の一部分として考察されるのであり、

2　国家経済は法的（国家法的）基準によって測られる。イギリス的模範による「政治経済学」に代わって、

一九世紀ドイツではある種の「法的経済学」が取り組まれた。それは、国家法的に基礎付けられた経済理論であり、そこにおいては、階級間の公正さをめぐる諸問題や所得と財産の釣り合いをめぐる諸問題が重要な役割を演じた。方法に関して言えば、この点での調整が一九世紀ドイツ経済学にとって決定的な意義をもつのであり、それは、ドイツ経済学が理論というものを「純粋経済学」の理想主義から守った基盤においてなされる。

新しいドイツ経済学の国家法的志向——この傾向はその世紀の経過のなかで強大になっていくが——に関して典型的なのは、ヤーコプによるその根拠付けである。

「無制限の商業的自由の必要性を公正さの概念から証明すべきであるとすることの根拠は、極めて弱い。所有権の導入は共同的効用にのみ基づくのであるから、一般的な規則に照らして共同的効用がどの程度侵されているかということをめぐって、所有権はどの時代においても法律によって制限されねばならない。絶対的な自由の権利や無制限の所有権が決して理性において根拠付けられるわけではないことは、本書のいくつもの箇所ですでに証明してきた。各人の自由は他の人々の自由によってのみ制限されるのではないのであって、複数の人間がひとつの社会へと一体化するように、こうした社会の共通の諸目的もまた各人の自由に制限を加えるのである。しかし、とりわけ所有権は決して絶対的権利ではない。それは、より重要な共通の諸目的——これにとっては所有は単なる手段である——によって常に制限されねばならないのであり、私的利益がこの制限を自ら進んで順守しようとしないところでは、この制限は法律を通して生起しなければならないのである。したがって法的原理とは、国家が、それなしには国民の重要な共同の諸目的が達成されえないところのあらゆる制限を、所有に基づく使用に対してあてがう権限を有する、ということなのである[17]」。

この古典的と言うべき国家介入権の定義は、その正当性を、普遍妥当的なものとして前提された法意識から引き出している。その際、市場経済は――重要になってきたとしても――近代社会のひとつの特殊な領域に留まるのであり、その領域は、市場の諸要求・競争の諸規則と国家法的諸規範との間ではじめてその伸縮性を示すことができるのである。フォン・ヤーコプの定義は、一九世紀初期ドイツの厚生福祉理論の典型的な構造を、すなわち国家法的に定義された、すべての所得の「有機的」釣り合いという構造を、示している。

ヘーゲルは、まったくこの意味で、一八二一年の『法の哲学』のなかで、「共同の利益」の「共益的造営物」たる制度において、ポリツァイによる「公的権力の監督と先慮」[18]を基礎付けていた。国家が体現しているとされる普遍的慣習倫理は、カント的道徳の主観的恣意に対しても、スミス的な「欲求の体系」における自由な市場行為に対しても上位に位置する、とされる。

公共性や普遍性を顧みないという意味での私法的に自律的な諸行為と、私法的に結合しつつも公法・国家法に関連する諸行為とが、市場経済の領域の内部で区別される。経済的諸行為の帰結が分析される際の基準は、その行為が否定的かつ極端な効果を生み出すかどうか、生み出すとすればどの程度か、という点である。すなわち、意図されなかった副次的効果が他者の行為に及ぼされ、しかもその他者はそのために自分自身の計画をもはや独立してなしとげることが不可能となる、といった効果をめぐるものである。経済的市民の私法的行為による侵害を許さない「普遍的福祉」は、同時に「普遍的慣習倫理」として、すなわち熟知された理性的規範として定義される。

そのようにして「市民的自由」が認められるが、それも「市民的自由」がすべての人々に同時に保証されているという条件付きでのことである。最高位の福祉規範は、普遍的慣習倫理というすべてに妥当する規範として把握される。私的な営利的努力は原則として合法的であり、また望ましいものでもあるが、それは福祉規範に基づく制限の範囲内でのことであり、この規範は、他者の営利可能性を犠牲にして行為することを禁ずる。しかし、どの営利行為が合法的で、どの行為が「他者に対する」制限であると見なされるかは、経済ポリツァイの官庁ないし官僚の専門的な権能によって決定されるのである。

以上のように捉える場合、当然、その解釈において周知の困難が生ずる。理論的国民経済学は本質的にスミス的市場モデルを説くのであるが、応用的国民経済学ないし国民経済政策は一般的・抽象的な性格の人為的諸規則に多く通じている。目前の諸問題はそれぞれの事柄に応じてはじめて具体的に捉え返されるはずであり、その際、どの事柄に対しては国民経済理論が――競争の諸制度を整えることや投資の可能性を促進することといった一般的な事柄以外の――特別な方向づけを与えられないのか、について問われる。結果的に、実践的・応用的国民経済学（経済政策、経済育成ないし経済ポリツァイ）の「理論」は、単純な人為的諸規則から、もしくは手間のかかる事例叙述の列挙からなるのであり、しかもこの事例叙述は、確かにますます理論的国民経済学と関連していくとはいえ、それでもなお単に分類的であり、決して体系的に演繹されたものではない。

理論的な福祉構想と実践的な福祉構想との分割が生ずる。国民経済理論が配分効率に関して推奨する内容を、国民経済政策（ないし国民経済育成、国民経済ポリツァイ）は――その単なる分類学的解釈の網目のために――依然として国家による幸福支給の古い基準に基づいて取り扱うことがありうる。その際、国民経済政策は、その時々の施策を理論に対する根拠ある例外として擁護するのである。というのは、適用される状況は常に一回限りで生ずる「歴史的」な状況であり、その解釈には釈明の技倆が必要とされるからである。

さて、このような経済的には漠然とした規範的思考空間においては、官僚の側から、法的・政治的基準が――経済的基準の代わりに――適用される。人々は、経済へのこの国家法的介入の影響によって市場の理想に再び近づく状況が生ずることを期待する。しかし、あらゆる経済成長のために、決定的な身分的要求である所得の釣り合いが先に延ばされるので、しばしばさらに進んだ介入の要求が生み出される（介入のスパイラル現象）。こうした諸条件下では、経済政策の技倆は恒常的に要求され続け、しかもこの要求はその機関すなわち行政に、最高の必然性という威厳を与えるのである。

ロッシャー以来ドイツ経済学の主流を規定する「歴史的方法」が、国家行政における経済法律家たちの関心に丁度かなっているのは、彼らが理論的諸構想を経済政策的実践へと翻訳する任を負っているからである。「歴史的方法」による経済学は、抽象的諸定理がそのつど歴史的に新たに解釈されるべきことを自ら説くことによって、まさに官僚の実際上の課題を叙述するものである。解釈に関する彼らの功績は、それ自体歴史的な事象であり、かつ状況に応じて「歴史的に」変化させねばならぬ理論の応用という点にある。行政に携わった法律家たちは経済学者たちから教育を受けたのであり、「歴史学派経済学」の先駆者たちによって「変革の代理人」として賞されている。

問題は、理論の一貫性、すなわち経済理論と経済政策との理論的区分における一貫性である。K・H・ラウが一八二六年にこの基本的区別を初期の国民経済学に導入し、すべての国民経済学者たちは、多かれ少なかれその区別を受け入れた。「歴史学派」以前の段階では、官僚の経済政策家たちは自ら、抽象理論を、時間的及び地域的に適合する経済・営業政策へと置き換えた。「歴史学派」はこの問題を再び取り上げ、多様な諸状況と法的・文化的諸条件とをあらかじめ考慮に入れた経済理論を求めるのである。

科学方法上の見地からすれば、われわれが論ずるべき事柄は以下の諸現象である。

1　アダム・スミスのイギリス経済学は、ドイツの経済学者たちにとっては抽象的すぎるのであって、その法的・文化的諸条件には適さないものである。

2　経済理論と経済政策との区別を通して、一方で抽象的理論が保持されるとともに、他方では実践における多種多様な諸要求が考慮されうる。

3　「歴史的方法」は国民経済学のこうした分割現象への反動である。経済政策を理論に適合させる代わりに、その逆の道がたどられる。すなわち、理論を経済政策の歴史的・偶然的な作業様式に適合させる道である。

その出発点はそれぞれの諸状況を論ずることであって、普遍的な法則性を論ずることではない。ただし、理論的叙述が効を奏しないのならその諸状況を変えるべし、という規則に従いもするが。「歴史的方法」の後に来る理論は、よりプラグマティックなものになっている。このプラグマティックな方向には、一九世紀ではむしろ悪評が立ったが、今日では悪評は少ない。

最後に私は次のようなテーゼを示そうと思う。すなわち、一九世紀のドイツ経済学は、経済諸過程の歴史性のみならず、この経済諸過程についての理論的諸観念の歴史性をも考察することを可能にする点で、最良の道を歩んでいたのである。経済学は社会的諸連関について物語ることであるけれども、その物語はいかなるシェーマや法則性に従うものでもなく、新たな複数の物語のために常に開かれていなければならぬ、ということを彼らは知っていたのである。

注

（1）Hildebrand 1873, S. 2.
（2）Ibid., S. 3.
（3）Hildebrand 1922, S. 26, Fn. 1.
（4）Ibid., S. 25.
（5）Milford 1997, S. 90.
（6）Nipperdey 1983, S. 498.
（7）Ibid., S. 498.
（8）Ibid., S. 499.
（9）Knies 1883, S. 436 f.
（10）Knies 1853, S. 439.

(11) Ibid., S. 320.
(12) North 1992; Richter/Furubotn 1996, S. 7f., 39 f., 290 f 等での制度経済学的なシュモラー解釈の諸論点を参照。
(13) Schmoller 1897, S. 1404.
(14) Schmoller, ただし Gehrig 1941, S. 280, Fn. 1 から引用。
(15) Schmoller 1900/1904, Bd2, S. 304.
(16) Schmoller 1874/75, Bd. 23, S. 264.〔邦訳、五四～五頁〕。
(17) Jakob 1809, S. 547.
(18) Hegel 1821, § 235.〔邦訳、四六四頁〕。

訳注

[1] 「慣習倫理的」の原語は“sittlich”であり、「倫理的」(“ethisch”)と区別して訳した。同様に、以下では“Sittlichkeit”および“Sitte”を「慣習倫理」と訳した。
[2] 「経済学」と「国民経済学」は、それぞれ“Nationalökonomie”と“Volkswirtschaftslehre”である。

文　献

Gehrig, H. (1941): *Die Begründung des Prinzips der Sozialreform*, Jena.

Hegel, G. W. F. (1821): *Die Grundlinien der Philosophie des Rechts oder Naturrecht und Staatswissenschaft im Grundrisse* (zunächst 1821), Ffm. 1976.〔藤野渉・赤澤正敏訳『法の哲学』、岩崎武雄編『世界の名著』35(『ヘーゲル』)中央公論社、一九六七年、所収〕。

Hildebrand, B. (1873): Einleitende Worte, zu: Die Eisenacher Versammlung zur Besprechung der socialen Frage und Schmoller's Eröffnungsrede, in: *Jahrbücher für Nationalökonomie und Statistik*, Bd. 20, S. 1-6.

Hildebrand, B. (1922): *Die Nationalökonomie der Gegenwart und Zukunft*, (zunächst 1848) in: *Die Nationalökonomie der Gegenwart und Zukunft und andere gesammelte Schriften*, hg. v. Hans Gehrig, Jena, S. 1-267.

Jakob, L. H. (1809): *Grundsätze der Policeygesetzgebung und der Policeyanstalten*, Charkow/Halle/Leipzig.

Kautz, J. (1860): *Die geschichtliche Entwicklung der National-Oekonomik und ihrer Literatur*, Wien.

Knies, K. (1853): *Die politische Oekonomie vom Standpunkte der geschichtlichen Methode*, Braunschweig.

Knies, K. (1883): *Die politische Oekonomie vom geschichtlichen Standpunkte* (1883), Neudruck, Leipzig 1930.

Milford, K. (1997): Hufeland als Vorläufer von Menger und Hayek, in: Priddat, B. P. (Hrsg.): *Wert, Meinung, Bedeutung: Die Tradition der subjektiven Wertlehre in der deutschen Nationalökonomie vor Menger*, Marburg.

Nipperdey, Th. (1983): *Deutsche Geschichte 1800–1866: Bürgerwelt und starker Staat*, München.

North, D. C. (1992): *Institutionen, institutioneller Wandel und Wirtschaftsleistung*, Tübingen.

Richter, R./Furubotn, E. (1996): *Neue Institutionenökonomie*, Tübingen.

Roscher, W. (1874): *Geschichte der National=Oekonomik in Deutschland*, München und Leipzig.

Schmoller, G. (1874/75): Über einige Grundfragen des Rechts und der Volkswirthschaft: Offenes Sendschreiben an Herrn Professor Dr. Heinrich von Treitschke, in: *Jahrbücher für Nationalökonomie und Statistik*, Bd. 23, 1874 und Bd. 24, 1875.〔戸田武雄訳『法及び国民経済の根本問題』有斐閣、一九三九年〕。

Schmoller, G. (1897): Wechselnde Theorien und feststehende Wahrheiten im Gebiet der Staats- und Socialwissenschaften und die heutige deutsche Volkswirtschaftslehre (Rektoratsrede 1897), in: *Jahrbuch für Gesetzgebung, Verwaltung und Volkswirtschaft im Deutschen Reich*, Nr. 21, 1897, S. 1387-1408.

Schmoller, G. (1900/1904): *Grundriß der allgemeinen Volkswirtschaftslehre*, 2 Bde., Leipzig 1900/1904 (Faksimileausgabe 1989 Düsseldorf).

〔付記〕 本章は、一九九六年一一月一〇日経済学史学会第六〇回大会（於中央大学）における報告の日本語訳であり、論題はドイツ語で “Über das Methodische in der historischen Methode der deutschen Nationalökonomie im 19. Jahrhundert” である。ただし本訳文は、講演の後プリッダート氏によって手が加えられた原稿に基づく。訳文中において（　）は原著者、［　］は訳者によるものであり、傍点はすべて原著者による強調である。なお、滞在中の同氏の他の講演のうち、國學院大学での講演が高柳良治訳「アリストテレスからアダム・スミスへ――経済思想史入門――」(『國學院経済学』第四五巻第二号、一九九七年)として、京都大学での講演が原田哲史訳「ドイツ経済学における主観的価値の理論」(『四日市大学論集』第一〇巻第一号、一九九七年)として訳されている。――訳者

第5章　ドイツ歴史学派

——倫理観とその進歩への信頼——

ベルトラン・シェフォールト（塘茂樹訳）

はじめに

私たちの倫理の基準はどこに求められるのか。倫理基準は、不変なものなのか、それとも歴史的にみて相対的なものなのだろうか。仮にそうだとしたら、何がその変化を生み出すのだろうか。しかし、それを知って一体何に役立つのだろうか。私たちの行為の規準に疑問をさしはさまないためにも、倫理基準は不変なものであるとみなしたほうがよくはないのだろうか。

行為基準を覆すことなく倫理に関する歴史的な相対主義を受け入れる方法が一つ存在するように思われる。進化することだけでなく進歩することを信じ、その進歩が物質的なものだけではないこと、つまり道徳規範と行為における進歩をも意味している場合である。その場合には、今までになかった新しい規範や法律に従うことも、またはそういった規範や法律を実施することも、社会秩序の改善につながるとして、信頼してよいであろう。だが、こうした前提でやっていくことには危険が存在する。何らかの社会的激変によって進歩への希望が打ち砕かれたなら、価値体系が崩壊してしまうからである。

一八世紀のドイツ啓蒙期の著述家たちは、道徳の改善にとって宗教と教育の役割を強調した。レッシングは「人類の教育」という考えをもっていた。彼によれば、次々に現れた予言者たちや宗教運動によって、人類は共同生活のしかたを神の御心に従って改善してきたのである。そして究極には、報いを希望するからではなく、それ自体を目的として人々が善行にはげむ時代が訪れるであろう。(1) このような教育の使命に関する思想は、もっと通俗的な形で、ドイツ古典期におけるシラーといった詩人や哲学者たちの著作に浸透していった。

他方、自由な経済体制の発展にとって好ましい法律やインフラを含めた制度は、上から与えられるべきものである、とリストとその支持者は主張した。リストの主張点は、増やすべきは国民所得ではなく、国民の生産力であって、そのためにはある程度の保護と良好な行政、技能の改善それに良好な統制が必要とされる、というものであった。

1　旧歴史学派

制度の形成についての分析的な理論は、存在しなかった。たしかに古典派の価値論は分析的であったが、社会進化についての彼らの見方はほとんど理論的なものではなかった。歴史学派は、一定の基本的な性質によって特徴づけられる発展段階に筋道をもたせ矛盾なく提示するために直観にうったえた。また歴史学派は、広範な歴史的知識と資料の読解と整理にあたって類推を利用した。ヨーロッパ以外の国々について、信頼のおける情報は一九世紀前半においては、後半よりもずっと少なかった。このことは、なぜ旧歴史学派が主としてヨーロッパの異なる歴史段階の比較に頼らざるをえなかったのかを説明しているのかもしれない。それに対して、旧歴史学派よりも多くの人類学上の資料を使えるようになった新歴史学派は、視野をヨーロッパに限定する必要はなくなったのである。

ロッシャーは、とりわけ、古代ギリシャ・ローマ人の著作のなかに現代の発展との驚くべき相似点を見出した。(2) それは、社会主義の実践とか景気循環への貨幣の影響といった現代にのみ固有のものだと思われがちな問題についての相似点である。千年にわたる古代世界の成長と衰退について熟考してみると、道徳的な進歩と物質的な進歩との間の関係について豊富な議論にでくわす。ロッシャーは、ポリス経済の継続性にとっての規範とか価値の意味、すなわち習慣や法的制度の意味を取り出すことによって、「原始的」制度と「現代的」制度との安易な対置を克服しようとした。彼は、奴隷制とともに一定の形態での贅沢品生産が存在するといった補完性に注目し、また、市民が公的賦役への自発的参加と文化的発展の質とが対応している点を強調している。ロッシャーの進歩への信頼は、抑制されたものであった。というのは、彼は過去の時代の文化的達成にたいして敬意と宗教的信条によって、人類はその運命を知り得ないかも知れないと考えていたからである。こういったロッシャーの限界は、繰り返し批判されてきたが(3)、もっと好意的な判断もシュトライスラーによって示されている(4)。

歴史の発展を、高度の文化形態に向かった確定的な進化であるともっとも明快に解釈したのはヒルデブラントであった(5)。リストの主著の八年後の一八四八年に出版されたヒルデブラントの主著は、新しい産業システムに対するロマン主義者や社会主義者からの批判に反発している。とりわけ重要なのは、それがエンゲルスの著作(6)を批判している点である。ヒルデブラントはエンゲルスが引き出した結論に、統計を用いて効果的に反証している。彼は、労働者がしばしば悲惨な状態で生活していることを否定しなったが、労働者の状態は産業革命以前よりも改善されているということをドイツの後進農業地域と比較することによって示した。彼は、道徳の状態も改善していると考えた。論証のために、人口の動態を適切に考慮した上で犯罪率が低下していることと、またイギリスでは、他のヨーロッパ諸国以上に、信用制度が相互信頼に基礎をおいていることがもちだされた。また彼は、資本と労働力との不調整を白日の下にさらす点が、工場制度の長所の一つであると考えた。貧困は以前にも存在し、実際にもっと悪かった。いまようやくそれを減らす方法をかんがえることができるようになったのである(7)。マルクスとエンゲルスが『共産党宣言』で用いたのと同じようなリズムと劇的な迫力をもつが、同著とは正反対の内容をもつ文章のなかで、ヒルデブラントは分業と産業の成長の長所について次のように書いている。

「両者は社会の下層にある貧困を生み出したわけでもなく増大させたわけでもなく、ただそれを白日のもとにさらしたにすぎない。両者は人間の富や教養や道徳的精神的力と同様に人間の貧困と欠陥を集積し、その集積によって既存の対立を眼前の否定しえない事実にまで格上げしたのである。両者は機械の規則的なリズムによって、労働者の手を、骨のおれる規則的な仕事になじませ、忍耐と良心的な時間の使い方に慣らせたのである。両者は労働者のなかに意志の実行力とエネルギーを育てた。労働者をある部門から他の部門に配置替えすることによって労働者の視野を広げ、労働者に魂の敏捷性と自信をつけさせた。両者は個々の孤立していた同業仲間を大きな共同体に統合することによって、はじめて労働者に自意識、社会への要求、完全性への衝動をもたせた。最近の共産主義と社会主義のあらゆる努力も、それが新しい労働者の世界の心臓部に立脚しているかぎり、それは現代の産業において育まれた労働者の自意識のファンタジックな表現以外ではないのである」[8]。ヒルデブラントは次のように結論する。「機械は、もっと広範囲な教養を個人にもたらしてくれる将来、そして物的な必要事をもっと簡単に満たしてくれる将来にむかって人間を導いてくれるのだ」[9]。

したがって、失業とは進歩にともなう必要な代価なのである。ヒルデブラント自身も、一八四八年の挫折の後にその信念ゆえに亡命した自由主義者であり、表現の自由が工場制度の欠点を克服してくれるであろうと期待していた。生産性が飛躍的に向上すれば、終局において大半の労働者は再び工場を去って、別の職をもとめることになろう――この章句はフラスティエの『二〇世紀の大いなる希望』を予示しているかのようである[10]。しかし、ヒルデブラントが考えていたのは、新しいサービス産業への移動というよりもむしろ農業への回帰であった。

次に彼は所有を人間精神の原動力と考え、擁護している。所有は個人の思想の実現を可能にするものだが、幸運にも所有はますますひろがっている、というのが彼の見方である。信用の拡大が示す通り、商業もまた文化の原動力である。彼はスミスによって分析された貨幣経済を交換経済の後にくる中間段階と考え、貨幣経済の将来は、拡張された信用制度に属することになる――この段階理論は有名になり、ヒルデブラントの名高い論文[11]の主題となった。

こうした楽観主義にもかかわらず、ヒルデブラントは商業上のモラルが商業の進歩の単線的な帰結であるとは信じていなかった。彼は、投機的活動を詐欺から区別する理論的基準をもちあわせなかったために投機一般を不道徳なものと考えていたようである。もし投機的行動が支配的にならないならば、「人々の道徳的力」が「スミス学派の理論的原理」以上に強力となるというのが彼の結論である。特に、ヒルデブラントにいわせると国家と公的生活が国民の倫理教育の場であるイギリスのような国ではとりわけそうであろう(12)。

ヒルデブラントの経済学は、彼自身の見方によれば、第一に倫理の体系である。自然法などは経済においては作用しない。抽象的な仮説を基礎として理論化する可能性はヒルデブラントによっては考えられなかった。したがって、経済学はそれが単純に記述的でない場合には、自然主義的かつ決定論的であるかまたは倫理的かつ規範的であるかのどちらかである、というのが彼の結論であった。道徳の力は発展の主要因であり、発展の主要因として道徳の力を形成するのは政府でもなければ経済制度でもない。それは、人間が長い過酷な労働を通じて会得した「精神的資本」なのであって、あたかも、歴史や国民文化や秩序付けられた公的生活のゆっくり熟した果実のようなものである(13)。

以上のように彼は信用システムで最高潮に達する彼の発展段階論を次のように結論づける。

「諸国民の経済生活はつねにより高い文化へと法則的に発展するのだ、ということを納得した読者は、さらに次の点が主張されたとしても同意してくれるであろう。すなわち、結局、個々の国民の経済生活のみならず、全人類の経済もまたつねにより高度の文化的完成に向かって法則的に進むこと、そして人類の教育というレッシングの思想が宗教とそれに隣接した精神文化の分野においてのみならず、人類の経済生活においてもその妥当性を見出すのである(14)」。

これは、レッシングの人類教育思想を、宗教と文化の領域から道徳と経済の領域にうつして世俗化する明白な定式化のひとつであるといえよう。

2　新歴史学派

歴史学派は、とくに新歴史学派は、それ自体が一個の複雑な現象であるが、ここでは、倫理観の進歩という特定の視角から、少数の事例をもとに考察を進めよう。最近、歴史学派への関心が再燃し、古典派や新古典派の経済理論との関係とかその方法論といった側面に考察を加える文献が登場している。[15] 新歴史学派の首領、シュモラーに向かうまえに、もう一人の新歴史学派メンバーによって表された、最初の実質的内容をもった著作を考察してみよう。それはヒルデブラントと同様、新歴史学派において自由主義左派に属したカール・ビュッヒャーである。彼は、歴史学派の倫理思考に主たる影響を与えた社会問題について、古代の奴隷の反乱に関する著書を通じて、接近した。その著書は問題解決の方向づけを歴史上の類推によって見出そうとする方法の一つの典型例を提供している。もちろん、ビュッヒャーは歴史上の問題についてもそれとして興味をもっていたのであって、そのために彼は古代の言語と古代の確定された事実を注意深く学習した。だが、現代の歴史家にとってもそうであるように、一つの類推がビュッヒャーに歴史上の一問題を研究する動機を与え、またビュッヒャーの言いたい事柄も伝えたのである。

ビュッヒャーは、偉大なる先導者スパルタカスと結び付けられる奴隷の反乱を最初の「国境をこえた労働運動」と見た。それは、ローマ人がシシリーやカルタゴ、ギリシャやヘレニズム諸国を征服したときに引き継いだ「資本主義的奴隷制」のシステムの進行に停止をもたらした。これらの奴隷の反乱は、ビュッヒャーに言わせれば、財産と所得の不平等が増大し、社会の中産層が消滅して、いかなる慰めももはやありえなくなった時、いいかえれば、古代生活の全範囲にわたって「資本主義」が浸透した最高の頂点を記すことになった。この時期の無産層の運動は、「社会主義の稲妻」と同じく、現代の現象になぞらえられる、とビュッヒャーは考えたのである。[16]

このようにして、労働は経済における生産物に対する取得権の基礎となった。それは、国家の政治的生活に市民が参加する資格は財産の所有によって基礎付けられるが、市民の尊厳を落としめる労働は避けることが望ましい、というギリシャ人が発展させた市民権の概念に真っ向から対立するものであった。世俗の生活における貧困と、幸福になりたいという向上心と、道徳価値との間の矛盾を克服するためには、宗教的な倫理体系が当時必要であった。それゆえ、ビュッヒャーによれば、宗教的な熱意が強いうちは、初期キリスト教団のように一定の平等主義を維持できた社会主義的な共同体が必要とされたのである。そこに含まれたメッセージは、類推によって次のように言える。もしも社会問題を軽減するために何もなされないなら、革命も起こりうるし、宗教的社会主義も生まれうるのだ、ということであった。

歴史学派の精神が支配するなかにあって、かつて急進的なパンフレットで展開された内容もこのような形態で示されたのである。経済学の範囲内で幅広い関心をもっていたビュッヒャーは、後に、まったく異なる問題に向かった。それは、中世紀の経済史の問題、分業の分析、統計関連の問題、段階論、それに奇異ではあるがたいへん成功した著作、労働者の作業歌のリズムの分析であった(17)。後には、類推はもっと留保付きで利用された。歴史はわれわれに次の機会はうまくたちまわれと教えるのではなく、時をこえて賢くあれと教えている、とブルクハルトは述べている。新歴史学派がシュモラー以降、社会経済構成体をそれ自体のコンテクストのなかで理解しようと試みた場合、方法論のレベルでは、古代において「資本主義」とか「社会主義」をうんぬんするのは、問題があると考えられている(18)。

シュモラーは、経済学者であると同じぐらい歴史家でもあった。彼は自分自身を、個人の普遍的教育という思想をもつドイツ古典文化の相続人とみなしていた。古典文化は、個人の理解と価値を高めるであろう理想的生活の創造をめざしていた(19)。シュモラーによれば、シラーとゲーテは、「詩人であったのみならず、彼らの時代の教師であった。シラーが哲学者であると同時に歴史家であったことは偶然ではない。ゲーテも同様に政治家として心理学者として、そして科学者として抜きんでていた。彼らは、自分たちの時代の仕事をわきまえていたのである」[20]。しかしシュモラーは、シラーが美の追求をあまりにも優先しすぎた、と考えている。シュモラーは、美学教育の道徳的価値を認めていたものの、それが文化の唯一の要素ではなく、宗教や道徳や政治制度や科学なども同様に文化にとって不可欠であると考えていた。したがって、シュモラーは、自分の世代が「現実的行動」にもどることによって反応し、西欧諸国がはるか以前に獲得したものをドイツの政治的統一をなしとげることによって達成し、最高潮に達した点を誇らしく感じていた。これこそ、文化的達成として考えられたものであり、単にドイツ国民の武力外交の問題ではなく、ましてや帝国主義的競争問題ではなかった。この展開にともなった社会的緊張を軽減する必要が緊急にたかまって、主要関心事となった。古典期の理念は維持されるべきである、とシュモラーは主張したが、実際には、経済が成長し社会階級間の緊張が高まるにつれて、それは衰退していった。しかしながら、このことはニーチェによってのみならず、後にシュモラーに続く世代の敏感な観察者によっても弾劾されたのであった。

彼が努力したことは自らの拡散しがちな関心と経済学説とを統合することであった。歴史的な個人と自利追求の論理は彼の著作において次の三つに集約されたアプローチによって扱われている。(1)時代が異なっていても経済生活と政治生活の形態を統合的に叙述する方法が存在する。その「時代」とはいまだに「経済段階」と解釈されてはいたものの、シュモラーは、その後経済システムとか経済スタイルという見出しで展開されることになる観念でそれを解釈していた。(2)シュモラーは、さまざまな動機がいかにして相互に作用するのかを示すために、心理学の難解な分析を用いた。最後に(3)倫理学を考慮したことである。個人と社会規範との間にはある緊張関係が存在し、そのバランスの仕方は社会に置かれた人々の位置に従って異なっているにちがいない。シュモラーは自分の倫理学的なアプローチを社会学と同一視するに至った。この経験主義への転換は、普遍的価値観を全面的に否定することではなく、旧歴史学派のメンバーがもっていたより強い見解と比べて僅かな後退を意味していたにすぎない（旧歴史学派の倫理学の比較考察についてはプリッダートの文献[21]を参照のこと）。

ここでわれわれは、彼の心理学から始めて、上の三つのアプローチのうち(2)と(3)を考察しよう。「営利の精神」とは何かということは周知であると仮定する。シュモラーは、これだけが経済上の徳ではない、と主張する。原始時代の生活、古代の家計、現代の中産階級といったように状況が異なれば、必要とされる勤勉さや効率性や貯蓄性向の程度はさまざまであろう。さらに市場の規模、組織化や企画の才能、危険性向や向こう見ずさなどとともに成長する企業家精神がある。こういった性質は、しかしながら、倫理学的見地から必ずしも最高のものではないのである。

シュモラーは功利主義者ではなかったのであり、道徳や行儀と、便利なものとの間にひろがる対立を観ていたにすぎない。道徳感情の成長に関する彼の理論は、アダム・スミスのそれを基礎としていた。われわれは第三者が善行を行うのを見て幸福を感じるので、逆に、われわれは、他人がわれわれについて感じる鏡のなかでわれわれ自身の行為がどのように判定されるかを学ぶのである。そしてシュモラーは想像上の公平な観察者を導入し、直接的衝動と良心との間に生じる軋轢を考察する。その際、シュモラーは、スミスではなく古代の著述家から引用しているが、それはこれらの道徳感情の一般的形態は普遍的なものであることを示すためであった。しかし、道徳感情の具体的な内容は社会が違うと驚くほど異なっているのであり、それを理解するには「ある種族またはある国民がもっている因果観とか宗教観を全体的に表示しているものを」考慮する以外にはない[22]。シュモラーは今日のいわゆる宗教社会学と呼ばれていることがらに何ページも割いている。宗教こそ、低次元の本能に対して強力な抑制衝動となる漠然とした義務感の原因となる[23]。規範と習慣が、道徳基準の法的な強制に先行し、かつては、形式的立法以上に基本的なものであると考えられていた。「古代ローマの国政は法律よりも道徳の上に成り立っている[24]」。

さまざまな宗教の系統を丹念に調べるなかでシュモラーは、カルヴァン主義にも触れている。慣習や法律が人々のニーズと人々の住む環境に適応する限り、経済的に成功するために禁欲的な生活様式が重要であることを彼は認識していた。またそれとは対照的に過度の厳格さが発展にとって危険であることも認識していたのである。保守的な人々や伝統を重んじる人々は道徳性の解体に脅威を感じるが、他方で独創的な改革者は、道徳観や文化の内容を変化させる。シュモラーは、価値における転倒には必ず経済システムの再編成が先行していなければならないとは言っていない。

次にシュモラーは形式的立法と伝統的な道徳観との分離の程度を追跡している。彼は、イスラム教世界には、形式的立法から独立した世俗の道徳システムが見出されないことに注目し、イスラムにおいては道徳観のシステムと立法のシステムとは補完関係にある、と主張している。両者の分化は進歩の指標であると考える彼は、自然秩序の理論、つまりスミスの理論を古臭いものとみなした。スミスの自由の制度は単純に過ぎるからである。なぜならそれは利己心の動機の相互作用のみに基づいていてそれ以外のものを無視しているからである。一方社会主義者も誤っている。なぜなら、あらゆるものが法律によって統制されなければならないと考えているからである。ローヴェの「自発的順応」の理論[25]を想起させる章句のなかで、シュモラーは、立法制度の有効範囲と厳格さとは、非公式の道徳システムが強くなるにしたがって減少する、と主張している。

社会は、諸制度において協働できるようにさせるために教育を必要とする。それぞれの制度は、習慣や道徳や法律に従属していて、それを体現したものが「機関」と呼ばれる。結婚は一つの制度であり、家庭はそれに対応した「機関」である。重商主義者は制度を意のままに創設することができると信じていたが、自由主義者はその数を減らそうとした。しかしながら、制度はその社会についてのさまざまな見解にしたがって創設されなければならないのであり、そういった見解は進化の過程のなかで発見されるものである。シュモラーは社会進化に関するダーウィン流の解釈には一理あると考えていた。成功がもっとも少なかった階層が没落してゆくことは、進歩の代価なのである。しかしダーウイン主義は意識的創造の潜在力を過小評価している。

以上の考察はシュモラーの大著の序章の一部をなしている。われわれはここで、その中心主題である技術、生産、市場、貨幣、企業形態、経済政策について立ち入らないが、進歩について評価がなされているその著書の最終章をみてみよう。進歩の経済的側面は進歩の外面的姿でしかない[26]。権力と富は通常経済的側面以外に文化の側面をともなうものである。それどころか、彼の強調する点は、経済進歩は人間の潜在能力、とりわけ人間の経済能力の成長の反映であり、さらにより良い経済制度すなわち諸機関の成長の反映である、ということである。

シュモラーは発展についての機械的理論と技術的理論とを区別している。機械的理論とは唯物的な説明を含むものであり、気候とか人種とか人類学とか技術とか分業とか経済取引の形式などを立脚点としている。例えばマルクスは物的生産力を強調している。デュルケームは分業を、ヒルデブラントは彼の段階論において経済伝達の形式を強調している。技術的理論は、レッシングに見られた宗教的解釈やヘーゲルの思想の支配とか、プラトンにおけるような政治ルールの形態とか現代建築といった要素を含んでいる。シュモラーはこの二つの理論を摂取するにあたってきわめてアンビヴァレントであった。彼の歴史研究の成果は、文化的要素を考慮することによる彼の発展理論の一般化を示唆していた。例としてシュモラーはランプレヒトの類型学に言及している。そのなかで精神文化は、「アニミズムや類型主義や慣例尊重主義や個人主義や主観主義」として特徴づけられる。そしてこのそれぞれの主義に物質上の発展や経済組織の異なったレベルが対応している。文化の顕在化した特徴と経済段階とを結び付けようとするこの試みは、たいへん野心的なものであった。シュモラーは、この高遠な志を後退させてしまったが、彼に続く世代が正にこの方面で活躍することになる。

シュモラー自身の段階理論は、経済機構に立脚している。それは重商主義のより良い理解のための貢献として優れていたが、そのほかの点ではおそらくあまり興味深いとはいえないであろう。シュモラーの段階論は、彼以外のヒルデブラントとかビュッヒャーのそれよりも優れているということはできない。とくにビュッヒャーの段階論は、原始経済や古代に関してより深い洞察を加えている。しかし後にマックス・ヴェーバーやゾンバルトの著作において著名となった多くのキーコンセプトがシュモラーの著作に見出されることには注意すべきである。例えば、「需求充足経済」と「営利経済」との区別がそれであり、それは元はといえばアリストテレスにまでさかのぼれるものである。

すべての発展理論は、成長と同時に衰退の理論でもあった。シュモラーは、衰退が究極的には道徳要素が弱くなることによって引き起こるのだと考えた。彼は、国民国家のみならず大英植民地もその宗主帝国とともに安定していると考え、オスマン帝国や中国は潜在的に解体への傾向をはらんでいると考えていた。シュモラーはナショナリズムを非難したが、倫理的な均質性といった意味での国民の結合力は明らかに彼の非難の主要基準ではなかったのである。

全体として発展の力が行き渡っているのであって、それゆえ経済上の成長と道徳上の成長はともに手を携えてゆくという楽観論が支配している。「良好かつ正常に発展した人間が受け継いだ営利の精神と、個性を発展させ自己主張を展開しようとする欲求と、まったく正当に自己自身を受け入れることと、最高の公共精神とを結合することができるような時代がやがて訪れるであろう。そのような時代にたどり着く道は、肉体の強靭な人間の蛮行から文化的な現代人へと導いてくれる道としてのみ存在するものと期待される(27)」。

この楽観論は一世紀たった現代の観点からは驚くべきものであろう。それは原始文化における道徳上の到達水準を無視していることが見過ごせないのであるが、シュモラーが経済進歩と道徳の進歩とを同一視したことは、彼の時代においてはいたしかたなかったことである。その他の例として、ワーグナーの「共同ニーズ」を議論することができよう。(28) それは社会の進歩とともに成長するものであると考えられていた。それは公共財に似たものであり、ワーグナーは「進歩する文明国民」の間ではそれに対する国家の支出の割合が増大しなければならないという「法則」を主張したのであった。

3　最新歴史学派

第一次大戦、不利な平和、その後に続いた社会革命、それに敗戦後五年間にわたるインフレを経験することによって、それまで抱かれてきた確信、とりわけドイツでは倫理観が進歩しているという信念はことごとく粉砕されてしまった。当時シュモラーの進歩観が批判にさらされた。(29) しかし歴史学派を評価することへの反発はすでに一八九〇年代から始まっていた。政策提言から科学的分析を分離するのが必要なことは明らかであり、経済学のような科学において評価を完全に避けるわけにはいかないので、その分離は制約を意味していた。経済学は、それが道徳科学または歴史的科学とみなされるならば、なんらかの価値判断なしに存在しえないのであり、経済分析の形式においてすら、仮定の選択とか問題設定の方向性ゆえに、価値判断を含まざるを得ないのである。新しい歴史状況において、天井知らずのインフレといった新しい経済問題に直面して、経済学者は自己調整を図ったのであり、分析的な経済学への関心と数量にする実証研究が増加したのであった。

歴史学派の関心は、マックス・ヴェーバーとウェルナー・ゾンバルトの影響をうけて変容した。異なる経済形態の「理解」を目的として、経済学の一分岐として「理解経済学」が提起された。「経済スタイル」の概念は、ゾンバルトが「経済システム」という用語を用いて示そうとしたものであるが、彼は経済スタイルとほぼ同じ意味で「経済システム」を使っていた。当時ドイツの経済学の仕事は何であったかといえば、まず、異なった経済スタイルや経済システムの間に内在する論理を発見し、そして次に、異なった経済期間に示される個別性を理解することを、ある場合にあてはまるが他の場合にはあてはまらない法則の分析と融和させることであった。[30] 分析概念を歴史の観察と関連させる試みの点で、その理論は直感的なものであった。ゾンバルトの弟子であったシュピートホフは、経済スタイルの特性をカタログ化すべく努力した。その最初の特性は、経済の精神であり、その多様性こそシュモラーの心理学および宗教社会学において重要な役割を果たしたものであった。次の特性は、自然からの初期賦存および技術であり、また経済条件と社会条件である。これらはふたたびシュモラーをしのばせるものである。そしてさらに経済のダイナミズムがそれに加わる。この最後の特性は、景気循環の分析的かつ歴史的研究で名をはせたシュピートホフならではの貢献であった。新古典派の理論家であれば、ある経済の運行が循環的特徴を持つのは、体系に他の変数があるからだと考えるであろう。ケインジアンであれば、ある経済のダイナミズムの決定因として、企業家の「アニマルスピリット」を強調するであろう。しかしシュピートホフは、多くの伝統的社会が静態的特徴をもっていることと、現代経済が拡張しうる度合いとは、スタイルにかかわる別々の特性要因とみなされるべきだと考えた。それらの特性要因は独立したものではないけれど、その特定の形態においてお互いに強化しあうものと考えられた。

私は、べつの機会に経済スタイルについて幾分詳細に論じた。[31] 少なくとも一例をあげるとすると、私はベヒテル著『中世後期における経済スタイル』[32] を指摘したい。ベヒテルは一四世紀の後半から一六世紀の初頭にわたる期間において、経済形成が、地理的に区分されうる独特の特性をもっていることを示そうとした。彼はそれを全範囲ではなく都市経済について分析している。ビュッヒャーを批判しつつ、ベヒテルは、数百人の小都市と数千人からなる大都市とを区別し、後者を真にダイナミック要素と考えた。周知の通り、この時代はペストの流行による危機に始まり、新世界の発見にともなう反響とその結果中央ヨーロッパにおいて経済交流の道筋に変化が生じた段階で終わる。協働が強化され交易が成長する時期であった。

ベヒテルの著作の著しい特徴は、美術作品をイラストとしてのみならず説明のために利用していることである。読者は、社会参加および個別性の新たな感覚が生まれていることを例証するために美術史の方法によって分析された建築や絵画や版画の代表例に遭遇する。ホールの形をした教会は、後期ゲルマンゴシックの特徴とされるものであるが、ベヒテルに言わせれば、それは単なる表現ではなく、貴族や聖職者からの独立しようとする教会団体の意識を高揚させる手段と考えられる。日々教会を訪れる人は建築の適切な形態に示された教会団体の大志に触れたいと望むようになるだけでなく、絵画やグラフィックが個人の新たな理解に影響するのと同様に、個々の意識もまたそのような建築によって影響されるのである。

この新しい個別性は、商人以上に企業家という個性のもつより積極的役割に対応しているだけでなく、芸術家によってこの個別性への新しい意識が作品を通じて表現されていったのである。ベヒテルはこの点を歴史的な流れとして示そうとした。精神におけるこの変化に対応して、同業組合とその機構の経済的社会的発展、商人の活動領域の地理的拡大、職人と顧客との関係の変容、その他ここでは要約し切れない展開が起こった。シュモラーが注目したのは正にこの経済要因と文化要因との間の相互影響であった。が、しかし最終的に彼は、これらの関係があまりにも薄弱すぎて企業の組織における変化といった経済要因を説明しきれないと感じたので、彼の歴史説明のなかに統合することはしなかったのであった。マックス・ヴェーバーは、『プロ倫』において、注意深く、因果関係についての主張を避けている。合理化の進展は、カルヴァン主義の文化的意味に対応しているものの、しかしヴェーバーは、資本主義がこの合理化の進展という宗教上の方向性によって生み出されたなどと主張したことは一度もなかった。彼は、どの程度、宗教が資本主義精神に影響してその質的形態とその世界への量的拡大を決定づけるのだろうかということ、そして資本主義において成り立つ文化のもつ具体的にどの側面が宗教的影響によるものなのかということを見出したかった。[33] ベヒテルは大胆ではあったがほとんど重視されなかったものの、数少ない継承者であったのだ。

最新歴史学派の著作のすべてが、秘儀的だというわけではなかったが、その方法が分析手法を欠いているがために攻撃された。経済学者のなかには、分析的経済学と「理解経済学」とが原理的には相互に排斥しあうものではないけれども理論だけが因果関係を確証できるのだから、理論だけが経済政策に必要とされる概念分析手段を提供しうるのだ、と考えるものもいた。

歴史的な接近方法は、過去の発展を説明するにあたって、理論を必要としないのかどうかという問いもなされた。ルードウィッヒ・フォン・ミーゼスは、マックス・ヴェーバーが合理性にさまざまな形態を認めて区別することに対して、効用最大化を合理性の唯一の形態であるとするオーストリア学派の理論の概念上の統一性を擁護した。[34] 実際にミーゼスは伝統的な合理性のいろいろな形態が一つの合理的行動に還元して解釈されうることを論証しようと試み、その試みは形式的には成功した。しかし、それは経済学から記述的内容を奪い去る恐れがあったし、また伝統的な合理性のさまざまな形態を経済理論に統合すること（例えば伝統的な生産方法を利用することへの選好の存在を仮定すること）の論理的帰結については、十分究明されなかった。しかし、シュンペーターは、ゾンバルトにみられるような個性の歴史的解釈とエッジワースの理論的洞察とを結合することを提案している。[35] その案は将来実現されるものと彼は期待しているのである。

過去の発展を説明する歴史理論の力が増加するにしたがって、歴史理論はその規範的潜在力を失った。ゾンバルト自身最新歴史学派のアプローチを貴族趣味の贅沢になぞらえた。すなわち彼は科学の自由な成長は、社会によって維持され、ブルジョワ文化の貴族的特色であると考えた。しかしナチが政権に就き『ドイツの社会主義』と題する不幸な本を著わした[36]とき彼は、それ以前に自分で設定してきた制限をとりはらってしまった。彼は経済政策について国民主義的に接近する方法に賛意を表明し、ドイツの伝統はその接近方法になじむものであったことを示そうとしたのである。彼の具体的手法は、部分的にはたいへん分別のあるものだった。そのなかには、ケインズ以前にあって、ケインズ流の失業解消策があり、また自然に有害なおそれのある技術的発展を管理すべきであるという提案もあった。しかし彼の著書は新支配者への多くの譲歩を含んでいたものの、ゾンバルトは幸運であった。ナチは彼の職業上の提案を必要とはしない、と宣言したからである。このようにナチズムは、理論が抑圧されているときに歴史学派が繁栄するということを意味しない。むしろ、もしも新しい体制を支持しない場合には、あらゆる系統の経済学者も困難に遭遇するのであり、その多くが亡命を余儀なくされたことに示されている。

4　歴史学派の終局

一九四〇年にオイケンの『経済学綱要』が出版された(37)。これは第二次大戦中のドイツ経済学におけるもっとも記憶されるべき貢献であった。オイケンのこの著作はしばしば、歴史学派の終焉とみなされるが、しかし同時に歴史と理論との結合のための方法を明確にするという祝福さるべき達成の一つとも解釈できる。彼は、配分や市場や通貨制度のさまざまな形態を区別することによって、さまざまな経済システムを理念型として区別するための理論的枠組みを提供しようと試みたのである。そして、現実経済は、その理念型がかさなりあって形成される一つの上層と解釈される。現実経済を規定するには、まずその経済秩序をいきいきと考察し、それからその経済過程を考察しなければならない。オイケンが挙げた例のすべては、古代の経済に始まり中世をへて一九世紀に及ぶ歴史上のものであったが、彼は自分の時代を省略した。その理由が政治的なところにあったことに疑いはない。理念型として結合されるべき基本形態に完全な説明を提供しようというオイケンの計画は、理想に終わった。経済理論が進歩したため、その可能性は十分にあったのだが、彼は理論と歴史との間の「二律背反」を克服すべき方法を示す事に多くを割いたのであった。

オイケンが経済秩序を主要な規定要因として強調したことは、戦後、ドイツ経済再建のための法的・制度的枠組みが立ち上がる段になって重大な結果をもたらした。いわゆるドイツの「オルド自由主義」が、古典的自由主義と一線を画しつつ、次のように提案した。すなわち国家は安定した経済秩序に責任をもち、さらに独占傾向にさらされながらも競争条件の維持に努めなければならないが、経済活動における日々の過程に干渉することはひかえるべきであると主張したのである。もちろんこの区分を維持することはなかなか難しいことである。この問題は、景気安定政策が容認されたとしても、完全には解決されなかった。しかしながら、その思想は明確なものであった。それは、経済システムの原理への順応の上に、経済干渉の正統性を基礎づけるというものであった。

戦後、ドイツの経済学者はまずは一九三〇年代と一九四〇年代に新たになされた経済理論の発展について熟知する必要性を感じた。それまでそこから閉ざされていたからである。このことと、戦後の再建のダイナミズムとによって、歴史学派を思い出させる余地が失われてしまったのである。一九五〇年代の終わりに二つの有名な論争が起こった。一つは、経済における集中についてであり、それは競争条件の管理がそれがおそらく想像されたほどには簡単ではないという観察から出発したものである(38)。競争条件の管理は、それがどのくらい実際に必要であるか疑わしい、なぜなら、不完全競争の理論は過程としての競争の効果についての分析に敗れ、独占的競争であっても機能しうるものであるということが明らかになったからである。ザリーンが経済学的のみならず社会学的かつ政治学的な考察を加えるという歴史学派の分析手法を援用しつつ論ずるところによれば、集中とは、とりわけヨーロッパ統合の進展という観点から見るならば、不可避的なものであるばかりか望ましいものである。彼は理論家を奮起させ、オルド自由主義者にショックを与えた。しかし、それは歴史学派が得点を稼いだほんとうに最後の時であった。

その後の経済政策学会大会は、経済学方法論をテーマとした[39]。その時、計量経済学の手法を学んだドイツのケインジアンと、歴史学派の学会員との間で論争が起こった。後者は形式的理論に懐疑的であり、計量経済学の手法が信頼のおける予測手段として役に立つのかどうか疑問をもっていた。彼らは世界大恐慌の数年間を、多くの特定かつ個別の事例を通じて思い出していた。それらは例えば乗数加速度モデルのような形式によって単純に代表させられるとは彼らには思えなかった。彼らは、いまやすっかり放逐されたが、しかし一九六〇年のケインズ主義を擁護した人たちの何人かは、ケインズ政策が試され望ましい結果がもたらされなくなった一九七〇年代までにマネタリストになってしまった。両方の議論は、倫理上の考察よりも効率についての考察が優位を占めたことを示している。

経済と文化との関係という歴史学派が取り組んだ壮大な問題は、そうこうするうち背景に退いてしまった。例えばこの主題について洗練された論文を書いているヴァイペルトの著作[40]などが存在するものの、彼の成功も限定的なものであった。歴史学派が本領を発揮する領域は、経済システムの比較である。しかしその議論は、長期的にみて東側の配分方法か西側の配分方法のどちらが、つまり東の計画経済か西の市場経済のどちらが、成長をもたらすのか、といった問題が中心となっていて、したがってどちらかというと技術論的問題に終始しているのである。

しかしながら、西と東の対抗関係をもっと広い歴史的見地から見た著述家たちも存在した。彼らは、国家社会主義を、東洋の専制主義の伝統と結びつけ、その説明のために引き合いに出される理論と結び付けようとした。彼らは東洋の専制主義に対して、市場の自由主義と結びつく民主主義という西欧の価値の伝統を対置させた。全体主義の起源についてのリュストウの分析はとりわけ印象的であった[41]。その議論には、リュストウとともにレプケが「資本主義」には集中とプロレタリア化の傾向があるので「自由の」視点からそれは批判されなければならないと主張したさい拠り所とした重要な道徳的要素が含まれていた[42]。その傾向に対して「活力政策」という理念を彼らは提案した。それは生産の分権化や農業条件の改善や労働者の生活水準の向上や、雇用を一般的に創出するのではなく生産的仕事の機会を創出することによって人々の活力を増幅させるための政策のことである。特筆すべきことは、この特別の要請が、経済相ルードウィッヒ・エアハルトによって裏書きされたということであった。都市の美観や環境などを考慮することなく急激に再建が進行した時、他の人が感じるように自分も文化に責任を感じるべきであるという提案を、彼は怒って拒絶した。経済はおそらく世俗の事柄なのだから、彼にはそれをどうこうすることはできなかった。にもかかわらず、彼は、仕事の問題は雇用の問題だけに還元されえない、ということを認識していた。仕事の過程とか生産物の質とか仕事によって得られる満足といったこともまた重要である。急激な成長や完全雇用はすぐにこのような考察を無駄なものとしてしまい、それをめぐる議論も沈黙してしまった。

歴史学派の関心事、とくにその倫理上の関心事は、歴史学派が今世紀の前半に相当程度弱められて後、一九六〇年までに忘れられてしまい、ドイツにおいて経済学は、「道徳科学」たることを一世代の間やめた。経済についての研究と教育における進歩はまだ継続中でありおそらくそれは以前にもまして進んでいるが、それは別個の領域における進歩であった。

注

（1） G. Lessing, *Sämtliche Werke*, in 6 Bänden, Berlin: Knaur o. J. [1780], vol. VI, S. 413-434.

（2） W. Roscher, *Ansichten der Volkswirthschaft aus dem geschichtlichen Standpunkte*, Düsseldorf: Verlag Wirtschaft und Finanzen, 1994 [1861].

（3） G. Eisermann, *Die Grundlagen des Historismus in der deutschen Nationalökonomie*, Stuttgart: Enke, 1956.
B. P. Priddat, "Intention and Failure of W. Roscher's Historical Method of National Economics", in: Koslowski (ed.), *The Theory of Ethical Economy in the Historical School*, Heidelberg: Springer, 1995, pp. 15-34.

(4) E. W. Streissler, Wilhelm Roscher als führender Wirtschaftstheoretiker, Kommentarband ("Vademecum") zur Faksimileausgabe von Wilhelm Roscher und seinen "Ansichten der Volkswirthschaft aus dem geschichtlichen Standpunkte" in der Reihe 'Klassiker der Nationalökonomie', Düsseldorf: Verlag Wirtschaft und Finanzen, 1994, S. 37-121.

(5) B. Hildebrand, *Nationalökonomie der Gegenwart und Zukunft und andere gesammelte Schriften.* Hrsg. und eingeleitet von H. Gehrig, Jena: G. Fischer, 1922 [1848].

(6) F. Engels, Die Lage der arbeitenden Klasse in England, in: K. Marx und F. Engels: *Werke,* Band 2, Berlin: Dietz, 1974 [1845] S. 225-506.

(7) Hildebrand, *op. cit.,* S. 184.

(8) *Ibid.,* S. 184-5.

(9) *Ibid.,* S. 186.

(10) J. Fourastié, *Le grand espoir du XXe siècle,* Paris: Gallimard, 1989 [1950].

(11) B. Hildebrand, Natural-, Geld-und Kreditwirtschaft, 1864, repr. in: Hildebrand:, *op. cit.,* S. 325-357.

(12) Hildebrand, *Nationalökonomie der Gegenwart...,* S. 228.

(13) B. Hildebrand, Die gegenwärtige Aufgabe der Wissenschaft der Nationalökonomie, 1863, repr. in: Hildebrand, *op. cit.,* S. 268-309.

(14) *Ibid.,* S. 357.

(15) K., Häuser, Gründe des Niedergangs. Überlebendes und Überlebenswertes., in: Bock et al., *Gustav Schmoller heute,* Berlin: Duncker & Humblot, 1989, S. 31-61.

P. Koslowski (ed.), *The Theory of Ethical Economy in the Historical School,* Heidelberg: Springer, 1995 (Studies in Economic Ethics and Philosophy).

(16) K. Bücher, *Die Aufstände der unfreien Arbeiter 143 bis 129 v. Chr.,* Frankfurt am Main: Sauerländer, 1874.

(17) B. Schefold, Karl Bücher und der Historismus in der Deutschen Nationalökonomie, in: *Deutsche Geschichtswissenschaft um 1900,* ed. by N. Hammerstein, Stuttgart: Steiner, 1988, S. 239-267.

(18) E. Salin, *Politische Ökonomie. Geschichte der wirtschaftspolitischen Ideen von Platon bis zur Gegenwart,* Tübingen: Mohr, 1967 [1923].

(19) W. Dilthey, *Die Philosophie des Lebens. Eine Auswahl aus seinen Schriften,* Stuttgart: Teubner, 1961, S. 11.

(20) G. Schmoller, *Zur Litteraturgeschichte der Staats-und Sozialwissenschaften,* Leipzig: Duncker & Humblot, 1888, S. 20.

(21) B. P. Priddat, *Die andere Ökonomie,* Marburg: Metropolis, 1995, S. 135.

(22) G. Schmoller, *Grundriß der allgemeinen Volkswirtschaftslehre,* Berlin: Duncker & Humblot, 1978 [1900, 1919], S. 43.

(23) *Ibid.,* S. 47.

(24) *Ibid.,* S. 52.

(25) A. Lowe, *Has Freedom a Future?* New York: Praeger, 1988.

(26) Schmoller, *Grundriß der allgeinen...,* S. 748.

(27) *Ibid.,* S. 775.

(28) A. Wagner, *Allgemeine oder theoretische Volkswirtschaftslehre. Erster Teil: Grundlegung,* Düsseldorf: Verlag Wirtschaft und Finanzen, 1991 [1876].

(29) F. Raab, *Die Fortschrittsidee bei Gustav Schmoller,* Freiburg: Kehrer, 1934.

(30) E. Salin, *Hochkapitalismus. Eine Studie über W. Sombart, die deutsche Volkswirtschaftslehre und das Wirtschaftssystem der Gegenwart,* repr. in: E. Salin: *Lynkeus,* Tübingen: Mohr, 1963 [1927], S. 182-212.

(31) B. Schefold, *Wirtschaftsstile,* Bd. 1: Studien zum Verhältnis von Ökonomie und Kultur. Frankfurt am Main: Fischer Taschenbuch Verlag, 1994, 260 SS. (Fischer Wissenschaft 12243).

B. Schefold, "Theoretical approaches to a comparison of economic systems from a historical perspective", in: Koslowski (ed.), *The Theory of Ethical Economy,* 1995, pp. 221-247.

(32) H. Bechtel, *Wirtschaftsstile des deutschen Spätmittelalters. Der Ausdruck der Lebensform in Wirtschaft, Gesellschaftsaufbau und Kunst von 1350 bis um 1500,* München und Leipzig: Duncker & Humblot, 1930.

B. Schefold, "Nationalökonomie und Kulturwissenschaften: Das Konzept des Wirtschaftsstils", in: *Deutsche Geisteswissens-*

chaften zwischen Kaiserreich und Republik. Zur Entwicklung von Nationalökonomie, Rechtswissenschaft und Sozialwissenschaft im 20. Jahrhundert; hrsg. von K. W. Nörr, B. Schefold u. F. Tenbruck. Stuttgart: Steiner, 1994, S. 215-242.

(33) B. Schefold, Max Webers Werk als Hinterfragung der Ökonomie. Einleitung zum Neudruck der 'Protestantischen Ethik' in ihrer ersten Fassung. Kommentarband ("Vademecum") zur Faksimileausgabe von Max Webers "Die Protestantische Ethik und der 'Geist' des Kapitalismus" in der Reihe 'Klassiker der Nationalökonomie', Düsseldorf: Verlag Wirtschaft und Finanzen, 1992, S. 5-31.

(34) L. von Mises, *Grundprobleme der Nationalökonomie. Untersuchungen über Verfahren, Aufgaben und Inhalt der Wirtschafts-und Gesellschaftslehre,* Jena: Fischer, 1933.

(35) J. Schumpeter, Sombarts Dritter Band, in: Schumpeter: *Dogmenhistorische und biographische Aufsätze,* Tübingen: Mohr, 1954, S. 220-240.

(36) W. Sombart, *Deutscher Sozialismus,* Berlin: Buchholz & Weisswange, 1934.

(37) W. Eucken, *Grundlagen der Nationalökonomie,* Jena: G. Fischer, 1940.

(38) F. Neumark (ed.), *Die Konzentration der Wirtschaft. Schriften des Vereins für Sozialpolitik,* NF 22, Verhandlungen auf der Tagung in Bad Kissingen, Berlin: Duncker & Humblot, 1961.

(39) H. Giersch and K. Borchardt (eds.), *Diagnose und Prognose als wirtschaftswissenschaftliche Methodenprobleme. Schriften des Vereins für Sozialpolitik,* NF. 25, Verhandlungen auf der Arbeitstagung des Vereins für Sozialpolitik in Garmisch-Partenkirchen, Berlin: Duncker & Humblot, 1962.

(40) G. Weippert, *Wirtschaftslehre als Kulturtheorie,* Göttingen: Vandenhoeck & Rupprecht, 1967.

(41) A. Rüstow, *Ortsbestimmung der Gegenwart. Eine universalgeschichtliche Kulturkritik.* Bd. I-III. Erlenbach/Zürich: Rentsch, 1950-57.

(42) W. Röpke, *Civitas Humana. Grundfragen der Gesellschafts- und Wirtschaftsreform,* Zürich: Rentsch, 1944.
W. Röpke, *Die Lehre von der Wirtschaft,* Zürich: Rentsch, 1951.

第6章　シュンペーターと歴史学派

塩野谷　祐一

はじめに

本論文はシュンペーターとドイツ歴史学派との関係を、両者の理論および方法論にそくして論ずる。シュンペーターはドイツ歴史学派とくに新歴史学派の指導者であるグスタフ・フォン・シュモラーから大きな影響を受けた。しかし、シュンペーターにとって、歴史学派は唯一の思想源ではなかった。むしろレオン・ワルラスとカール・マルクスが彼に対していっそう大きな影響を与えた。したがって、歴史主義経済学、新古典派経済学、マルクス経済学の三つが、シュンペーターが主体的に関わりを持つ知識の場であったといえよう。このような異質的なパラダイムの複合から、シュンペーターは独自の経済学を構築した。シュンペーターは歴史学派経済学のエッセンスを有効な形に再定義し、同時に新古典派およびマルクスの視点をも導入した。彼は歴史学派の研究パラダイムを後世に伝える媒介者になるべき位置にあった。

シュンペーターがこのような方向をとっていたとき、彼は同じ年に生まれたケインズと競合しなければならなかった。両者はともに、資本主義経済の不安定性に関して理論的研究を進めていた。不況や失業、インフレーションやデフレーション、景気変動や為替相場を解明することは、二〇世紀はじめの経済学者にとって共通の課題であった。新古典派の価値および分配の理論は確立されていたが、それは静態の理論にとどまっていた。この理論体系を拡充して、現実の経済変動を分析することが当時の学者に課せられた一般的な課題であった。ケインズとシュンペーターはまったく違った方向に問題を設定した。

ケインズは新古典派経済学を完全雇用の経済学と見なし、インフレーションや失業の発生を説明するために、需要の側に焦点を当てた有効需要の理論を展開した。新古典派経済学は資源の完全利用を仮定した上で、最大産出量を生む資源配分のあり方を扱ったものであるが、ケインズは需要の変動が現実の産出量や雇用量を決定するという論理を明らかにした。

それに対して、シュンペーターは新古典派経済学を静態の理論と見なし、動態の理論を展開することによって、現実の経済変動を解明しようとした。彼はインフレーションや失業といった景気変動現象は、供給側における技術革新の群生がもたらす結果であって、資本主義の動態を解明するためには、長期的な経済発展の視野が不可欠であると考えた。

どちらも重要な接近方法であった。しかし、実際に理論と政策を支配したのはケインズであった。ケインズ革命とその後のケインズ時代の中で、シュンペーターの考え方は受け容れられることがなかった。

第二次大戦後、たしかに経済成長への関心の高まりとともに、経済成長論が発展したが、その理論的基礎は新古典派経済学またはケインズ経済学を延長したものであった。新古典派成長モデルおよびハロッド＝ドーマー成長モデルがそれである。経済発展の動因を企業者の技術革新に求めるシュンペーターの視点は依然として不在であった。

ところが、一九八〇年代以後、とくにマルクス・ケインズ・シュンペーターの百年記念を契機にして、資本主義の長期的発展に対する構造的な視点の強調の中で、歴史主義、制度主義、進化主義という大きな思想的パラダイムへの研究関心が高まり、シュンペーターの再評価が進められることとなった。直接的には、国際シュンペーター学会の設立に見られるように、シュンペーターのいわばヴィジョンにとどまっていたさまざまな構想や仮説を理論化し実証する大きな流れが生み出されてきた。そこでは技術革新や産業組織の問題が中心であるが、彼の長期的かつ広範な視野は、単にそれにとどまらず、歴史や制度や進化の問題について経済学の拡充・発展を促すものである。私が本論文において扱うのは後者の問題領域であり、そこにドイツ歴史学派の遺産が含まれると考えるのである。

そこでシュンペーターとドイツ歴史学派との関係を論ずるに当って、まずシュンペーターが歴史学派の研究計画を方法論の視点からどのように再構築したかを明らかにし、次に彼自身が、それに基づいて、資本主義経済体制の進化についてどのような理論体系を展開したかを示すことにする。私の考えでは、歴史学派は「歴史的・倫理的方法」によって、「制度と進化」という問題を取り扱った。彼らの経済学の範囲と方法は、古典派や新古典派の経済学が「価格と均衡」という問題を「抽象的・理論的方法」によって扱ったのと比べて、対照的である。シュンペーターはこれらの対立を超えるような総合的社会科学を構想したのである。(1)

1 シュンペーター概観

ドイツ歴史学派に対するシュンペーターの対応を論ずる前に、彼の業績概観を示しておくのが便利であろう。彼はウィーン大学において法律学、歴史学、経済学を学び、歴史学派の影響力の圧倒的なドイツ語圏において、抽象的経済理論の「恐るべき子供」としてデビューした。彼の主な先生はオイゲン・フォン・ボェーム＝バヴェルクとフリードリッヒ・フォン・ヴィーザーであり、ともにオーストリア学派の巨匠であったが、彼はオーストリア学派に属するものとは見なされなかった。彼はその学派の本質主義と心理主義に組みしなかったからである。

一九〇八年に、シュンペーターは『理論経済学の本質と主要内容』を発表した。弱冠二五歳であった。この書物の本質は経済学方法論の展開にある。一八八〇年代以後、オーストリア学派の創始者であるカール・メンガーと歴史学派の指導者シュモラーとの間でいわゆる「方法論争」が展開され、理論的方法と歴史的方法とが厳しい敵対関係に置かれた。シュンペーターはこの論争の解決のために、エルンスト・マッハやアンリ・ポアンカレの道具主義の科学方法論を巧みに経済学に適用した。(2)道具主義とは、理論は記述ではなく、有用な結果を導くための道具であり、したがって理論は真でも偽でもないと主張する。この方法論によれば、理論的方法と歴史的方法とは、それぞれ異なった関心と異なった問題に向けられた道具であるから、どちらが一般に優れているかを論争することには意味がないのである。方法論争の解決に当っては、マックス・ヴェーバーもまた新カント派の路線から貢献したが、シュンペーターとヴェーバーとの間には著しい類似性がある(3)。

『理論経済学の本質と主要内容』は方法論争に対する貢献に加えて、ワルラスの一般均衡理論に基づいて新古典派経済学を再述したものである。シュンペーターが一般均衡理論を最も科学的なものと見なしたのは、単にそれが数学的であるということにあるのではなく、マッハの現象主義を経済学に適用することができるのは、生産物および生産要素の価格および数量を含む一般的相互依存の関数関係であるという認識にある。このような関数体系によって、経済学が科学としての性格を持ちうると見なされた。シュンペーターがワルラス体系を経済学のマグナ・カルタと呼ぶのはこの意味である。

彼は一九一二年に『経済発展の理論』を出版した。これは新古典派の経済静学の上に動態理論を建設しようとする独特の試みである。静態理論は外生的な変化に対する経済の適応の論理を明らかにしたものであって、経済の定常循環と均斉成長に適用された。それに対して、シュンペーターの動態理論あるいは経済発展理論は、経済の内部から生ずる革新行動によって静態が破壊される過程を扱う。革新とは、新しい財、新しい技術、新しい市場、新しい供給源、新しい組織をいう。彼は経済発展を三つのキーワードによって定義した。革新（発展の原因）、企業者（発展の担い手）、および銀行信用（発展の手段）がそれである。

シュンペーターはみずからの経済発展理論の性格を述べるに当って、彼が思想的に依拠した二人の名を挙げている(4)。ワルラスとマルクスである。彼によれば、前者は「経済変数間の相互依存関係の純粋論理」を明らかにし、後者は「経済体系自身によって生み出される独特の過程としての経済進化のビジョン」を展開したという。シュンペーターの経済進化の観念は、経済体系の変化の原因が内生的であるという点と、変化に対する経済体系の適応メカニズムが内生的であるという点との二つにおいて、マルクスとワルラスの両者を包摂するのである。彼は企業者の革新を経済発展の原因と見なし、それによって引き起こされる景気循環を経済の反応メカニズムとして記述したのである。

シュンペーターの企業者が経済領域における指導者の一類型であるという点が重要である。一般に、指導者は社会生活のさまざまな領域において革新活動を実行する人たちであって、適応と慣習の行動に従う大多数の人々と対比される。このような対比は経済だけではなく、政治、文化、科学、芸術、道徳などの領域においても見られる。彼はさまざまな社会領域における静態と動態の二分法を、人間類型における静態的人間と動態的人間の二分法の上に基礎づけた。『経済発展の理論』第一版の第七章は、その後の版では削除されているが、そこで彼はさまざまな社会領域の間の静態・動態を通ずる相互作用によって、社会全体が発展する様相を描写している。これはシュンペーターの総合的な社会科学の原型を与えたものである。(5)

シュンペーターは、経済学に静学・動学の区別が導入されたのは、力学からではなく、アンリ・ブランビル、オーギュスト・コント、ジョン・スチュアート・ミルを通じて動物学からであると述べている。(6)なぜなら、力学的隠喩は経済や社会の内部からの変化という発展現象にはなじまず、進化の考えは動物学的隠喩であるからである。そこで、たとえば、犬の器官の研究が静学であるとすれば、犬が選択や変異や進化を通じてどのように変化してきたかを研究するのが動学であるという。(7)

『経済発展の理論』の出版後、シュンペーターはただちに経済社会学に関心を向け、社会階級の理論を構想した。(8)これは後に、さまざまな社会領域における指導者概念と、文明の一般的概念としての時代精神との間の関係を結びつける重要な環となるものであった。

いいかえれば、社会階級は経済領域と非経済領域との間の相互依存関係を媒介するものと考えられた。この考えは、さまざまな社会領域をすべて総花的に取り上げて、それらの相互依存関係を論ずるのではなく、戦略的に単純化を図ったものであり、後に『資本主義・社会主義・民主主義』において展開される経済社会学の骨格をなした。この本では、後に述べるように、資本主義の成功による崩壊という有名な命題が主張される。彼によれば、資本主義経済の成功はかえってそれにとって敵対的な非経済的要因を生み出し、そうした要因が今度は資本主義の経済的パフォーマンスを悪化させる。この本はドイツ歴史学派の研究計画に基く経済社会学の一つの産物であったが、そうした内実とは別に、広く読まれたという点で成功を収めた。

この書物に先立って、シュンペーターは『景気循環論』（一九三九年）という二巻の書物を出版した。これは「資本主義過程の理論的・歴史的・統計的研究」という副題からも知られるように、彼の経済発展理論を歴史的・統計的に実証しようとするきわめて野心的なものであった。しかもこの書物は歴史学派の伝統に立ちつつ、歴史の理論化をめざしたものであった。たとえば、彼はこう書いている。

「われわれが理解しようとしているものは、歴史的時間の中の経済変化であるから、究極的目標は、恐慌や循環や波動ばかりでなく、経済過程のあらゆる側面や関連についての理論化された（概念化された）歴史にほかならない、と言っても過言ではない。この仕事に対して、理論は単に若干の用具と図式を、統計は単に素材の一部を提供するにすぎない。詳細な歴史的知識のみが、個々の因果関係とメカニズムの大部分に決定的な解答を与えることができ、この知識なしには、時系列の研究は不確定なままにとどまらざるをえないことは明らかである」(9)。

このような考え方は、明らかに歴史学派の精神を汲んだものである。また「血のない理論的図式と統計的曲線を生きた事実で満たす」(10)という言い方も、歴史学派のものである。これらを、シュモラーが経済学における歴史研究の意義について述べていることと対比してみよう。

「歴史研究は民族、人類、経済制度の歴史的発展という観念をつくり出した。それによって、経済学研究は再び道徳、法律、国家、文化発展の一般的諸原因と正しく結びつくことになった。それは、個人と利己心から出発する議論に加えて、集合的現象をどのように研究すべきかを教えた。それは、分析に加えて、正しい総合をどのように行うべきかを教えた。それは、抽象の結果を再び相互に関連し合った全体の一部として取り扱うことを教えることによって、孤立化的抽象に対して初めて正しい補完物を与えた。かくして、これまで色褪せた抽象、死せる図式であったものが、再び血と生を得たのである(11)」。

『景気循環論』は、その意図と努力にもかかわらず、成功を収めなかった。新しいケインズ理論の枠組みに取りつかれていた経済学者たちの注意を引くことができなかったからである。

シュンペーターのもう一つの大著は『経済分析の歴史』（一九五四年）であった。この書物は彼の驚嘆すべき博識ぶりと、尨大な文献を整理し、理論発展のシナリオを作る卓抜の能力とを示している。学説史を書くことは、彼にとって趣味の問題ではなかった。そこにはもっと深遠な理由が存在する(12)。彼にとって、経済および社会の発展と、科学および思想の発展とは、同一の進化的過程の二つの側面にほかならなかった。社会を対象とした三つの研究分野である経済静学、経済動学、経済社会学に対応して、彼は思想を対象とする三つの研究分野として、科学哲学、科学史、科学社会学を扱ったのである。これらの二組の研究はシュンペーターの総合的社会科学の全体を構成するものであって、マルクスの上部構造と下部構造との関係に比すべきものである。ただし、この二構造アプローチの実証としては、彼が『景気循環論』で行った五〇年周期の経済活動の長期波動と、『経済分析の歴史』におけるやはり五〇年周期の経済学の革命とその収束の長期波動との間の対照以上には進んでいない。

2　歴史的・倫理的方法

シュンペーターは初期の経済学史研究において、ドイツ歴史学派の六つの基礎的観点をまとめている。[13] (1)社会生活の統一性、および社会的要因の相互不可分性の観点、(2)発展の観点、(3)有機的・全体的観点、(4)人間動機の多元性の観点、(5)事象の一般的性質よりも具体的・個別的関連に対する関心の観点、(6)歴史的相対性の観点。これは歴史学派の範囲と方法についての卓越した分析である。

シュンペーターにとっての歴史的方法の最大の意義は、歴史的素材が発展現象を反映すると同時に、経済的要因と非経済的要因との間の関係を示し、したがって社会科学の諸部門がいかに相互交渉を持つべきかを示唆している点にあった。彼は後に次のように書いている。「歴史的記録は純粋に経済的なものではありえず、純粋に経済的ではない『制度的』事実をも不可避的に反映せざるをえない。したがってそれは経済的事実と非経済的事実とが相互にどのように関連し合い、さまざまな社会科学がどのように関連すべきかを理解するための最善の方法を提供している」。[14] 社会生活の相互依存性と発展とを結合するこの考え方は、歴史学派の(1)と(2)とを結合したものであって、シュンペーターが理解したドイツ歴史学派のエッセンスであった。歴史研究が重要であるのは、ある時代とある場所についての詳細な知識をわれわれに提供するということにあるよりも、社会が全体として実際にどのように変化するかについての理解の仕方を提供するということにある。

観点の(1)と(2)は歴史学派の主題の範囲を示すものであるが、観点の(3)(4)(5)(6)は彼らの方法に関わるものである。(3)および(4)は、それぞれ有機体観と動機の多元性を意味し、新古典派経済学における方法論的個人主義および効用極大化の仮定と異なる。シュモラーは、慣習、法律、道徳の三つが社会の制度的枠組みを決定し、倫理を含む多元的な価値が制度によって形成されると主張した。シュンペーターは歴史学派のこの主張の学問的価値を承認し、これらの主張は制度の経済社会学において展開されるべきであると論じた。

シュンペーターは観点の(5)と(6)には大きな関心を示さなかった。(5)は社会事象の認識の一般性と個別性との対立の問題であり、(6)は社会認識の普遍性と相対性との対立の問題である。歴史学派の立場は、個別性と相対性への関心によって特徴づけられるが、彼はこのことによって一般的かつ普遍的な知識の可能性への道をふさいではならないと論じた。マックス・ヴェーバーの方法論的研究は、「理解」と「理念型」を中心とするものであり、まさに(5)と(6)の問題に解決を提供するものであった。

シュンペーターは、歴史学派はシュモラーにおいて真正の学派として成立したと見なしているから、[15] われわれがシュンペーターと歴史学派との関係を論ずる限り、歴史学派の主張をシュモラーによって代表させて考えるのが便利である。シュモラー以前の歴史学派は一般に経済学研究における歴史的方法の重要性を強調したが、歴史と倫理とを結合したのはシュモラーである。事実、シュモラーは彼の学派を「歴史的・倫理的」と呼んだ。[16]

シュモラーの歴史的・倫理的接近方法の挑戦がどのような衝撃を与えたかは、その方法の二つの側面が引き起こした二つの論争によって説明することができよう。それはシュモラーとメンガーとの間の「方法論争」と、シュモラーとヴェーバーとの間の「価値判断論争」である。シュモラーはこの二つの戦いにおいてともに敗北したとしばしば主張されているが、このような主張は公平ではない。なぜなら、理論と歴史とがどちらも必要な研究方法であることは分かっており、また価値判断が科学によって基礎づけられないことは分かっているからである。論争は多分に論点のすれ違いに基くものであった。シュンペーターは一九二六年の有名な論文の中で、シュモラーの接近方法の歴史的・倫理的の二面について吟味を行い、新しい生産的解釈を示した。[17]

シュンペーターはシュモラーの研究計画を経済社会学の原型として解釈し、その研究計画の目標を「思惟的に

（理論的に）加工された普遍的歴史としての統一的社会学ないし社会科学[18]」と特徴づけた。しかし、彼はシュモラーの研究計画をそのまま容認したのではない。彼は、方法論的観点から理論と歴史との統合を図るために、歴史学派の研究計画を再構築したのである。歴史的と倫理的の二面について、シュンペーターの立場を検討しよう。

シュンペーターは歴史的視野の重要性に対するシュモラーの信念を受け入れたが、歴史資料を単に収集し、分類し、要約し、アドホックな説明を与えることに甘んじているのでなく、そのような資料から理論を構築する必要性を強調した。資料収集は、言ってみれば、歴史学派が陥りがちな底無しの泥沼であった。彼にとって、経済社会学は本質的に歴史と理論との間の絶えざる相互交渉によって特徴づけられるものであって、彼は、シュモラーの研究計画における終わりのない資料収集の過程にブレーキを掛けようとした。そうするために、彼は方法論的視点に依拠した。

シュンペーターの方法論は道具主義である。これは、彼が最初の書物『理論経済学の本質と主要内容』において、まさに「方法論争」に向けて展開したものである。彼にとって、経済社会学は理論の一部であり、制度に焦点を置いた一般化された経済史である。これが、彼の言う「理念化された歴史」(reasoned history) である。したがって、経済社会学は道具主義方法論に従う。この立場から、彼はシュモラーの研究計画を批判的に評価し、その再構築を図ったのである。

シュモラーは後に方法論争を回顧して、次のように書いている。

> 「今日では、理論と歴史の間の論争はすっかり背後に退いてしまっている。それは、次のような認識のためである。各研究者は個人的資質や研究の性質に応じて、取り上げる問題に応じて、研究主題の範囲の大小に応じて、また未解決の問題の研究か解決済みの問題の記述かに応じて、当然のことながら、より多く帰納の方法を用いたり、より多く演繹の方法を用いたり、あるいは両方の方法を用いている。したがって、一方の方法が

他方の方法に比べて優れているかどうかを一般的に論ずることは不可能である」[19]。方法論争時のシュモラーの言説と比べると、これは注目すべき変化である。しかし、シュモラーとシュンペーターとの間にはなお重要な相違が存在する。シュモラーにとっては、理論は経験的観察の要約ないし一般化であって、複雑な社会現象についての演繹的推論は、十分な量の帰納的研究が蓄積した後に初めて可能となるというものであった。それに対して、シュンペーターの道具主義は、仮定や仮説は人間の精神が作り出した恣意的な産物であって、事実によって正当化される必要はないと主張する。仮定から導かれた理論は、事実の記述ではなく、事実を理解したり説明したりするための道具にすぎない。経験的資料がシュモラーの基準に照らして不足しているときでも、道具主義は演繹的推論を可能にする。理論は、単に観察される事実を収集し、分類し、要約し、体系化するための道具として有用であるだけでなく、これまで見出されていない事実を発掘し、予測し、発見する道具としても有用である。したがって、理論的定式化は、シュモラーのような歴史的志向を持った研究計画にとってむしろ不可欠である。

次に、シュモラーの研究計画における倫理的側面を取り上げよう。これについては、事実と価値の二分法といった素朴な考え方以上のものが必要である。経済学は価値から自由でなければならないという単純な考えによって、シュモラーの倫理的接近を事実と価値とを混同するものとして拒否するのは誤りである。

経済制度や組織についてのシュモラーの考えは、それらは単に自然的・技術的であるのではなく、同時に精神的・倫理的であるというものである。彼は、制度の歴史的進化は経済学の課題でなければならないと主張し、慣習、法律、道徳を制度の社会的決定因と見なした。彼は次のように書いている。

「経済行為や経済制度は、価値現象や本能のようなものからのみ導かれるべきものではなく、今日の精神科学の統一に応じて心理的諸力一般から、感情と衝動から、倫理的観念から導かれなければならず、経済行為は道徳、慣習、法律の枠の中で心理的に把握されなければならない」[20]。

シュモラーは経済学における倫理的要因の取り扱いにおいて十分に慎重であった。シュンペーターの議論を見る前に、シュモラーの倫理的アプローチの特徴を要約しておこう[21]。

第一に、シュモラーにとって、倫理とは、彼自身の主観的価値判断を指すのではなく、歴史的事実としての客観的道徳判断を意味する。彼にとっては、倫理は制度変化の歴史的研究における経験的素材である。なぜなら、これらの価値は多かれ少なかれ制度の中に体現されているからである。シュモラーはこう書いている。「倫理学そのものが次第に経験主義的になり、当為を教えるよりも、むしろ倫理的義務、徳目、善を歴史的発展の形で叙述するようになると、当然のことながら、倫理学における信念の要素とその作用は後退する。したがって、倫理学は社会科学や国家科学、すなわち今日社会学と呼ばれているものに近づく」[22]。われわれはこのような倫理的価値を事実としての価値と呼ぶことができる。

第二に、事実としての価値を扱うに当って、シュモラーは個々の政党や社会階級によって主張されている党派的価値ではなく、全体の利益に関わる普遍妥当的な価値を論ずることを主張した。彼は倫理体系が経験的に統一される傾向を確信していた。

「人々は多くの個々の点について、また倫理的真理の導出について、また倫理体系の科学的構築について、争うかもしれないが、最も重要な現実的価値判断については、同じ民族、同じ文化時代の善良な、水準の高い人たちは次第に一致するようになる」[23]。

第三に、シュモラーの倫理的接近は、単に道徳的事実を認識することを意図するだけではなく、目的論的定式化を持つ点に特徴がある。もし社会をそれ自身の目的を持つ統一体と見ることができるならば、すなわち全体論を仮定することができるならば、目的論的研究が可能となる。倫理的価値は全体としての社会を支配するという目的をを持つから、倫理を内包する制度組織の研究においては目的論が有効であると考えられよう。シュモラーにとって、目的論の主たる内容となる倫理的価値は正義であった。彼はこう言っている。

「あらゆる国民の経済組織は、長い間考えられてきたように、自然的産物ではなく、主として、異なった社会階級との関係において何が正しいか、何が正義であるかに関するその時々の倫理観の産物である」(24)。

さらに、重要なことは、シュモラーにとって目的論は、経験的知識が不足しているときに、経験的研究を補完する「発見的補助手段」と見なされたことである。すなわち、

「目的論的考察は、内面的因果関係の知られていない現象の総体を、一つの全体として把握する最も重要な方法である。それは、体系的観察が現象ないし真理の全体を統一的に整序し把握しようとするものである限り、体系的観察に類似している」(25)。

さて、シュンペーターのシュモラー論は、歴史学派の歴史的接近について、それをいっそう理論的に定式化する必要を論じたものとして、しばしば言及されているが、その論文が扱っている歴史学派の倫理的接近についてはまったく注目されていない。この側面は規範についてのシュンペーターの考えに対して、新しい光を投ずるであろう。シュンペーターは、シュモラーが特定の党派的立場を主張することなしに、また既存の社会秩序を擁護することなしに、また彼自身の選好を表明することなしに、政策や制度を論じたと見ている点で正しい。シュンペーターは、普遍的に妥当する倫理的価値をどのようにして提案することができるかに関心を持った。彼は資本主義における合理化の趨勢の中で利害の対立が減少していくと考えた。

「合理化、平等化、機械化、民主化といったものは、資本主義文明の本質の一面をなすが、これらのものは願望の統一をいっそう容易にする。資本主義の合理化された世界においては、各政党はその聖なる旗印を失う」(26)。

科学の進歩、現実的な政策の進展によって、イデオロギー的幻想に基く対立は減少する。合理主義が科学からイデオロギーを放逐するのと同じように、社会からイデオロギーを放逐する。「あらゆる与えられた状況の中で、科学的手段によって目的設定が可能になるに十分なほど、社会的願望が統一される時代が近づきつつある」(27)。われわれはこれを歴史の本質的動向と呼ぶ。

シュンペーターによれば、シュモラーは歴史の本質的動向を踏まえて、政策目的が統一され、ある倫理的価値が制度の中に体現されると論じたのである。シュンペーターが資本主義の変貌を論じたとき、彼は資本主義の制度の中に体現されている時代精神、倫理的価値、物の考え方という言葉を用い、それらを経済社会学の道具によって論ずべき決定的要因と見なした。

シュモラーの進化的経済学の基本的枠組みは、発展段階説によって示された。村落経済、都市経済、地域経済、国民経済といった発展段階のシェーマは、地域共同体が市場における自由な企業活動をコントロールする形で、広義の社会政策の担い手となるという考え方に基いている。この発展段階のシェーマは、倫理と経済との間の相互作用、精神的・社会的要因と自然的・技術的要因との間の相互作用によって、制度進化がもたらされると見る。この枠組みは、社会の上部構造と下部構造との間の相互関係に関するマルクスの唯物史観や、経済領域と非経済領域との間の相互作用に関するシュンペーターの経済社会学と比すべきものである。

3　経済社会学の用具

『資本主義・社会主義・民主主義』において、シュンペーターは、資本主義は成功のゆえに崩壊するという有名な命題を提起した。この書物は逆説的で奇矯な即興作と見なされることがあるが、実は経済社会学の真面目な著作であり、その学問的構成要素は彼が長年にわたって作り上げてきたものである。

しかし、この書物ほど誤解を受けてきたものはない。たとえば、一番近いところでは、『フォリン・アフェアズ』誌が創刊七五周年記念号において、「過去七五年間における最も重要な書物」を数十冊選んでいるが、フランシス・フクヤマは『資本主義・社会主義・民主主義』について次のような批評をしている。これは同書についての一般的な誤解の代表例である。「シュンペーターの書物は今世紀における最も絢爛たる誤謬の書の一つである。それは、資本主義の克服しがたい文化的矛盾のために、究極的には社会主義がそれにとって代わると予測したのである(28)」。

もしシュンペーターが実際に社会主義の到来を予測したとすれば、彼が誤っていたというのは当然である。今日の資本主義は滅亡しつつあるどころか、逆に社会主義が崩壊し、資本主義に移行しつつあるからである。しかし、彼はそのような予測をしたのではない。誤解を解くために、若干の方法論的注釈が必要である。

第一に、シュンペーターが考えた社会主義とは、発展の遅れた国々において独裁制によって運営されている開発志向型の社会主義のことではない。彼によれば、資本主義が成長し成熟すると、歴史的に変貌せざるをえず、社会主義は、いわば最高の発展段階における資本主義である。シュンペーターの読者は社会主義の二つのタイプを混同してはならない。さらに、彼は未成熟な段階における社会主義化は経済的に失敗し、政治的弾圧をもたらすと主張したから、現代世界において社会主義国家が相次いで崩壊したことは、彼の命題の正しさを証明するものである。

第二に、シュンペーターは資本主義が自動的に社会主義をもたらすとは言っていない。そうではなく、もし資本主義に内在する傾向が働き尽くすならば、社会主義は実現可能になるというのである。またそれが可能になったとしても、自動的にではなく、政治的選択によってのみ可能になる。もし大規模な政治的選択によって資本主義の再生が図られるならば、社会主義への傾向は逆転されるのである。

彼は、彼の議論が敗北主義的であるという批判に対して、次のように述べた。

「船が沈みつつあるという報告は、けっして敗北主義ではない。この報告を受け取る人の心構えのみが敗北主義になりうるにすぎない。たとえば、この場合、船員は座して酒を飲むこともできる。しかし、船を救うためにポンプに突進することもできる。報告が注意深く実証されているにもかかわらず、それを単に否定するだけの人がいるとすれば、そのような人は逃避主義者である(29)」。

一九八〇年代のサッチャー・レーガン革命に始まった小さな政府の追求は、多くの先進諸国において共通の努力となった。主導的な考え方は、市場原理に重点を置き、政府規制の緩和、福祉国家の再構築、行政効率の改善を行うことである。

たしかに、一九二〇年代および三〇年代においては、資本主義国は失業と不平等という二つの弊害に悩まされ、同時に共産主義からのイデオロギー的挑戦を受けた。しかし、彼らはケインズの完全雇用政策とビバリッジの社会保障制度によって、危機を脱することができた。ところが、市場への政府の絶えざる介入はやがて資本主義体制の機能に不利な影響を及ぼすこととなった。なぜなら、社会政策の下にある資本主義は次第に社会主義に接近したからである。シュンペーターはこのような事態を「酸素室の中の資本主義」とか「足枷をはめられた資本主義」と呼び、警告を発し続けた。今日の先進資本主義国における行財政改革の試みは、シュンペーターが船を救うためにポンプに突進すると呼んだものにほかならない。制度改革の現実の過程は、歴史の本質的傾向をめぐってジグザグの経路を取るものであって、「一世紀といえども短期である(30)」。

第三に、シュンペーターの議論は、社会主義が望ましいという価値判断には依存していない。イデオロギーに関しては、彼は社会主義に対して否定的であったが、科学に関しては、彼は社会主義への傾向を仮説として提起したのである。第一次大戦後、彼は社会主義者ではないにもかかわらず、ドイツの社会化委員会やオーストリアの内閣に参画した。なぜかと問われて、彼はこう言ったと言われている。「誰かが自殺をしようとしているとき、医者がそばにいてやった方がよいだろう」。

以上が、方法論的注釈である。シュンペーターは、社会主義への傾向についての推論を次のようにまとめている。[31] (1)革新が組織化され、自動化され、日常化されるようになると、経済発展は政府の官僚機構における専門家のするような仕事となり、革新を担う企業者の機能と社会的地位は失われる。(2)合理性の進展のために、道徳、規律、慣習、制度の面で資本主義を支えてきた前資本主義的要素が消滅する。(3)資本主義の発展は、資本主義に対して敵対的な知識階級と民主的な政治体制を生み出す。(4)経済的成功を基準とする資本主義の価値観が力を失い、平等化、社会保障、政府統制、余暇といったものを好む考え方が強くなる。

『資本主義・社会主義・民主主義』の読者は、彼の華麗な筆致によって魅了され、そこに経済社会学の枠組みがあるということを看過しがちである。そこで展開されたシュンペーターの経済社会学の用具は、次のようなサブモデルから成り立っている。(1)革新の一般理論、(2)社会階級の理論、(3)社会価値ないし社会的リーダーシップの理論、(4)時代精神ないしイデオロギーの理論、(5)経済領域と非経済領域との間の相互作用の理論。これらを逐次説明しよう。

シュンペーターは、社会のさまざまな領域には、新しいことの導入によって既存の秩序を破壊し、それによって時代の流れを形成することに成功する少数の人がいると主張した。このような能動的・革新的な人間は、適応的・慣行的行動パターンをとる大多数の人々と対照的である。彼らは指導者と呼ばれる。企業者は経済の領域における指導者である。この人間類型の二分法に基づいて、シュンペーターはさまざまな社会領域において静態と動態とを区別した。

さまざまな領域における指導者は、それぞれの仕方で社会の階層を登り、社会階級を形成する。シュンペーターの社会階級論は社会諸領域におけるパーフォーマンスを総括し、総合的社会科学のための概念的かなめとなる。社会階級論は経済学から経済社会学への移行のための足場を与える。彼の主な論点は次のようである。企業者は経済的ピラミッドだけでなく、社会的ピラミッドの頂点に立ち、時代の精神、文化、政治に影響を及ぼす。しかし、企業者以外にも指導者が存在するから、社会的ピラミッドは経済的素材のみによってできているのではない。社会的ピラミッドは単一の階層だけで成り立つのではなく、歴史的タイムラグを持った新旧の階層から成り立つ。

社会階級の理論は二つの基礎概念と結びついている。社会的価値（社会的リーダーシップ）と時代精神である。それぞれの社会領域は、環境条件から社会に課せられる特定の課題を果たすという社会的機能（経済的、イデオロギー的、軍事的、政治的など）を持ち、それを果たすことによって社会階級が形成される。個々の社会領域に課せられる社会的機能は同じ地位を持つのではない。階級のヒエラルキーが社会秩序を形成しているが、これは社会的機能の相対的重要性によって決定される。重要な社会的機能を持つものが、社会的価値ないし社会的リーダーシップを持つ。いわゆる上部構造は意識、文化、制度的仕組みとして作られているが、これらは社会的価値と社会的リーダーシップを賦与されている階級と特別の関係を持っている。シュンペーターの時代精神ないしイデオロギーの概念は、社会の上部構造を言い表すために象徴的に用いられている。それは時代の文化、物の考え方、価値図式を包含するものであり、シュモラーの倫理の概念に対応する。すでに述べたように、後者は規範的命令ではなく、事実的価値を表すものである。

資本主義の時代においては、経済的領域は最大の社会的価値を持ち、社会の基本的な物の見方を支配していると考えられるために、シュンペーターがいわば戦略的に経済社会学に焦点を置き、経済領域と非経済的制度環境との相互作用という形をとったことは理解できる。このような社会像においては、社会階級の概念はかなめをなしており、社会的リーダーシップを賦与された経済機構と非経済的上部構造との間の相互作用を媒介する位置にある。このような接近は、類似の相互関係を扱うマルクスの唯物史観と比較すべきものである。

さて、シュンペーターの資本主義崩壊論は、以上のような経済社会学の用具に基いて、経済機構と上部構造との間の歴史的に特殊な関係から導かれたものである。彼の命題の真髄は、企業者とブルジョワ階級との間の対立関係、いいかえれば反合理主義的な企業者精神と合理主義的なブルジョワ的精神との間の対立関係である。ブルジョワ階級は事業者階級と資本家階級の合計である。企業者は階級を形成するものではないが、成功した企業者は、その出自を問わず、家族とともにブルジョワ階級に入る。資本主義の文明が合理主義であるのと同じように、ブルジョワ階級のイデオロギーは合理主義である。それに対して、企業者のイデオロギーは反合理主義であり、反快楽主義である。ブルジョワ階級から生まれる合理主義イデオロギーは、企業者精神の温床に対して不利な影響を与える。こうして経済的世界は、資本主義の反浪漫主義と反英雄主義の文明の中にあっても、企業者精神の形で生き延びていたロマンスと英雄主義の唯一の源泉を失ってしまうのである。シュンペーターはこう書いている。

「資本主義の過程は行動と思想を合理化し、そうすることによって、われわれの心から、形而上学的な信念と並んで、あらゆる種類の神秘的、浪漫的な思想を追放する。……また、資本主義的文明は浪漫的であり、「同時に反英雄的」である。両者はもちろん共存する。産業および商業における成功は多大の精力を必要とする。しかし、産業および商業の活動は騎士の意味では本質的に反英雄的である。……そして戦闘のための戦闘という観念、勝利のための勝利という観念を賛美するイデオロギーは、数字の列に取り囲まれた事務所の中では完全にしぼんでしまう(32)」。

私の解釈では、シュンペーターの命題は、一般論としては、社会的リーダーシップ対時代精神という対立項の社会学的枠組みに照らして解釈すべきである。イデオロギー的な文脈で見れば、その命題は英雄主義対合理主義という対立項の中で解釈される。このように究極的に分析すると、シュンペーターの経済社会学は一種のヘーゲル的理念主義に還元される。サムエルソンの記憶しているハーバードのセミナーがこの点を例証する。[33] その夜、ワシリー・レオンティエフは、資本主義の将来についてのポール・スウィージーとシュンペーターの討論を巧みにこう要約したという。マルクスに依拠してスウィージーは、資本主義は悪性のがんによって死につつあるという。他方、シュンペーターは、資本主義は心身症によって死につつあるという。上部構造と下部構造との間の因果関係は、マルクスとシュンペーターの診断では逆転している。ヘーゲルを逆転したマルクスは、シュンペーターによって再び逆転させせられたのであろうか。

4　結　論

以上の議論から、シュンペーターと歴史学派との関係について四点の総括をしよう。

(1)道具主義。方法論争に対するシュンペーターの貢献は、道具主義の経済学方法論の定式化であった。方法論争に対する解決としては、マックス・ヴェーバーの理念型についての方法論研究がもっぱら取り上げられるが、シュンペーターの道具主義もそれに劣らず重要である。むしろ両者の方法論の類似性に注目すべきである。そして両者の接近を新カント派科学哲学とマッハ科学哲学との想源の違いに照らして解釈することが啓発的である。

(2)歴史主義。シュンペーターは歴史学派から歴史主義の観念を受け取り、それを発展と社会生活の統一性との結合した主張として解釈した。その主張は歴史研究の主題を定義するものである。彼によれば、発展の視点からのみ、歴史的事実は社会生活の相互依存性と統一性を示すことになる。彼は歴史と理論との統合の必要性を強調した。彼にとっては、資料編集学（historiography）でなく経済社会学こそが歴史主義を担うものであった。理念化された歴史がモノグラフィーとしての歴史に取って代わるものであった。彼の経済社会学の要請は、方法論的には道具主義によって支えられた。

(3)進化主義。進化的科学としてのシュンペーターの経済社会学は、経済的領域と非経済的領域との間の相互交渉を分析するものであるが、それはシュモラーの倫理と経済の二分法、およびマルクスの上部構造と下部構造の二分法と比較される。シュンペーターの経済発展の理論は、経済の領域に限られているために、完全には進化的ではない。彼の経済社会学のアプローチは、シュモラー、マルクス、コント、パレートなどの体系と比較されるべきである。これらの体系は経済学と社会学とを統合しており、多かれ少なかれ広範な社会像を描いている。

(4)制度主義。シュンペーターは経済社会学を経済制度の分析と定義した。彼は制度の進化を主題としたシュモラーの研究計画を受容した。歴史的・倫理的方法の主唱者であったシュモラーは、三種の規範（慣習、法律、道徳）が経済的、社会的制度の中に埋め込まれていると主張し、精神的・倫理的要素と自然的・技術的要素との間の相互作用に基く制度進化の段階説を提起した。経済社会学に基づくシュンペーターの資本主義崩壊の命題は、シュモラーの倫理と経済との間の相互作用の分析の一形態と解釈することができる。シュンペーターにおける制度の精神的・倫理的側面の分析は、ヴェーバーのプロテスタンティズムの倫理と資本主義の精神に関する研究と比較できよう。

最後に、経済社会学の産物である『資本主義・社会主義・民主主義』の性格を明らかにしよう。それが倫理、精神、価値図式を含むということが決定的に重要であるが、その取り扱いは普通の倫理学やイデオロギーの主張とは異なる。これらの要因は制度に内在するものであり、したがって科学の対象であり、事実的価値として分析される。価値図式と経済機構との間の整合性ないし非整合性を分析し、この観点から制度の進化を論ずることは経済社会学の課題である。これはドイツ歴史学派の伝統における顕著な特質である。

注

（1） 塩野谷祐一『シュンペーター的思考——総合的社会科学の構想』東洋経済新報社、一九九五年。Y. Shionoya, *Schumpeter and the Idea of Social Science: A Metatheoretical Study,* Cambridge: Cambridge University Press, 1997.

（2） Y. Shionoya, "Instrumentalism in Schumpeter's Economic Methodology", *History of Political Economy,* 22, 1990, pp. 187-222.

（3） Y. Shionoya, "Schumpeter on Schmoller and Weber: A Methodology of Economic Sociology", *History of Political Economy,* 23, 1991, pp. 193-219. Y. Shionoya, "Getting Back Max Weber from Sociology to Economics", in H. Rieter (Ed.), *Studien zur Entwicklung der ökonomischen Theorie,* XV, Berlin: Duncker&Humblot, 1996, S. 47-66.

（4） J. A. Schumpeter, "Preface to the Japanese Edition of *Theorie der wirtschaftlichen Entwicklung*", Tokyo: Iwanami Shoten, 1937. Reprinted in R. V. Clemence (Ed.), *Essays of J. A. Schumpeter,* Cambridge, MA: Addison-Wesley Press, 1951, pp. 158-63.〔塩野谷祐一・中山伊知郎・東畑精一訳『経済発展の理論』上、岩波書店、一九七七年〕。

（5） Y. Shionoya, "The Origin of the Schumpeterian Research Programme: A Chapter Omitted from Schumpeter's *Theory of Economic Development*", *Journal of Institutional and Theoretical Economics,* 146, 1990, pp. 314-27.

（6） J. A. Schumpeter, *The Theory of Economic Development,* Cambridge, MA: Harvard University Press, 1934, p. xi.

（7） J. A. Schumpeter, *Business Cycles,* New York: McGraw-Hill, 1939, vol. 1, pp. 36-37.〔吉田昇三監修『景気循環論』I、有斐閣、一九五八年〕。

（8） J. A. Schumpeter, "Die sozialen Klassen in ethnisch homogenen Milieu", *Archiv für Sozialwissenschaft und Sozialpolitik,* 57, 1927, S. 1-67.〔都留重人訳『帝国主義と社会階級』岩波書店、一九五六年〕。

（9） J. A. Schumpeter, *Business Cycles,* vol. 1, p. 220.

（10） *Ibid.,* p. 222.

（11） G. von Schmoller, "Volkswirtschaft, Volkswirtschaftslehre und-methode", in *Handwörterbuch der Staatswissenschaften,* Jena: Verlag von Gustav Fischer, 3rd ed., vol. 8, 1911, S. 464-65.〔戸田武雄訳『国民経済、国民経済学及び方法』有斐閣、一九三八年〕。

(12) Y. Shionoya,"Reflections on Schumpeter's *History of Economic Analysis* in Light of His Universal Social Science", in J. P. Henderson (Ed.), *The State of the History of Economics*, London: Routledge, 1997, pp. 81-104.

(13) J. A. Schumpeter, *Epochen der Dogmen-und Methodengeschichte*, Tübingen: J. C. B. Mohr, 1914, S. 110-13.〔中山伊知郎・東畑精一訳『経済学史』岩波書店、一九八〇年〕。

(14) J. A. Schumpeter, *History of Economic Analysis*, New York: Oxford University Press, 1954, p. 13.〔東畑精一訳『経済分析の歴史』I、岩波書店、一九五五年〕。

(15) J. A. Schumpeter, *History of Economic Analysis*, p. 809.

(16) Y. Shionoya,"Methodological Appraisal of Schmoller's Research Program", in P. Koslowski (Ed.), *The Theory of Ethical Economy in the Historical School*, Berlin: Springer-Verlag, 1995, pp. 57-80.

(17) J. A. Schumpeter,"Gustav v. Schmoller und die Probleme von heute", *Schmollers Jahrbuch*, 50, 1926, S. 337-88.〔玉野井芳郎監訳『社会科学の過去と未来』ダイヤモンド社、一九七二年〕。

(18) *Ibid.*, S. 382.

(19) G. von Schmoller,"Volkswirtschaft", S. 479.

(20) G. von Schmoller,"Volkswirtschaft", S. 448.

(21) Y. Shionoya,"Methodological Appraisal of Schmoller's Research Program", S. 71-77.

(22) G. von Schmoller,"Volkswirtschaft", S. 438.

(23) G. von Schmoller,"Volkswirtschaft", S. 494-95.

(24) G. von Schmoller,"Die sociale Frage und der preussische Staat", *Preussische Jahrbuch*, 33, 1874. Reprinted in *Zur Social- und Gewerbepolitik der Gegenwart*, Leipzig: Duncker & Humblot, 1890, S. 55-56.

(25) G. von Schmoller,"Volkswirtschaft", S. 437.

(26) J. A. Schumpeter,"Gustav v. Schmoller und die Probleme von heute", S. 350.

(27) J. A. Schumpeter,"Gustav v. Schmoller und die Probleme von heute", S. 351.

(28) *Foreign Affairs*, September-October 1997, p. 214.

(29) J. A. Schumpeter, *Capitalism, Socialism and Democracy,* 3rd ed., New York: Harper & Brothers, p. xi.〔中山伊知郎・東畑精一訳『資本主義・社会主義・民主主義』上、東洋経済新報社、一九五一年〕。

(30) J. A. Schumpeter, *Capitalism, Socialism and Democracy,* 3rd ed., p. 163.

(31) J. A. Schumpeter, "March into Socialism", *American Economic Review,* 40, 1950, pp. 446-56.

(32) J. A. Schumpeter, *Capitalism, Socialism and Democracy,* 3rd ed., pp. 127-28.

(33) P. A. Samuelson, "Schumpeter's *Capitalism, Socialism and Democracy*", in A. Heertje (Ed.), *Schumpeter's Vision: Capitalism, Socialism and Democracy after 40 Years,* New York: Praeger, 1981, p. 8.〔西部邁他訳『シュンペーターのヴィジョン』ホルト・サンダース、一九八三年〕。

第7章　アメリカ制度学派の形成とドイツ歴史学派
——シュンペーターの批判を手掛かりに——

高　哲男

はじめに

ある意味で歴史学派についても同じことを言いうるが、制度学派（Institutional School）ないし制度経済学（Institutional Economics）とは一体どのような「理論」内容のものかについては、いまなお定説が定まっているとは言い難い。

もともと両者は、個人主義的な自由放任の経済思想に対抗しつつ形成・展開されたという点で、共通する特徴をもつ。古典学派以降の「経済人」の概念に基づく功利主義的な合理的経済行動がもたらすはずの自由競争的な秩序形成の原理に対して、ともに懐疑的な態度を示しつづけた。価格決定の理論体系としての静態的な経済学ではなく、発展し変化してゆく社会制度の動態プロセスを理論的に解明しようと試みたもので、歴史学派は演繹的な理論研究よりも機能的・歴史的な研究方法を、制度学派は演繹的な理論研究よりも具体的な制度研究の必要性を、それぞれ強調したと見ることができるからである。

もっとも、およそ制度はすべて歴史的に形成・発展するものであるから、制度研究は広い意味で歴史研究であり、制度学派もまた歴史学派の一員だということになるのは当然である。このような理解は、シュモラーとミッチェルの間の共通性を方法論の次元で強調したシュンペーターにより(1)、いち早く提起された。また、現代的な問題意識から「ドイツ歴史学派」の再解釈を試み、シュモラーは「歴史的視野における倫理と制度との関係を基軸として、新しいパラダイムをもった経済学すなわち進化論的経済学ないし制度派経済学を構想した(2)」と積極的に評価する見地に立てば、制度経済学は、ひろく歴史派経済学の方法の中に含めて理解・再構成さるべきものとなろう。

だが、そのような評価だけで十分とはいえまい。現代的な観点から、方法論的次元で大胆な再構成の試みを行う一方で、歴史的なコンテクストに即しつつ、アメリカの制度派経済学がどのような過程で生成し展開していったかをひとまず正確に理解する試みも、たとえ迂遠な作業に見えようとも、欠かせぬ作業ではなかろうか。「いかなるものであったか」という問いは、当然「いかなるものであるか」を、従ってまた「いかなるものでありうるか」という問いを、秘めている。この意味で、それは未来展望的なものでありうるし、また、そこに内在的な学説史研究がもつ固有の意義を見出すことができるからである。

1　「知的運動」としての制度経済学

「制度経済学」という言葉が広く使われ始めたのは、第一次世界大戦終結の直後、つまり一九一八年一二月末のアメリカ経済学会第三一回大会におけるW・H・ハミルトンの報告「経済理論への制度的アプローチ」であった。(3) 彼の主張は、経済学はたんなる価値・価格関係の次元でのみ展開されてはならず、広く社会現象全体がもつ機能的な相互連関の内実を解明し、そのもつ意味や意義を「人間の福祉」という観点から明らかにすべきだというものであった。経済理論は、①経済科学を総合するものであり、②管理（control）という時代の課題と結合していなければならず、③その固有の研究対象は制度であって、④その関心は過程（process）の解明に向けられているがゆえに、⑤人間行動に関する適切な理論に立脚していなければならない、と言うのである。(4) すでに筆者が指摘したように、(5) 経済学を「管理」の問題と結び付けるハミルトンの問題意識が、独占の確立や労使対立の激化というような自由競争がもたらした問題だけでなく、第一次世界大戦中に総計一二〇名に上る経済学者をワシントンに送り込みながら、さほど効果的な管理や統制が実行できなかったことに対する反省や、戦後体制の再建に向けた経済管理プログラムの模索、という時論的な性格を強く帯びた主張であったことは確かであった。

もちろん、問題や課題自身の変化だけでなく、それを捉える視角や方法の変化にこそ強調があったのも事実である。制度とは発展・変化する社会装置であり、主体的で意志的な人間行為も、結局は無意識のうちに従来からの思考習慣つまり制度によって規定されざるを得ないというヴェブレンが提起した「制度発展の理論」を、具体的に展開しようという呼びかけであったからである。制度という社会装置の全体的な機能やその発展・変化の過程を解明する制度経済学は、人間行動の規制原理としてはたらく制度の役割を明確化することにより、逆に意識的な新しい制度形成、つまり「人間の福祉」を根底に見据えた社会的な管理・統制の手段や枠組みを構想することができる、という主張なのである。これは、同じ討論会でJ・M・クラークが「社会的再調整時代の経済学」の中で提唱した「社会経済学」と内容的にほぼ重なるもので、「組織的な機構としての社会の機能」を解明する社会経済学研究を推進すれば、父J・B・クラークが構想しつつも果たせなかった「動態経済学」を展開できるという彼の指摘のなかに、(6)明らかに窺われることでもあった。

もっとも、「管理・統制（control）という言葉を額面どおりに理解してはならない。control という言葉には、いわゆる管理・統制という意味とともに、restraint（抑制）という意味がある。ハミルトンやクラークとともに共同討論会で報告した社会学者W・F・オグバーンが、「社会的統制、風習、ないし集団心理は一種の抑圧力として機能するのであって、きわめて多くの利己主義的な性向を抑制し、博愛的な思考に対する賞賛を引き出す」(7)と指摘した事実に明らかなところである。

したがって、こう言うことができよう。制度経済学の生誕は、第一次世界大戦がもたらした経済社会構造の大地殻変動という事態を見据えて、まさに緊急の課題である「社会的再調整」を実現して行くために、思考習慣としての「制度」がもつ特質を多面的に研究しようという知的な運動のスローガンであったと。J・ドーフマンの指摘、つまり「彼らの考えは一つの運動にまで膨れ上がり、その名前である〝制度主義〟は一九二〇〜三〇年代にかけて広く流布するようになった。いうまでもなくその起源はさらに昔にさかのぼる。この運動の〝設立の父〟はソースティン・ヴェブレンであり、その後にはウィズレイ・C・ミッチェルとジョン・R・コモンズとがいた[8]」という主張は、このような文脈の中で理解されなければならないのである。

だが、そうであればこそ逆に、新たな疑問が生じてくる。制度経済学を一つの知的運動と見るにしても、ミッチェルやコモンズが声高に制度経済学を提唱し始めたのは一九二〇年代になってのことであったという事実を、どのように理解すれば良いかという問題である。ミッチェルやコモンズは、「設立の父」ヴェブレンに対してどのように「後に」続き、ヴェブレンはどのような意味で「設立の父」であったか。確かに彼は、この知的運動に参加した経済学者たちを中心に一九二五年にアメリカ経済学会会長に推薦されたが（結局、彼は受けなかった）、ヴェブレンの主張は一貫して「進化論的科学」としての経済学であったし、彼自身が二〇年代にこの「知的な運動」に積極的に参加した事実もなかったからである。まずはミッチェルとコモンズが提唱した制度経済学の中身を確かめておく必要がある。

2　ミッチェルの制度経済学

制度経済学の方法やそれを促進する必要性にかんするミッチェルの主張は、その大部分が『時代遅れな貨幣支出の方法[9]』に収録されている。当面の課題と直接関連するものは、一九二四年一二月のアメリカ経済学会会長講演「経済理論における数量的分析[10]」と「経済学の展望[11]」であるが、後者についてはすでに若干考察を加えたこともあるから[12]、ここでは前者に考察の対象を絞ろう。このミッチェルの論文は、「シュモラーをもってミッチェルとそのグループたるアメリカ制度学派の父であると述べ、制度学派をドイツ歴史学派に解消し、そのアメリカ版と見る見解に途を開くことになった」[13]論文「シュモラーと今日の諸問題」[14]で、シュンペーターが直接批判的考察の対象に取り上げた論文でもあったから[15]、シュンペーターの主張と対比することによってわれわれは、逆に、ミッチェルの言う制度経済学の基本的な特徴を浮き彫りできるという利点を持つ。

過去、経済学でなされてきた大部分の研究は「定性的な分析」であって、「より高度かつ困難な定量的な分析の仕事」は、「実際的な統計が綿密に整備されることを待つほかにない」という一九〇九年にA・マーシャルが行った主張の引用に始まるこの論文でミッチェルが主張したことは、以下の二点であった[16]。

①すでにアメリカでは、世界に先駆けて現実的な統計の徹底的な整備・研究が、各種政府機関、大学の研究所、The Institute of Economics や The National Bureau of Economic Research などの研究財団によってなされ始めている。このような定量的な研究の進展が従来からの定性的な経済学研究に反省を迫り、より現実的な理論構築を促すことは間違いない。もっとも、「定量的な研究は性質の区別なしには遂行し得ない」から、定性的研究と定量的研究とはあくまでも相互補完的なものである。現実的な知識や認識を追究する定量的な研究は、実際には多方面にわたるものであって、結果的に経済学研究は、今後ますます著しく細分化するであろう。だから、「定量的な研究成果をいかに包括的にサーベイしようと試みた」としても、けっして「スミス、リカードウ、ミル、マーシャルの著作を超えることはできないであろう」のは、当然のことである。定量的な研究がもつ意義は、人間の経済行動を「より正確な統計資料」に基づいて客観的に理解することをつうじて、より現実的で定性的な経済学研究を促進することである。

②研究対象である時系列的資料は、基本的に二つの部類、つまり実物的なタームと貨幣的なそれとから成り立っている。だが、「現代の定量的な研究者は、古典派経済学者やその追従者たちが成し得たほどには、実際に何をしているかを知ることなくこの二つのレベルの間を行き来することはできない」という重要な点を十分に自覚すべき

だ。金銭的な制度と財の生産・消費との間の関係には、さらに立ち入った研究が必要である。人間性は数千年にわたって不変だとしても、文化の進化とともに漸次人間生活が変化してきている以上、以前にもまして経済学者は、経済制度の研究に傾注してゆかざるを得なくなる。というのは、「人類の将来に対してどのような希望を持っていようと、それはすべて、確実に変化を容認し、おそらく統制をも容認するような要因が現れたり消えたりする運命と深く結びついている」からである。制度をめぐる問題には「福祉という根本問題」が付きまとうが、定量的な研究ができることは、「われわれが福祉を判断する客観的な基準」を準備することであり、「人類が目指すべき目的」そのものの設定ではない。費用と成果の客観的な測定を提供することにより、「社会が幸福を求めて盲目的に手探りしていることを、実験という知的なプロセスに転換する手助けを行う」にすぎない。社会科学では自然科学のような実験はできないが、すでに成果を示しつつある「実験的な学校」の試みに明らかなように、行動主義的な考え方にたてば、「集団行動」にかんする限り実験は可能である。現実の経済社会を、「さまざまな労働報償、さまざまな宣伝、さまざまな流通機構、さまざまな価格統制、さまざまな公益企業の管理方式などから成り立つシステムをめぐる実験」と理解することができるからである。

ミッチェルに対するシュンペーターの批判のポイントは、「純粋な」経済理論のもつ役割を過小評価し、具体的で個別的な問題の統計的な研究（＝細目研究）に偏重してしまっている、という点にあった。「ミッチェルは――彼の祖先（シュモラーのこと――引用者）もまた同様に――二つの点においてのみ誤っている。すなわち、その時手元にある思考手段を加工すること、つまりわれわれが区別した二番目の意味での理論装置を加工することがもつ意義を過小評価している点、さらに、理論的な命題や解釈の仕方を検証したり却下したりする場合になされるような、往々にして無批判的で決して十分聡明とは言えない仕方において、誤っている」[17]。

このシュンペーターの批判は、理論的研究と定量的研究との間の相互補完的な研究の進展にかんするミッチェルの見通しが、あまりにも素朴かつ楽観的にすぎること、つまりあまりにも「無批判的で、十分に聡明なものではない」という指摘である限り、的を得たものといわなければなるまい。

だが、いかに定量的・統計的な個別研究を積み上げても、決して「スミス、リカードウ、ミル、マーシャルの著作を超えることはできない」とミッチェル自身が指摘していたことを、過小評価してはならない。彼は決して統計的・実証的な研究方法の「優位性」を力説したわけでも、純粋理論を統計的研究によって補完し、新しい「理論体系」を構築しようと呼びかけたわけでもなかった。だからミッチェルがシュンペーターに対して、「方法をめぐる論争がアメリカの経済学者の間に差し迫ったものとしてあるというシュンペーター教授が抱いた印象を、私は共有していない」し、「採用される方法の長所と短所に批判的な注意を払うことは、科学的な仕事に従事する者の義務の一部である(18)」と反論したのは、当然のことだ。むしろここでわれわれが正しく理解しておかねばならぬことは、ミッチェルは、理論研究と統計的・実証的な細目研究をそれぞれ積み重ねることによって経済学それ自体を拡充しようとするのに対し、シュンペーターは、経済学を経済理論に絞り込んだうえで、そこからはみ出す対象を扱う「経済社会学」を独立させようと試みている、という事実である。シュンペーターの「経済社会学」とは、「価値――価格――貨幣という問題系列にある一つの理論としての見地から把握することができない」がゆえに、細目研究的で、資料収集的であると同時に理論的でもあるような、内容であった(19)。

とすれば、経済理論ないし経済学と「経済社会学」とを区別すべきだというシュンペーターの主張は、理論研究と統計的・実証的研究の相互媒介的拡充にかんするミッチェルの素朴な信頼に対する批判というよりもむしろ、以下の事実の指摘、つまり「理論」と「現実的な細目研究」とを関連付ける際に優先されるべきものは、あくまでも「もっとも狭義な意味での理論」であって、現実的な細目研究を重視するヴェブレンやミッチェルは、結局のところ「理論的に訓練された国民経済学者」とは言い難い(20)、と批判することにあったと理解できるであろう。脚注ではあるが、シュンペーターはヴェブレンについて、次のようなコメントを付け加えていたからである。

「事実またこの例は、今日の世代の国民経済学者が、〝コモン・センス〟と数学と一般的な情報の原理は別として、〝確信をもって〟〝一般的原理〟から多くの助力を借用することなく、細目研究に立ち向かっているというヴェブレンの言説（American Economic Review XV, 1. S. 51）をも例証している。彼らがそのように細目研究に向かっていることは確かである。そしてその結果は、ほかでもない力の浪費である。ただし、数学が承認されていることだけは奇異である。なぜこれも〝コモン・センス〟に取り替えないのであろうか。ヴェブレンの『有閑階級の理論』は、彼自身が第一に理論なしには済ましえないし、第二に、それをさらに多く必要とするであろうことを十分に証明している[21]」。

なぜこのようなミスを犯したのか確かめることはできないが、シュンペーターが指摘したところは、もともと次のように書かれていた。

「現世代の経済学者が全体として総括的な経済理論の体系を創り出す見込みはほとんどない。彼らは十分な確信をもって、コモン・センス、数学、一般的情報から成り立つ原理に属するものを除いて、一般的な原理の助けなどほとんど借りずに細目的な研究に突き進んでいる[22]」。

もし「細目研究に向かって」「力を浪費している」という経済学者が、ヴェブレンやミッチェルなどの「制度学派」ではなく、関税制度を歴史的に研究したF・W・タウシッグや鉄道の専門家であったA・T・ハドレー、さらにはトラスト研究を推進したW・ジェンクスや労働組合や地方財政などを研究したR・T・イーリーなど、当時のアメリカを代表する多くの経済学者たちのことであったなら、確かにシュンペーターの示唆は正しかったろう。彼がタウシッグについて、「彼が教えたような理論に対しては、後に制度学派の立場からの反対があったが、このような反対は、いくつかの重要な点では、彼を制度学派の反対者と見るよりは、むしろ指導者と見るほうが正しかったであろうという点を見逃していたように思う。彼にとって、経済学はつねに政治経済学に留まりつづけた」と指摘していたことから判断する限り、シュンペーターの「制度学派」理解はかなり緩やかなものであって、I・フィッシャーを除けば、ワーグナー、クニースやコンラートなどの影響を受けたドイツ留学帰りの経済学者が大きな勢力を占めていたアメリカの経済学界は、実質的に歴史学派的な「制度学派」で満ち溢れていた、ということになりかねない(24)。

だが、ヴェブレンがここで「一般的な原理の助けなどほとんど借りずに細目的な研究に突き進んでいる」とコメントしたのは、当時のアメリカの大多数の経済学者のことであり、決してヴェブレンの影響下にあった制度主義者のことではなかった、という事実を見逃してはならない。ここでヴェブレンが「コモン・センスと共通の情報にかんする原理」と呼んだものは、一般的な意味での進化論、すなわち発生史的な観点のことであった。ヴィクトリア期の人々と違って二〇世紀初頭の経済学者は、「人間の制度、世間の風習、法と慣習、産業技術の状態」が発展・変化することは認めている。だが、「人間の完全性」に向かう傾向などという「人間性の要素における実質的な変化」を認めることは、メンデルの法則によって禁じられているという指摘(25)から分かるように、ヴェブレンの批判は、シュンペーターの理解とはまったく逆に、「コモン・センス、数学、一般的情報から成り立つ原理」に依拠してなされる「細目研究」の遂行にこそ向けられていた。だからこそ、こう言うのである。

「経済科学はその主たる影響範囲から、しかもますます単純かつ明確に、特定の分野に関する詳細かつ厳密な企業取引きの科学になるに違いなく、こうして、何よりもまず機能的なシステムとしてみた不在所有権の要請に応じて形成される事柄に集中する、というような精神で染め上げられて行くに違いない。したがって、ふつう経済学者の集団は、彼らが大学や市場で訓練を受けて忠実に作り上げる程度に応じて、この体制のパルチザン、つまりそれ相応の狭量な気性をもつパルチザンになるに違いない(26)」。

もちろんこのような「見方、観点、精神態度」の一般化＝コモン・センス化は、制度的・体制的なものであった。「国家的な機関の業務に組み込まれているような経済学者や経済調査委員会は、その国の銀行業者や商工業者を部外者から守るように役立つような目的や能力のゆえにこそ、引き込まれているのである。経済科学は、それが国の行政担当者の養成に従事する限り、必然的にこのような様相を帯びる。／したがってまた大学も、それが経済科学に没頭する限り、その持てる力を同じ目的に向けることになる。ますます経済科学の教授たちは、企業管理、経営財務、全国的な取引きや販売技術、とくに最後に指摘した販売の技術や販売のための宣伝手段に前にも増して重点を置いて、教え始めている。これが、アカデミックな経済学の現状であり、近い将来それを取り囲むに違いない環境によって条件付けられているものの前兆である、と思われる[27]」。

もっとも『営利企業の理論』（一九〇四年）は、「ヴィクトリア期の経済学者が見過ごしていた不在所有権と営利企業[28]」を対象に、「企業者の仕事によって与えられる視座」から「企業の性質、原因効用および今後の動向」を分析しようと試みたものであったという事実[29]に着目する限り、ヴェブレンを「ますます企業取引の科学」という「細目研究」を推進している代表者に見立ててしまった感のあるシュンペーターの理解も、あながち的外れではないと思われるかもしれない。

だが、すでに筆者が解明したように[30]、『営利企業の理論』は、独占的巨大株式会社形成の現実過程が独占的収益力の株式化を通じる社会的な新しい富の創造と集中の過程に他ならないことを解明したものであったこと、さらに遺作『不在所有権』（一九二三年）は、「国家の完全無欠性」という新しいイデオロギーを具備した第一次世界大戦後のアメリカ資本主義体制を、「生産制限と価格管理による失業の慢性化」と「セールスマンシップの制度化」に依拠した「金融連合体による支配と管理」体制だと看破した著作であったことを想起すれば[31]、彼が主流の常識的なパルチザンでなかったことは、明らかである。コモン・センス、つまり思考習慣としての制度の累積的な変化のプロセスを、「事実に即して」理解＝解明しようというヴェブレンの「進化論的経済学の方法」については、シュンペーターはまったく無関心であった。ひたすら経済学を純粋理論として純化し、それ以外の分析世界を経済社会学として独立させようとしたシュンペーターにとって、あらゆる経済理論を歴史的な思考習慣として相対化してしまうヴェブレンの進化論的経済学の方法は、「よく訓練された国民経済学者」のとるべき方法論とは言い難かったのであろう。(32)

次に、②として要約したミッチェルの主張、つまり「福祉という根本問題」と切り離せない制度研究を計量的に遂行することによって、「福祉を判断する客観的な基準」を探り、行動主義的な立場から現実の社会を「実験」と見ることも可能になるという、明らかにデューイのプラグマティズムの哲学に依拠した主張に対するシュンペーターの見解を確かめることにしよう。

この点にかんする直接の言及はなされていないが、「各人はおのが願望の最終的な尺度を自己の胸中にのみ見出すのであって、科学は彼に、彼が何を望むべきか、何を尊重し、何を軽視すべきかを告げることはできない。所与の願望については、科学にとって何ら判断を下す権限もないが、この願望の目標を達成するために、どの方策が適当であり、どの方策が不適当であるかを行為者に述べることができるというかぎりにおいて、科学は行為者に中間目標、つまり副次的目標のみを教えることができるのである」(33)と述べた後、シュンペーターが指摘していたことの中に窺うことができる。

「長い活発な論議がわれわれの心にこれらの真理を印象づけてきたので、われわれはそのことをドイツにおいて、他のどこにおけるよりもよく承知している。疑いもなく、そこには進歩もある。ただ、不幸といえば、われわれのもっとも近代的な同学の人々が、全世界において、しかし、とくにイギリス（たとえば、ケインズやピグーを参照するだけでもよい）やアメリカ（前述の人々を見よ——ただし、J・B・クラークとミッチェルしか前述されていなかった――引用者）において、まったく露骨に〝評価〟、〝目標設定〟を行っていることである」[34]。

だが、ミッチェルの論文「経済理論における定量的分析」のどこにも、「まったく露骨に〝評価〟、〝目標設定〟を行っている」個所は見出せない[35]。「福祉という根本問題」が「露骨な目標設定」だというなら、逆に、「露骨な目標設定」をもたない経済学など「存在しうるか」という「根本問題」が登場しよう。おそらくシュンペーターは、アメリカやイギリスの経済学者たちが、ドイツの賠償問題に関して「経済学」の範囲を超えた議論をしているとほのめかしたかったのであろうし[36]、さらには、ドイツにおける「価値判断」論争がもっていた重要な意義に対する英米での無関心さに対する反発からであろうが[37]、経済学＝経済理論と経済政策＝倫理との安易な結合と見えたものにたいして、このような強い表現をすることになったのであろう。価値自由という一般的な問題領域に限定すれば、確かにシュンペーターの批判はもっともなものに見えるが、だからといって、彼がミッチェルの言う「実験」の意味を十分に理解していたことにはならない。というのは、こうである。

周知のとおり、デューイはある時期彼の哲学体系を「道具主義」として特徴づけていた。だが、それは決して「問題」解決のための道具だけをさしていたわけではない。詩や宗教、さらには数学のパズル解きなどといった行為を含む、「未達成の目的以外の何かに対して、道具として思想がどのように役にたちうるかを示すため」という理由もあって、やがてデューイは「標語として実験主義を優先するようになった」[38]からである。「道具」は目的に対する有用性や効果の観点からだけでなく、道具を使う人間の側での人間性の発展や変化、新しい人間性の開発をもたらすという意味で、「実験」の手段であった。その意味で言えば、現実の経済社会を「さまざまな労働報償、さまざまな宣伝、さまざまな流通機構、さまざまな価格統制、さまざまな公益企業の管理方式などから成り立つシステムをめぐる実験」と理解するミッチェルが、外的環境と人間の主体的な行為との相互媒介的な発展・変化の内実を、「人間の集団行動」の変化の過程として理解していることに、疑問の余地はあるまい。デューイのいう「道具主義」や「実験主義」の意味を、従ってミッチェルの言う「実験」の意味を、行為の動機や目的の見地から見た「実用主義」という意味にのみ理解するのは、皮相である。「道具」とは、外的環境を人間にとって好都合なように変える「道具」であるとともに、人間を、つまり人間の「思想」を変える「道具」でもあったからである。(39)

3　コモンズの制度経済学

J・R・コモンズが「制度経済学」の運動に加わった時期は、比較的遅い。四五年にもわたって続けられた労働組合や労使紛争の実地調査、調停活動、最低賃金制度や失業保険制度の立案、州際委員会や物価安定のための委員会活動をつうじて、「個人の活動に対して集団活動が果たす役割についての理論」を構想しつづけたコモンズが、(40)みずからの経済学を最終的に「制度経済学」と名づけるように決めたのは、おそらく一九三一年より前のことではなかろう。アメリカ経済学会で「制度経済学」がとりあげられ、さまざまに議論されたことに触発されてからのことであったように思われる。一九三一年一二月の『アメリカン・エコノミック・レヴュー』に掲載された論文「制度経済学」の冒頭でコモンズは次のように言う。

「いわゆる制度経済学に固有の領域がなにかを確定する際の困難は、制度の意味が不明確であることにある。時に応じて、制度は、個人がその一員であるかのように活動する法則や自然権の枠組みを意味しているように思われる。時には、構成員自身の行為を意味しているように思われる。時には、古典的な経済学やヘドニスティックな経済学に対して何かを付け加えたり批判したりしたものが、制度的なものであるとみなされている。時には〝経済行動〟であるものが、制度的であったりする。時には、〝静態的〟の代わりに〝動態的〟であったり、商品の代わりに〝過程〟であったり、感情の代わりに活動であったり、個人行動の代わりに大衆行動であったり、均衡の代わりに管理であったり、自由放任の代わりに統制であったりするものが、制度経済学であるかに思われている」[41]。

そうしてコモンズは、次のように彼の「制度」概念を定義した。

「もしわれわれが制度的なものとして知られているあらゆる行動に共通する普遍的な要因を見つけようと努めるなら、制度は、個人活動を統制し、開放し、さらに拡大させる集団活動であると定義できるであろう。／集団行動は、組織化されていない慣習から、たとえば家族、株式会社、経営者団体、労働組合、準備制度、州というような多くの組織化された永続的な活動体（going concerns）にいたるまで、広範にまたがっている。このすべてについて共通する原理は、多かれ少なかれ、集団行動による個人行動の統制であり、開放であり、拡大である」[42]。

いうところの「集団行動」（collective action）は、決して「集産主義」（collectivism）を意味しないことに注意したい。あらゆる集団行動の「ワーキング・ルール」は、「それ自体が習慣」である。だが、それに依拠した集団行動は、一方では個人の行動を規制すると同時に、他方では「他人による強制、脅迫、差別、不公正な競争などから、個人の行動を開放する」。さらに個人は、集団行動によって、「個人の弱々しい行動が可能にするものをはるかに超えて、個人の意志を拡張する」ことができる。コモンズの場合は、個人の行動と意志（will, volition）とが重要な意義を付与されることになるが、このような見地から提唱された「制度経済学」の基本的な特徴は、以下の四点に要約できる。

①経済活動の最小単位は「取引」であるが、これは「商品の取引」ではなく、社会的に創り出された「所有と自由をめぐる権利の取引」である。その基本的な取引形態は三つあって、商品交換に先立って市場で普通になされている「売買取引」、工場や職場の指揮権をもつ管理者とそのもとに従属する労働者との間の「経営取引」、租税や関

税という立法手段をつうじた公的な「割当取引」とである。

②個人の取引活動でもっとも重要な役割をになう契機は意志に基づく「選択」であり、しかも「あらゆる場合に、取引は将来、つまり将来性という普遍的な原理に向けてなされる」。

③それゆえ、「古典学派、快楽主義、共産主義および他の経済学の出発点である」物質的な財の交換も富の生産も、富の消費も消費者の欲望満足も、制度経済学にとっては「すべてが将来性に移しかえられるだけである」。つまり制度経済学が他の経済学と異なるのは、「財が現在の取引の結果として生産されたり消費されたり、交換されたりするであろう将来へと、議論を移す」点にある。結果的に、従来経済学が前提していた「既存の所有権や自由にかんする権利」は、すべて「将来を考慮に入れた、集団行動の可変的なワーキング・ルールに過ぎない」ということになる。

④したがって、制度経済学の究極的な社会哲学は、「共産主義、ファシズム、資本主義」のそれとは異なる。「哲学の出発点が経営取引や割当て取引である場合には、その結末は共産主義かまたはファシズムの支配と服従ということになろう。売買取引が調査研究の単位である場合には、機会の平等性、公正な競争、交渉力の同等化に向かう趨勢、従ってまた、自由主義と管理された資本主義の哲学がもつ法の適正な過程に向かう趨勢ということになろう。だが、この三種類の取引は、集団行動と永続的な変化の世界では互いに依存関係にあり可変的なものであるから、あらゆる程度での組み合わせがありうるのであって、それこそが、制度経済学に属する不確実な将来世界なのである[43]」。

このような制度経済学が、「他の人々のそれとは異なっている」ばかりか「理解できないものである」可能性は、すでにコモンズ自身が自覚していたことであった[44]。コモンズの「理論」は、「ほとんど例外なく分かり難く書かれており、しかも諸現象の精気に欠ける分類や再分類に過ぎない[45]」とさえ指摘されてきた。

だが、「所有と自由にかんする権利」は思考習慣、つまり慣習法の世界でその内容が決まること（＝変化し続けること）、社会は市場だけでなくさまざまな組織（これまた歴史的に変化する）から構成されることを想起すれば、コモンズもまた、広い意味で「制度の発展過程の理論的分析」を試みていたことは明らかである。もちろん、彼独自の主張も明確であって、社会の本質を個人と個人の相互関係と捉えつつもなお、あくまでも「将来性」を見据えた個人の「意志」に基づかせ、基本的に異なった三つの取引のそれぞれにおける「選択的」行動を規制するものとして「集団行動」＝「制度」を捉えたことは、ビドルが指摘したように[46]、ヴェブレン流の「無目的進化」の理論と「意志的」で「目的的な進化」の理論とを両立させようという試み、と評価できる。

この側面にかんする限り、すでに多くの論者が指摘してきたように[47]、私有財産社会を徹底的な個人主義の哲学に基づいてゲーム論的な世界として解釈しようとするR・コース、D・C・ノースやO・ウィリアムソン流の個人主義的な進化論、つまりハイエク流の「自生的秩序」形成に見られるような「新制度経済学」(New Institutional Economics) とコモンズの「制度経済学」は、きわめて大きな共通点を持っていることになる[48]。事実、コモンズが「秩序、すなわち私が集団行動のワーキングルールと呼び、〝法の適正な手続き〟の特殊なケースである秩序は、それ自体が諸制度の歴史の中で極めて可変的である。したがって、この秩序がさまざまな割当取引の中に具体的に現れていることは明らかだが、それは豊かな世界では必要のないものであろう[49]」と述べていることから判断する限り、権力、とくに政府による割当取引は、いずれ役割を終えると捉えていたとさえ見ることができよう。

だが、そうではないのである。「この三種類の取引は、集団行動と永続的な変化の世界では互いに依存関係にあり、可変的なものであるから、あらゆる程度での組み合わせがありうるのであって、それこそが、制度経済学に属する不確実な将来世界なのである」という先に引用したコモンズの指摘を見逃してはならない。コモンズの基本的な主張は「あらゆる程度での組み合わせ」にあり、どの程度、どのように組み合わせるか、それこそが「制度経済学」の永遠の課題だと主張しているように理解できるからである。実際、遺作（死後五年を経て出版された）『集団行動の経済学』[50]の第四部「経済問題の公的管理」では、「法の適正な手続き」にもとづく政府による「割当取引」の持つ積極的な意義が強調されている。組織化が進んでいなかった農業における「調整」活動の憲法上の適法性を指摘した「農業の管理」、政府による「通貨」価値の管理は、過去の結果としての現在よりもむしろ「将来」に対する責任と義務の見地から実行されるべきだという「信用の管理」、組織化された労働組合と経営者との間の「経営取引」は「法の適正な手続き」というアメリカ民主主義そのものの原理に従って調整されるべきだという「資本―労働の管理」がそれである。

すでに指摘したように、コモンズは「共産主義、ファシズム、資本主義」とは異なる社会哲学つまり、アメリカ民主主義を「制度経済学」の基礎に据えようとしていた。「制度は、個人活動を統制し開放し、さらに拡大させる集団活動である」という捉え方は、民主主義という政治的枠組み自体が個人行動を規制すると同時に、それを開放し、拡大しつつ、新たな民主主義の枠組みをもたらすという意味での「制度発展の理論」でありうる。ワグナーとクニースに深く影響を受けたイーリーの指導を受けながらも、ボェーム・ヴァベルクの所有権分析や主観価値論に学びつつ、ヴェブレンの論文「なぜ経済学は進化論的科学でないか」に触発されて、初期のキリスト教的社会改良主義の世界から「進化論的科学」の世界に関心を移していったコモンズが[51]、大恐慌の渦中で、すでに展開されていた「制度経済学」の知的運動に対する関心を深めたとしても、不思議ではないのである。

おわりに

第一次世界大戦後の時期からニュー・ディール期にかけて、アメリカの経済学者の間にかなり浸透していった

「知的な運動」としての制度経済学の基本的な特徴は、以上のようなものであった。要するに、進化論的な見地から、「人間の福祉」と「自由」のいっそうの実現を模索するためにアメリカ社会の「制度」的特徴を解明して行こうという「知的な運動」であり、基本的には、人間と社会の捉え方、つまりは「物の見方」を変えようとする「知的な運動」であった。一九世紀末のアメリカを席巻したスペンサー流のソーシャル・ダーウィニズム、つまり「自然淘汰」、「優勝劣敗」、「適者生存」という自由競争的な自由主義ではなく、独占的巨大株式会社と労働組合とが組織され、すでに「自由」を守るための「コントロール」の必要性を明確に意識しながら追求された進化論的な社会哲学を模索した「知的運動」であり、アメリカ社会の「進化の道筋」を「実験主義」の立場からトータルに追求しようとした、「アメリカで育った経済学者を中心にした」運動であった。「制度経済学」の運動に参加した人々が、すべて前世紀末に設立された大学や大学院の卒業生だったという事実は、とりもなおさずこの知的運動がアメリカの経済学であったことを物語っていた点で、重要な意味を持っている。生物学的進化論の立場から、人類史そのものを人間行動の無目的的進化の歴史としてあくまでも冷徹な目で描き出そうとしたヴェブレンと違って、ミッチェルやコモンズらの第二世代の経済学者たちは、進化の過程における行為主体としての人間「行動」の意味を、現実の経済問題に対処するための「実験」と捉え直すことにより、ヴェブレンが批判してやまなかったスペンサー的・サムナー的な功利主義的進化論に陥ることなく[52]、高度な生産力を実現した社会体制下におけるアメリカの自由主義＝民主主義発展の可能性を現実的に模索し始めていた、と見ることが出来よう。

だが、レティチェが指摘したように[53]、三〇年代になるとオーストリー学派の主要な学者のうちの半分ほどがヨーロッパからアメリカに移住し、ゲーム理論、行動分析、投入産出分析、寡占分析などの理論的研究が活発化する。もちろんわれわれには周知のことだが、この経済学が、もう一つの輸入された経済学であるケインズの『一般理論』とともに、第二次大戦後全面開花し始めると、制度経済学の運動はごくかぎられた規模のものになってしまう。

アメリカの経済思想は、すでに「アメリカ」独自の思想などに留まることは許されず、「世界」の経済思想として作り直すように、冷戦構造が強制することになる。もちろんこれは、国内的に、つまりアメリカ的という点では「マッカーシズム」という嵐の前で、さらに別な要因を抱え込んだことと、決して無関係ではない。

注

（1） Joseph A. Schumpeter, "Gustav v. Schmoller und die Probleme von heute", *Schmollers Jarhbuch*, 50, 1926.〔玉野井芳郎監修訳『シュムペーター社会科学の過去と未来』ダイヤモンド社、一九七二年〕。
（2） 塩野谷祐一「グスタフ・フォン・シュモラー――ドイツ歴史学派経済学の現代性――」（『一橋論叢』第一〇三号、一九九〇年）四一七頁。
（3） Walton H. Hamilton, "The Institutional Approach to Economic Theory", *American Economic Review*, 9: 1, 1919.
（4） Ibid., pp. 311-16.
（5） 高哲男「ヴェブレンと制度学派――現代アメリカ経済思想史への一つの接近」（『広島大学経済論叢』第四巻第四号、一九八一年）。
（6） John M. Clark, "Economic Theory in an Era of Social Readjustment", *American Economic Review*, 9: 1, 1919, p. 289.
（7） William F. Ogburn, "The Psychological Basis for the Economic Interpretation of History", *American Economic Review*, 9: 1, 1919, p. 300.
（8） Joseph Dorfman *The Economic Mind in American Civilization*, vol. 4, New York: The Viking Press, 1959, p.353.
（9） Wesley C. Mitchell, *The Backward Art of Spending Money and other Essays*, 1937 [New York: A. M. Kelly, 1950].
（10） Wesley C. Mitchell, "Quantitative Analysis in Economic Theory", *American Economic Review*, 15, 1925. Reprinted in *The Backward Art of Spending Money and other Essays*.
（11） Wesley C. Mitchell, "The Prospects of Economics", *The Trend of Economics*, ed. by R. G. Tugwell, 1924, reprinted in *The Backward Art of Spending Money and other Essays*.

（12）　高哲男「ヴェブレンとアメリカの経済学」（『経済学史――課題と展望』経済学史学会編、九州大学出版会、一九九二年）。

（13）　田中敏弘『アメリカ経済学史研究――新古典派と制度学派を中心に――』晃洋書房、一九九三年、一一九頁。

（14）　Schumpeter, "Gustav v. Schmoller...".

（15）　スウェドバーグが指摘したように、「シュモラーと今日の諸問題」は、シュンペーターにとって「経済社会学」という「新しい扉を開く」まさに重要な仕事であり（R. Swedberg, *Joseph A. Schumpeter: His Life and Work*, Cambridge: Polity Press, 1991, pp. 79-80）、シュモラーの経済学を「理論的な社会経済学」の構築を目指したプログラムとして再評価しながら、自らの「経済社会学」の方法を展開しようとした論文であった。経済理論、経済史、経済社会学、統計学などの異なった学問分野が相互に重なり合う領域をもつことを強調し、相互に調整と統合を必要としていることを十分に認めつつ、なおこの統合には明確な限界があることを、シュンペーターは強調した（*Ibid.*, pp. 88-89）。そうして、ミッチェルの「統計」をシュモラーの「歴史」とおきかえれば、ミッチェルの立場は「シュモラーが生涯とっていた立場」と同じと示唆しつつ、全体としてはシュモラーの評価が高く、ミッチェルの評価は低い。両者はシュンペーターがオーストリア政府交換教授としてコロンビア大学で講義したときからずっと親しい関係にあり、ミッチェルのために書いた追悼論文はシュンペーターの遺作として有名だが、評価自体に大きな変化は見られない。

（16）　より正確に言えば、関連するもう一つ別の指摘、つまりニュートン的な「力学的な理解は、同質性、確実性、不変の法則といった認識を含む。統計学的理解は、多様性、蓋然性、近似性といった認識を含む」（Mitchell, "Quantitative Analysis...", pp. 34-5）という、Clerk-Maxwell流の統計学的な自然理解に対する方法論をめぐる議論もなされているが、補足的・派生的な説明と見ることもできるので、ここでは立ち入った考察を控えたい。

（17）　Schumpeter, "Gustav v. Schmoller...", S. 368-69.〔訳書、四六八頁〕。

（18）　Wesley C. MItchell, "The Present Status and Future Prospects of Quantitative Economics", *American Economic Review*, 18, 1928. Reprinted in *The Backward Art of Spending Money and other Essays*, p. 38.

（19）　Schumpeter, "Gustav v. Schmoller...", S. 369-70.〔訳書、四六九頁〕。

（20）　Ibid., S. 373.〔訳書、四七三～四頁〕。

（21） Ibid., S. 373.〔訳書、四七五頁〕。

（22） Thorstein B. Veblen, "Economic Theory in the Calculable Future". Reprinted in *Essays in our Changing Order*, 1925 [1934] [New York: Augustus M. Kelley, 1964], p. 8.

（23） Joseph A. Schumpeter, *Ten Great Economists from Marx to Keynes*. London: George Allen & Unwin, 1951, p. 196.〔中山・東畑監訳『十大経済学者』日本評論新社、一九五二年、二七三頁〕。

（24） タグウェルもまたドイツ留学を経験しており、ワーグナーを高く評価していたことはシュンペーターが指摘しているとおりである（Schumpeter, *Ten Great Economists*..., p. 195.〔訳書、二七一頁〕）。その意味では、ドイツ歴史学派のアメリカ版と言いうるイーリーに代表される「新学派」と共通する側面を持つが、タウシッグ等のハーバード・グループとファーナムやハドレー等のイェール・グループは、古典学派的な、あるいはアメリカ的な自由主義の伝統を強く持っていたため、「新学派」からはむしろ「旧学派」に近いとみなされていた（当時のアメリカ経済学界の思想情況やドイツ歴史学派の影響などについては、高哲男「一九世紀末アメリカにおける経済学の動向Ⅰ～Ⅲ――アメリカ経済学会の「綱領」問題を中心に――」『広島大学経済論叢』第二巻第一号、第二号、第三巻第一号、一九七八～七九年）、Joseph Dorfman, "The Role of the German Historical School in American Economic Thought", *The American Economic Review*, 45: 2, 1955.; Jurgen Herbst, *The German Historical School in American Scholarship: a Study in the Transfer of Culture*, Ithaca: Cornell University Press, 1965.; Mary O. Furner, *Advocacy and Objectivity: A Crisis in the Professionalization of American Social Science, 1865-1905*, Univesity Press of Kentucky, 1957, Chap. 2. を、参照されたい）。もっとも、有名な「経済学はなぜ進化論的科学ではないか」を始め、ヴェブレンの経済学方法論にかんする論文が *Quarterly Journal of Economics* に掲載されたという事実から分かるように、タグウェルのヴェブレンに対する評価はきわめて高かったし、ヴェブレンをハーバードに招聘しようと考えたこともあったらしいのだが、彼をも「制度学派の指導者」と呼ぶとなると、逆にヴェブレンの主張の独自性と意義とが見失われかねない。本稿では詳論できないが、このようなシュンペーターの主張の背後には、「国民経済学」を、純粋理論を中核とする「経済学」と「社会経済学」とに分けるという積極的な意図が、したがってまた、多分に経験論的バックグランドをもつイギリス的な「政治経済学」の体系を「理論的」に編成し直すという意図が隠されていたように思われてならない。

(25) Veblen, "Economic Theory...", pp. 8-9.

(26) Ibid., pp. 11-12.

(27) Ibid., pp. 14-15.

(28) Ibid., p. 11.

(29) Thorstein B. Veblen, *The Theory of Business Enterprise*, 1904 [New York: A. M. Kelley, 1965], Preface.

(30) 高哲男『ヴェブレン研究——進化論的経済学の世界——』ミネルヴァ書房、一九九一年。

(31) 『不在所有権』で展開されたヴェブレンのアメリカ資本主義体制論の概要については、高哲男「ヴェブレンにおける《市場・制度・国家》——『営利企業の理論』と『不在所有権』を中心に——」(『広島大学経済論叢』第一五巻第三・四合併号、一九九二年)、とくに一七〇〜八四頁を参照願いたい。

(32) シュンペーターが『有閑階級の理論』と『営利企業の理論』を読んでいたことは確かだが、方法論にかんするヴェブレンの著作は、関心の外にあったようである。ドイツでは、進化論的人種差別主義や人種的純血主義の思想をはらみつつ、なお客観的な科学主義的主張に身を包んでいたエルンスト・ヘッケルの「進化論」が一八八〇年代以降大流行していったことに対する反発があったかどうかは分からないが、アンダーソンが指摘したように(B. M. Anderson, Jr., "Schumpeter's Dynamic Economics", *Political Science Quarterly*, 30, 1915, p. 646)、シュンペーターの『経済発展の理論』が「ダーウィンもスペンサーもまったく顔を出さない」発展の理論であり、タルド流の「模倣論」に依拠した社会理論であることは、両者の経済学の違いを見極めて行く上で、きわめて興味深くかつ重要なところであるようにおもわれる。

(33) Schumpeter, "Gustav v. Schmoller...", S. 340.〔訳書、四二六〜七頁〕。

(34) Ibid., S. 340.〔訳書、四二七頁〕。

(35) ここでJ・B・クラークの名前が挙げられている理由は、おそらく *Control of Trusts* (1901) や *Social Justice Without Socialism* (1914) などを念頭においてのことであろう。

(36) 「シュモラーと今日の諸問題」のなかでの「経済問題」は、当然のことではあるが、アメリカやイギリス主導の国際経済体制の再建問題や第一次大戦前の貿易問題などであって、そこに、敗戦国ドイツ・オーストリアの経済学者としてのプライドや愛国心が屈折した形で包み込まれていることは、否定できないであろう。

(37) 二〇年以上たってから、しかも死の直前のことではあるが、シュンペーターは一八九〇年から一九二〇年までの三〇年間を「マーシャルの時代とでも称すべき」と述べ、三つの特徴を指摘した。「当時三つの傾向が時代を風靡し、一九〇〇年に新しい経済学を生み出した。第一に、とくにドイツの社会政策に最もよく代表されるような、社会改良問題への斬新な熱中であり、したがってそれに対する斬新な態度があった。第二に、寄せ波の勢いの真っ只中にあった経済史が、アカデミックな経済学の境界の中に地歩を確立した。第三に、経済理論という新しい思考手段（organon）——それに添える名前として、限界主義、新古典主義等々のうちのどれが最も誤りが少なくてすむのか、なかなか決めがたいのだが——が、四半世紀続いた闘争の後でそれにふさわしい地位を確保した。しかし、マーシャルの指導の下にこのすべてをある程度まで総合することに成功したイングランドは何とか例外になりえたが、この三つの傾向は、それぞれの間だけでなく、一国の専門家の多くの部分が執拗に拘った一つ前の時期の見方と方法をめぐって、いたるところで争点であった」(Schumpeter, *The Great Economists...* p. 241.〔訳書、三三八頁〕)。ここではマーシャルに高い評価が与えられているが、シュンペーターは、一九〇〇年以降の経済学は広い意味で「方法論争」の基礎の上に展開された、という独自の主張を持つことも見逃せない。

(38) Ryan, Alan. *John Dewey and the High Tide of American Liberalism*, New York: W. W. Norton & Co., 1995, p. 128.

(39) 一八九二年に第一期生としてシカゴ大学に入学して以後、ミッチェルはヴェブレンとデューイから極めて大きな影響を受けたが、デューイから「経済学よりも哲学を専攻してはどうか」という示唆を受けたほどであったという（Lucy Sprague. Mitchell, *Two Lives: The Story of Wesley Clair Mitchell and Myself*, New York: Simon and Schuster, 1953, p. 87)。以下のミッチェルの主張は、彼のデューイ理解がほぼ上述の内容に即していたことを示している。「あらゆる社会科学が今踏み込みつつある道をデューイが指摘したのは、しばらく前のことである。彼はシカゴ時代に、われわれはどのように考えるかという問題に専念していた。それは、われわれはどのように行動するかというより広い問題の一部である。実際の生活における思想の役割を説明する際に、デューイはその他の行動様式によって担われる役割を明らかにした」（Mitchell "Economics 1904-1929", in *A Quarter Century of Learning*, Columbia University Press 1931, Reprinted in *The Backward Art of Spending Money and other Essays*, p. 410)。

(40) 『制度経済学』を執筆したときまでのものだが、彼の自伝 *Myself* はコモンズの思想形成過程を知るうえで有益であるばかりか、いわゆるプログレッシブの運動をになっていった時代精神の一端に触れることが出来るという意味で、有益である。

(41) John R. Commons, "Institutional Economics", *The American Economic Review*, 21, 1931, p. 648.

(42) Ibid., p. 649.

(43) Ibid., p. 657.

(44) John R. Commons, *Institutional Economics : Its Place in Political Economy*, 1934, Madison: The University of Wisconsin Press, 1961, p. 1.

(45) David Seckler, *Thorstein Veblen and the institutionalists: A Study in the Social Philosophy of Economics*, London: Macmillan, 1975, p. 124.

(46) Jeff E. Biddle, "Purpose and Evolution in Common's Institutionalism", *History of Political Economy*, 22: 1, 1990, pp. 30-36.

(47) Ibid., pp. 33-34.; Viktor Vanberg. "Carl Menger's Evolutionary and John R. Common's Collective Action Approach to Institutions: a Comparison", *Review of Political Economy*, 1: 3, 1989, p. 377.; Malcolm Rutherford, *Institutions in Economics: The Old and New Institutionalism*, New York: Cambridge University Press, 1994, p. 101.; 高哲男「ヴェブレンにおける制度進化の理論」、『経済学史学会年報』第四三号、一九九六年。

(48) ヴェブレン、ミッチェル、コモンズというわゆる「旧制度学派」にも配慮しながらなされた「新制度経済学」の簡潔な特徴づけは、Mark Perlman, "Subjectivism and American Institutionalism. Ed. Israel M. Kirzner", *Subjectivism, Intelligibility and Economic Understanding*, 1986, pp. 268-80, London: The Macmillan Press.; Rutherford, *op. cit.* および磯谷明徳「〈社会経済システムの制度分析〉に向けて――「制度の経済学」への一視点――」(『経済学史学会年報』第三四号、一九九六年)などを参照願いたい。

(49) Commons, *Institutional Economics*, p. 6.

(50) John R. Commons, *The Economics of Collective Action*, 1950, Madison: The University of Wisconsin Press, 1970. 〔春日井薫訳『集団行動の経済学』文雅堂銀行研修社、一九五九年〕。

(51) 「私の理論や私が目指しているものを誰も理解しえない、つまり私の理論がなによりも私自身の独自なものであるために誰も理解できない」（Commons, *Institutional Economics: Its Place in Poitical Economy*, [Madison: The University of Wisconsin Press], 1934 [1961], p. 1）という感想を抱かざるをえないほど、彼の経済学を論理整合的な体系として理解することはきわめて難しい。従来の研究史のなかでは、ハーターによる整理（Harter, Lafayette G. Jr., *John R. Commons: His Assault on Laissez-Faire*, Corvallis: Oregon State University, 1962, Chap. 8）がもっとも簡潔でしかもまとまっている。困難が生じる最大の理由は、コモンズはまさに実際の「仲裁活動や調査活動」を通じて、つねに理論を作り直していったことにあるし、その意味で、文字どおり帰納的な理論であったことにある。だが、帰納的といっても、「田舎主義、共和党支持、プレスビテリアニズム、スペンサー主義」という精神風土のもとに生まれ（Commons, *Myself: the Autobiography of J. R. Commons.* [Madison: The University of Wisconsin Press], 1934 [1963], p. 8）、ジョンズ・ホプキンス大学でイーリーの指導を受け、後に彼とともに「ウィスコンシン学派」を創り出していったにもかかわらず（後にイーリーとコモンズとが少しずつ離れて行く関係については Harold L. Miller, "The American Bureau of Industrial Research and the Origins of the 'Wisconsin School' of Labor History", *Labor History*, 25: 2, 1984 を参照）、初期の関心はむしろ社会学にあったこと、さらにかれの経済学研究はボェーム・ヴァベルクをはじめとするオーストリー学派の個人主義的な限界効用理論と、オックスフォードの法学者T・E・ホーランドの *The Element of Jurisprudence*（1880）に依拠した「法と権利」論に依拠して開始されたという事実（*The Distribution of Wealth*, 1893）は、注目に値する。個人の意志と将来性を重視するコモンズの「制度経済学」が、オーストリー学派的な「新（New）制度学派」と多くの共通点を持つのは、形成史的に見れば当然のことといってよい。

（52） 制度経済学あるいは制度学派の理解にとって、この点の認識がもっとも肝要なところである。詳細については高『ヴェブレン研究――進化論的経済学の世界――』「序章」を参照願うほかにないが、『有閑階級の理論』の副産物といっていい「経済学はなぜ進化論的科学ではないのか」と「経済科学における価値前提」などの初期の方法論が若い経済学者や哲学者を引き付け、「制度主義者」に転向させた究極の理由が、この功利主義的進化思想の根底的な批判であったことを見逃してはならない。進化論＝進化思想もまた多様にありうるのである。

（53） J. M. Letiche, "International Flow of Economic Ideas, Discussion", *American Economic Review*, 45: 2, 1955, pp. 31-32.

第8章　ポリティカル・エコノミーの歴史主義化

キース・トライブ（小林純訳）

はじめに

アダム・スミスが構想し、マルサス、リカードウ、ミル父子に継承されたポリティカル・エコノミーは、一九世紀の最後の四半世紀に、アルフレッド・マーシャルを英国の最も卓越した主唱者とする新しいエコノミクスへと道を譲り始めた。古いポリティカル・エコノミーはまもなく古典派経済学として認知されるようになったが、それは価値の理論を中心におき、投入コストと生産組織が、価格形成や所得分配、消費パターンを支配する、と論じるものであった。いくつかの原理とそこから引き出される帰結が一つの演繹的体系として表現されたが、この議論のスタイルは、ポリティカル・エコノミーの読者層をなす実務家たちの需要にうまく適応していた。それゆえ一八四八年にJ・S・ミルが「価値の法則については、今日あるいは将来の著述家たちにとって、明らかにするべく残されているものは何もない。この主題の理論は完成されている[1]」と書くことができたのももっともなことであった。ポリティカル・エコノミーの理解は、教育ある市民の知的装備の不可欠な一部とされていたが、その原理を身につけるには、たいていの場合、一、二冊の本を読むだけで充分間に合った。

新しいエコノミクスは徐々に発展して今日のアカデミックな経済学を支配している新古典派の正統理論になったわけだが、しかし、登場してすぐ古典派経済学に取って代わったわけではない。その理由はじつに明快であった。ポリティカル・エコノミーの諸原理を容易に適用しえた貿易、商業、雇用といった諸問題に対して、新しい学説は、それほど直接的な関連がなかったからである。「限界主義」の経済学は消費者選好と主観的な効用を中心に据えた。分配と生産の領域は首尾一貫した形で結びつけられた。所得は労働ないし資本の限界生産性に応じて受けとられ、これらの所得が自分の主観的効用を極大化する消費者によって支出され、この支出が生産の構造と量とを規定した。[2]

こうして限界主義の原理は、生産と分配の領域を結び付け、それらの最適化を保証し、数学的に定式化されて、より抽象的な分析スタイルを可能にした。だがまさにこうした特質のゆえに、新しい学説は、実践的というよりはむしろ学問的な性格をもつものとなり、またその専門的な教育が広く行われなかったために、そのインパクトもしばらくの間は極めて限られていた。

経済学説の発展の歴史の中では、この転換は限界革命として知られている。三つの主要言語で書かれた三冊の重要な著作が従来の体系をくつがえした。ジェヴォンズの『経済学の理論』（一八七一年）、カール・メンガーの『国民経済学原理』（一八七一年）、レオン・ワルラスの『純粋経済学要論』（一八七四年）である。三人はそれぞれ他の二人の研究を知らずに執筆しており、厳密に言えば三人の関心も異なっていた。イギリスではマーシャルの『経済学原理』（一八九一年）がこの突破をもたらすのに貢献した。オーストリアでその役を演じたのはメンガーの弟子であるフォン・ヴィーザーとベーム＝バヴェルクの著作であった。一方ワルラス体系の含意はヴィルフレード・パレートによって初めて正しく理解され、説明された[3]。

ドイツはしばらくの間、この「近代的」傾向にはおおむね反対する立場にあった。双方の立場を象徴的に表現したのがシュモラーとメンガーの方法論争[4]であったのは言うまでもない。シュモラーはそこで、新たな主観主義学説に対して、歴史的経済学の原理を掲げた。経済学に対する関心が国際的にたかまるにつれ、歴史学派は一九世紀末には経済学研究においておそらく最も広く認知された欧州産銘柄となった。従来よりドイツでの歴史や哲学、文献学の研究の優秀さのせいもあって、歴史派の経済学者たちの業績は外国の読者にとって近づきやすいものとなり、また彼らのベルリンやハイデルベルクの大学のゼミナールは、外国からも学生を引き寄せていた。他国と同じくイギリスにおいてもこの傾向があらわれ、不変の諸原理からなる演繹的体系の普遍的な適応可能性を否定し、代わりに経済分析と歴史的環境の関連を論じる新しい歴史的接近法を促進した。こうして、限界革命によって始まった移行期に、第三の要素が導入された。というのも勃興する新古典派経済学は、イギリスでは、「新」「旧」経済学の双方を批判するアシュリーやカニンガムらの歴史派経済学者の挑戦をたえず受けていたからである。アシュリー自身は一時ゲッチンゲンに学び[5]、またカニンガムの経済学の接近法は、ジョン・ネヴィル・ケインズによって「ドイツ歴史学派の最右翼」のそれに類するものと評された[6]。それでは、ドイツの歴史主義はアシュリー、カニンガムという（イギリス経済学内部の）批判者に対してどのような影響を与えたのか。より正確に言うと、ドイツの歴史派経済学者の著作は彼らにとってどれほど重要であったのか。彼らが経済学研究を分析的な手法ではなく歴史的な手法として造り変えるのに結局のところ成功せず、代わりに、経済学研究というよりは歴史研究という実質的な下位分野としての経済史の形成に貢献することになったのは、なぜであろうか。

1　アシュリー

アシュリーとカニンガムの知的および社会的経歴は著しく異なっている。ウィリアム・カニンガムはスコットランド人で、エディンバラの大学教養学部に学んだ[7]。そこを一八六八年に卒業すると、彼は、はじめテュービンゲンにドイツ語を学びに行ったが、そこでの経験は彼にドイツ国家の強力な印象を与えたのみならず、帰国後の彼の英国国教会への結び付きのきっかけとなった。一八六九年、彼はカイウス・カレッジに入って道徳科学のトライポス（自発的に受験する優等卒業試験）のための勉強を始め、こうして以後生涯にわたるケンブリッジとの結び付きが始まった。一八七二年にはトリニティ・カレッジに移って道徳科学の奨学生に選ばれ、同年、メイトランドとともにトライポスに主席で合格した。その後数年は課外講座の教師として過ごし、その間三年はリヴァプールに住んだ。一八七八年にケンブリッジへ戻ってまもなく、彼は歴史のトライポス受験に必要な経済史の講義を引き受け、またケインズ、シジウィックと一緒に道徳科学のトライポス試験官にもなった。授業に使う適当な教科書がなかったため、彼は『イギリス商工業の成長』（一八八二年）を書いたが、これはただちにイギリスの経済発展に関する標準的な記述となった。一八九〇年代の彼は、経済学の発展およびケンブリッジにおけるその体系的な教育についてのマーシャルの計画に対して一貫して辛辣な批判者であった。歴史と道徳科学のトライポスからポリティカル・エコノミーの講義をはずそうというマーシャルのケンブリッジ・キャンペーンは、一九〇三年に経済学のトライポスを新設するという成功に到った。その一つの帰結は、カニンガムに何年もの間活躍の舞台を与えていた歴史のトライポス受験生のためのポリティカル・エコノミーの授業の廃止であった。このことはまた結果的に、新しい経済学に対するカニンガムの聖戦を終わらせた。(8)

アシュリーはロンドン大学とオクスフォード大学で歴史を学んだ。カニンガムとは異なり、彼はマーシャルと友好関係をたもっていた。マーシャルとカニンガムはともに彼が一九〇一年にバーミンガム大学の商業・財政講座の教授に指名されたときの審査員であった。だが大学の学長はマーシャル宛てにこう書いていた。この指名は「主として経済学についてはあなたの証言に、人物についてはカニンガム博士の証言に負う」ものであった、と。(9) 彼はまた一九〇八年にはマーシャルの後任人事の候補者の一人でもあり、もし指名されていたら彼はマーシャルの設立した新しいトライポスの発展を担当しなければならなかったであろう。アシュリーはアーノルド・トインビーの弟子であり、一八八五年からはオクスフォード大学リンカーン・カレッジのフェローであった。一八八八年に彼はトロント大学の政治学教授に指名されたが、同地に着くや彼はただちに講座名を「ポリティカル・エコノミーと憲政史」と改名した。彼は就任講演で、トロントでの自らの主たる関心がポリティカル・エコノミーに向けられることを宣言した。(10) 彼がいささか詳細に説いたところによると、この分野は近年評判が悪くなっているが、(11) イングラムやトインビー、クリフ・レズリーによって行われた歴史主義的な批評によって、この分野を再革新するための手段が示されたのである。以下にわれわれはそれが何を意味したのかを見ることになるが、五年後ハーヴァード大学に就任したときの講演で、すでに彼はこの当初の希望が概ね実現されなかったことについて語っている。

「彼ら［歴史派経済学者］は経済学の完全で迅速な転換を求めた。そして今日広く用いられている教科書を一瞥しさえすれば、そうした完全な転換はなんら生じなかったことがわかる」。(12)

彼は続ける。このことは、一つには、歴史的経済学者たちが古典派経済学の演繹的諸原理に後戻りした、ということによって説明される。だがそれにもかかわらず、彼は「歴史主義的契機」が経済学の性質を変えた、という。その結果として、経済的帰結と所与の条件の関連が、そしてまた社会的現象を判断するときに考慮に入れられるべきは経済的考察のみではないという事実が、一般に受け容れられることになったのだ、と。(13) アシュリーが英国学術協会F部門の代表であった一九〇七年、彼は機会を得て一九世紀末の経済学の展開について再度の考察を行い、古典派経済学を「知性史における閉じられた章」であると断言した。(14) 抽象的・演繹的なリカードウ体系は、その結論が製造業の利害と一致したために急速に支配的な地位を獲得した。そしてJ・S・ミルの一八三三年以来の方法に関する論文は、古典派経済学の全面的に非歴史的な性格をまたしても示した。(15) アシュリーによると、ミルの一八四八年の教科書は、古典的体系の寿命をさらに二〇年も引き延ばし、つづいてフォーセットの『ポリティカル・エコノミー提要』（一八六三年）があらわれ、これは一八八〇年代にいたるまで非専門の学生にとって教科書でありつづけた。(16) この体系は外国の影響を受けなかったが、しかし――とアシュリーは述べる――「私は、一八七〇年の［普仏戦争におけるドイツの］勝利が、自発的な関心の増大などよりもずっと、われわれにドイツ語を学ばせるようにした、と考える」。(17) 一連の要因が一八七〇年代に組み合わさって古典派経済学の運命を決したのである。なかでも重要なのは、ジェヴォンズ『原理』の刊行と、クリフ・レズリーのドイツ歴史学派についての論文、そしてアーノルド・トインビーの行ったオクスフォード講義である。

すでに言われてきたことだが、ジェヴォンズの一般的影響は限られたものであったし、またアシュリーがドイツ歴史学派についてのレズリー論文に言及したのは実に人を誤らせるものであった。レズリー論文はロッシャーの『ドイツ国民経済学史』の構成を部分的に要約した以上のものではないからである。[18] より重要なことは、クリフ・レズリーが政治的経済的諸現象を断固として歴史主義的に扱ったこと、そして自然法観念に反対したこと、である。アダム・スミスの業績に関する彼のもっと実質的な論文は、批評の一形式としての歴史主義が有する可能性を示すもので、『国富論』に示された歴史的帰納的枠組と、自然的自由の原理の自然法的基礎とを区別してこう結論づける。

「アダム・スミスの哲学は事物の実在的秩序の帰納的考察と結びついてはいるが、そこには、神学、政治史、そして彼自身の思考の性向によって与えられた形において、この自然の理論が全面的に浸透している」。[19]

事実クリフ・レズリーの歴史主義的な企図は、ロッシャーを読んだこととはほとんど無関係で、むしろ彼の師であるヘンリー・メインの業績に由来していた。メイン自身の歴史主義は、原理的には、ザヴィニやドイツ歴史法学派の業績に由来していた。[20] それゆえクリフ・レズリーは論文の序でこう述べている。

「考え方……は一貫して以下のごとくである。道徳およびポリティカル・エコノミーをも含む社会の哲学のどの分野も、歴史的帰納による考察と展開を必要とする。また、社会の道徳的経済的条件のみならず、道徳および経済の理論や思想も、自然史の運行の、そして国民的文化の状態の、成果なのである」。[21]

したがってこれは、所与の国民的文脈のうちでの文化と思想の相互依存を強調する一つの歴史主義である。これはある点ではザヴィニの歴史主義と両立するけれども、ロッシャーのものとは断じて一致しない。なぜならロッシャーの企図は、歴史的発展の多様性を研究することにより、そこに共通した発展の諸法則を確認しようとするものだったからである。ロッシャーが一八四三年にザヴィニの名を挙げたのは、なによりも論文を飾りたてるためであった。[22]歴史主義はロッシャーにとっては、発展の一般法則をつかむ手段であって、自然法学説に抗して展開されるべき相対主義の一形式ではおよそなかった。

レズリーがイギリスの読者にドイツ歴史派経済学をいわば「紹介した」、とアシュリーが言っているのは、人を誤らせるものである。レズリーはメインの比較法学を比較経済学へと翻訳した、と言うのであればずっと弁護の余地はある。それが一八四三年にドイツ歴史法学派に関してロッシャーの行った主張と類似しているのは当然だ。「歴史的方法がいかにして現実の状態の解釈に適用できるのか」[23]を示したのがトインビーの一八八一～八二年講義であった、という彼の主張もやはり吟味を要する。インド政庁の文官候補生とベイリオル・カレッジの歴史の学生に対して行われたこの講義[24]は、一七六〇年以降のイギリス経済史を、三つの時期に分けてそれぞれの最も代表的な経済学者の業績と結び付けて検討する、という試みであった。スミスは産業革命前夜のイギリスを特徴づけるものとして扱われ、マルサスは産業革命の時期の、リカードウはナポレオン戦争後の時期の例証として扱われている。トインビーは、こうして「経済の法則や教説は相対的である」ことが証明される、と論じた。[25]しかしながらこのことは、彼が古典派経済学とその演繹的方法を拒否したことを意味してはいなかった。事実、彼は講義の初回にミルの方法についての論文を大いに援用していたが、この論文は、一九〇七年にアシュリーが「その全面的に非歴史的な性格」のゆえに非難した当のものである。[26]さらに、受講生に歴史的接近を推奨するなかでトインビーはこう述べた。

「……過去を学ぶとき、われわれはつねに現在の諸問題を念頭におくことができたし、人類にとって何が永続的な重要性をもつものかについての大きな見通しを求めて、その過去におもむくことができた……。事実それ自体のために事実を追求せねばならぬ、が、そこに汝自身の時代の諸問題の生き生きとした意味を浸透させねばならない……[27]」。

アロン・カディシュが指摘するように、この考え方はトインビーの後の講義ではもっと強まっている。というのも彼はそこで、自己の同時代的諸問題への関心を講義にはめ込もうとしたからだ。[28] トインビーの著作には議論や方法の一貫性はほとんど認められない。彼は確かにシーリーやフリーマンのような当時の歴史家に負うていたのであり、その彼らはもちろんドイツの歴史研究に影響を受けていた。[29] トインビーが、また敷衍すればアシュリーもドイツ歴史主義に対して知的に負うところがあったとすれば、それは、一八七〇年代、八〇年代に支配的だった歴史研究、政治、ポリティカル・エコノミーの間の関連に根ざしていた。のちにカニンガムが述べることとなるが、ドイツの歴史的経済学はイギリスの経済学の発展にはほとんど役割を演じなかったのである。[30] それは、イギリスでそれに精通した人々が改革促進者として失敗したから、というのではなかった。何よりも精通者などいなかったからなのだ。[31] トインビーの古典派経済学の諸著作に対する関係ははるかに混乱していた。彼は自由放任の支持者にして、同時に土地改革論者でもあったし、また例えばスミスの扱いにしても、クリフ・レズリーの示すような厳密さを欠いていた。

それゆえアシュリーが、こうした作業が「英語圏の経済学者を歴史的な方向で実質的に再編」できず、一九〇〇年代のはじめには新たな限界主義の経済学が優位に立った、と記したのも何ら驚くべきことではないだろう。たしかにアシュリーは新しい経済学の主要原理を把握した――これはカニンガムについては自信をもって言えるものではない――が、彼の反応は、この企図から距離をおこうとするものだった。彼は「それが受け入れられる限りでは」認めたのであり、そこに嘘はなかった。しかし、

「限界価値の学説は、われわれを問題の核心へと導くのではなく、およそ表面的なところに留まっている、と私には思われる。需要は、ある時点での表層的事実の逐語的な叙述以上のものではない。需要の強度は、需要が満足させられる程度によって、多少なりとも急速に、逆方向に変化する。異なる商品には異なる需要強度

の尺度がある。一定の条件下ではある需要は別の需要に代替しようとする。これは疑いない。しかし人々はなぜその当のものを欲するのか。満足の速度は何に依存するのか。彼らの欲求は、またそれを満たすための生産の可能性は、つねに同一であったのか。諸々の欲求は相互にどう関連するのか。それらはどうなる傾向をもつのか。需要者の経済状況によって需要に課せられる制約とは何か。こうしたことこそわれわれが真に知りたいものである。問題は、語の広い意味での歴史的なものである。あるいはお望みなら『静態』にせよ『動態』にせよ社会学的問題である、と言ってもよい(32)」。

数カ月後にアシュリーがケンブリッジ大学のマーシャルの講座の候補者として名乗りを挙げようとしたことを考えると、これは、当時の経済学の展開に対する、妙に醒めた見方である。だが、彼の英国学術協会会長講演からのものであるこの一節は、一九〇〇年代初頭までに歴史家と経済学者の間に空いた裂け目を説明するのに役立つ。歴史家たちは要するに経済学者たちとは異なった一連の問題に関心をもっていた。このことは相互に認識されていたのであり、その結果として、経済史が、経済学と関連してはいるが独立の学科として大学で独自な発展をたどる道が開かれたのである。歴史的経済学は、イギリスでは経済史となった。なぜならそれは経済学的分析のために囲いこまれた問題領域とは別の問題領域へと向かったからである。

2　カニンガム

すでに記したように、カニンガムは最初のイギリス経済史の簡約教科書を出版することによって、この新たな学科の形成に重要な役割を演じた。この本が出された時点では、経済史と経済学の間には、いまだ厳格な区分がなされていなかった。そうした区分は一八九〇年代にはっきりしてきたのであって、この時期には大学での教育がずっと専門的になり、また、イギリス経済学会の結成およびその存在理由をしめす『エコノミック・ジャーナル』の刊行——いずれの企画もマーシャルの発議と貢献によっている——の結果でもあったのはもちろんである。カニンガムはこうした展開を前に意気消沈することはなかった。彼はあいかわらず経済史と経済学が等しいものだと、自信をもって公言した。一八九〇年代の彼は、飽くことなく経済学の限界を説き[33]、一八九二年には王立歴史協会で極めて挑発的な講演を行って、マーシャルの『原理』第一版を証拠に彼が経済史家にはふさわしくない、と述べた[34]。彼の経済理論への関心は、控え目に言っても特異ではあった。はっきりしていることは、彼が分析装置の開発を重要と考えたのは、それが、現在および将来のあらゆる可能な経済活動を分類するための手段だから、という観点からだけであった。

「われわれは、交換のあらゆる可能な形態を徹底して分析する必要がある。こうしてわれわれは生じ得る取引のさまざまな種類を区別することにより、問題となる取引がいかなる種類のものかをただちに認識することができるであろう……。もしも交換過程の多様な形態についての完全な分析がわれわれに与えられることになれば、それは歴史家にとって可能な最大の利益を恵むものとなろう。歴史家は、今日ではもはや現実的でなく、それゆえほとんど知られてはいないが、過去のある時代に支配的であったかも知れぬ形態の諸現象でも、ただちに命名して論じる手段を手にすることとなる。交換過程のあらゆる可能な形態の完全な分析は、歴史家に、研究手段として最も重要なオルガノンと、研究に最も便利な用語体系とを備えてくれるであろう[35]」。

さらに、この交換過程の説明は、売り手の立場から展開されるべきものであった。このアプローチは、ジョン・マローニが説明したように、価格形成の首尾一貫した説明となっている。消費者の需要スケジュールを全く説明からはずすことで、カニンガムは、最終的な価格水準を決定するのが売り手のみであるというところから安定的な価格水準の生成を説明しようとするために、一連の難点を抱えこまざるをえなかった[36]。

とはいえこれは、たとえ支持し難いものではあれ、一つの疑似経済理論である。そうしてこれはすでにカニンガムが『イギリス商工業の成長』を書いたときの枠組みを特徴づけている。その第一部は、所有、集団的産業、そして交換の三章構成である。経済体系は機械というよりは、はじめから有機体として描かれる。というのも、

「機械は製造するだけだ。しかし有機体の各部分は不断に養分を与えられる必要があり、さまざまな部分を維持する手段は生体組織（アニマル・エコノミー）の最も重要な部分なのである……。偉大な国民とは、最大の速度で最大の量の富を生むための単なる機械ではない。それは、生産の条件と同様に分配の条件も満足させられなければ健康ではいられぬ有機体なのである。実際、もし富の分配がおよそ満足のゆくものでなければ、真によき生産も、真の国民的進歩もありえない(37)」。

こうしてこの相互依存の性質がそれ以降の叙述を通じて比喩的に精緻化されるのだが、ここに想定されている相互依存とは、つねに生産と分配の間のものであって、後者は生産の継続のための手段として扱われている。セイが始めて概説した古典派体系の第三の柱である消費は、ここでは何の役割も演じていない。

経済体系自体の歴史についていえば、カニンガムは、「古代」から「近代」への移行を、交換の主要な担い手たる競争の出現を介して概念化する。競争はカニンガムの近代の扱いにおいては中心的役割を担う概念である。「近代的」体系に内在する平等と公正の程度は、経済活動に参加する行為者の数に関係する。もっとも中世の「公正」価格の観念を扱うときには、カニンガムは売り手ではなしに買い手の数が決定的であると記してはいるが(38)。さらにカニンガムは、近代的経済理論が競争原理に支配されたものとしての「近代」を扱っているために、古い経済的諸形態を相手にしたときにはなんら分析的把握をなしえない、とする(39)。彼によれば、工業と商業の歴史とは、

「……不断に発展しゆく人間の欲求を満足させるためにこうした人的資源が多様なやり方で用いられてきたが、その用いられ方の歴史に他ならない(40)」。

カニンガムは、欲求とは自律的に発展するものであって、一次的には歴史的に与えられるのではない、と言っている。歴史的理解の目標は、生産と分配の領域に具体化した資源の変わりゆく性質である。

この点でカニンガムは全く首尾一貫していた。彼は自由貿易の批判の中でこう論じている。

「自由貿易論者は、自らが消費者の観点から経済生活を見ているのだと主張する……。彼はまたこう論じる。自由貿易と諸国民間の競争とによって、どの国も、その国民が世界のストックに対してなした貢献の等価分を世界のストック全体の中から受け取ることになる、と……。これは経済生活の捉え方としては不適切だ。たしかに消費は財の製造や輸送では考慮の対象であり、財を利用するのにそもそも必要な一局面である。すでに見たように、どの人間が消費の分け前にあずかる権利をもつべきかという問題は非常に重要である。だがこの点を別にすれば、消費は多くの考察を必要とするものではない。結局のところ、それは分配の一形態であり、それ自体として扱わずにすませることができる(41)」。

だが、国民の繁栄の将来はそう落ちついて放っておくわけにはゆかぬ、とカニンガムは続ける。それは、将来の状態の予測に基づき国民的目標を定める政府によって、不断に配慮されるべき対象でなくてはならない。

「繁栄の維持は、活力と進取という行動的な諸原理を喚起することにかかっている。この原理は、自然によって与えられた素材に形を与え、そのことによって人間の諸目的がより良きものとなるのに役立つことができる(42)」。

こうして歴史的経済学はサプライサイドの経済学であるとされ、資源は希少なものであって消費者の主観的な効用、欲求、必要に応じて配分される、とする新しい経済学とは符合しないことが指摘される。それゆえにカニンガムの批判に対するマーシャルの欲求不満もまた現れる。時代を超えて同じ動機が作動しており、同様の帰結を生み、それゆえ経済法則の恒常性が証明できるのだ、などという見方は自分のものではない、としてマーシャルは『原理』の性質を次のように述べた。

「実際、全巻が扱っているのは、主に、異なった条件の下で人々に作用する類似した諸原因が多少なりとも異なった効果を生むのはどうしてか、を示すことである。この議論の主導動機は、カニンガム博士がそれに帰しているものとはまさに逆のことだ(43)」。

カニンガムの歴史は、第一版では一八世紀末の説明で終わっていた。この時期に、富の生産と分配は自律的な部分領域となり、それゆえ「……あたかもそれらが他の社会諸現象から孤立的であるかのごとく」分析されうるものとなった(44)。歴史はここで終わり、近代的なポリティカル・エコノミーがそれに代わる――一九世紀全体は歴史的解釈には付されえぬ現代と無差別である(45)。実際ここにはマーシャルと相補的なものがあった。マーシャルのケンブリッジ新カリキュラムは経済史に重要な役割を与えていたのであって、そこでは、

「経済学徒は最近の歴史――主として一九世紀史と、ある程度はそれ以前の時代――に主たる関心を払うことが求められる(46)」。

すでに記したように、マーシャルの『原理』第一版は、一方で工業・商業と、もう一方での経済科学の双方の成長についての長い記述によって始められた。だが、第一章の冒頭ページから、経済学の本質と目的に関するカニンガムの説明ではまったく見られぬ、明快な目的が書かれている。

「第一節　ポリティカル・エコノミー、もしくはエコノミクスとは、通常の生活運営における人間の行為の研究である。それは人がいかにして所得をえ、いかにしてそれを使うかを調べる。したがってそれは一面では富の研究であり、また他の、より重要な面では、人間の研究の一部である(47)」。

マーシャルがこの出発点から開陳している歴史は、人間の諸利害間の葛藤のうちに形成され、ダーウィン的な自然淘汰原理が主要な役割を演じている動態的発展の歴史である。それゆえ産業と企業は進化的体系の、つまり漸進

的な適応と変化をたどってゆく体系の一部をなす。

「イングランドの近代的産業生活が発展するにあたっては、さまざまな条件が存在した。物質的安寧を求める欲求は、毎週そこから得られる最大量の労働を引き出そうとする休みなき緊張に向かおうとする。あらゆる行為を理性の慎重な判断に委ねるという堅実な解決法は、各人に不断にこう自問させるようになる。自分は、自らの仕事を変えることで、つぎには自らの方法を変えることで、自らの立場を改善しえたか否か、と。そして最後に、完全な政治的自由と安全は、各人が己れの行状を、そうするのが自らの利害にかなうと決定したごとくに適応させるのを可能にし、また自らの身体と財産を新たな遠方の事業に恐れることなく関わらせることを可能にしてくれる」(48)。

とはいえマーシャルは、この進化論的歴史を駆って純粋な進歩信仰にまで到ることはなかった。『原理』第一章ですでに貧困が一掃されるべきだという希望は表明されていたが、同時に貧困線上に生きる数百万の人々の悲惨さも認識されていた(49)。それが価値ある倫理的目標であるにせよ、進化論的な変化が貧困者の窮状を自動的に匡正することにはならぬであろう。マーシャルはこう認識していた。ダーウィンの「自然淘汰」原理（引用符はマーシャル）が言っているのは、環境に最も益をもたらす有機体ではなくして、自分自身のために環境から利益を得るのに最適な有機体が生き残る傾向にある、ということだ(50)、と。一九〇七年、王立経済学会の晩餐会のスピーチで、彼はこの思想を、都市計画が将来世代の福祉厚生に対して有する重要性をも含めるまでに拡張して、そこから自由放任の通常の意味を、「……国家をしてなさしめよ……」へと転換した(51)。この思想を厚生経済学にまで展開したのがマーシャルの後継者のピグーだったのは言うまでもない。それは、国家の役割と機能を規定して、政府の活動が経済の中にすでに作動している諸力をせいぜい助長したり統御したりするにとどまる、としている。

もちろんここでの政府の役割の分析的な規定の方法は、カニンガムには見られないものだ。彼にとって国家とは卓越した役割を演じるものだったからである。たしかにこのことはドイツの歴史主義者たちの政治的・経済的先入観に影響を受けていた。もっともそれは、カニンガムとマーシャルの経済学に対する理解の違いをさらに強調することにしかならないけれども。第一に、マーシャルは経済分析を人間行為の科学、より一般的には人間の科学と捉えた。対するドイツの経済学者たち——なかでも例えばコンラート、ブレンターノ、シュモラー——の歴史的企図は、この人間の生活の造形よりは、むしろ政治的・経済的組織の異なった様式の創出の方を強調した。第二に、そこにはマーシャルの想定した意味での進化論的発展はおよそなかった。シュモラーの国家形成の捉え方は、一八七一年の新帝国ドイツの創設によって喚起された命題を軸とする徹底した目的論的なものだった。(52) この時期、ダーウィン主義自体はドイツで非常に流行していたが、進歩の観念と密接に結び付き、時代遅れの制度は徐々により近代的、民主的なものへと道を譲ってゆくであろう、という科学的・世俗的な説明を行っていた。進化と自然淘汰の力とへの信仰、といってもそれはむしろ、一八四八年の事件で挫折した政治的自由主義の科学的変種以上のものではなかった。(53) 進化論的発展は社会の特定の集団の将来にとっては厳しいものともなりうるのだ、という観念は、その展望に含まれていない。「自然淘汰」は所与の環境への適応者をうまく育成することはできても、不適応者を育成して社会全体の一般的な厚生を促進することはできぬ、ということは想定されていない。

おわりに

以上に見たように、アシュリーは、経済現象に対して、マーシャルや彼の同志とは違った問題群を抱えて接近した。結局のところアシュリーとカニンガムの生み出した経済史は、彼ら自身がしばしば取って代わったと考えた古典派の経済学そのものの諸原理に負うていた。そしてこのことが、新興の限界主義の経済学の権威に反抗したときに、自らの立場を掘り崩した。カニンガムはその諸原理をほとんど理解していなかったし、彼の経済分析に対する関心も混乱し矛盾に満ちている。とはいえ彼は、『イギリス商工業の成長』によって経済史教育の実質的な基礎をたしかに提供したのである。アシュリーは新たな諸原理をかなり理解していたが、それが豊かな刺激を与えてくれるものとは見なかった。彼は死の少し前に経済史学会の創設に尽力したが、この学会が経済史の制度上の場を保障したことは、英国経済学会の創設が経済学にそれを与えたことと比肩すべきものであった[54]。この二人は、ポリティカル・エコノミーが自己の実用性に対する信頼をえられなくなった、まさにその時期に歴史的経済学を奉じた。一九〇〇年代初頭までには事態は変わっていた――。エコノミクスは近代化を進める大学制度のカリキュラムに組み入れられ、その担い手はますます専門化する学者であった。イギリスでは、歴史的経済学は、経済学の一形式としてはこの移行過程を生き延びなかったが、その代わりに、経済史となったのである。

当時のドイツ歴史主義の名声が高かったことから、多くの人は、歴史的経済学が新たなエコノミクスとは異なる有力な代替物を提供するかに思われたこの短い期間に、かのドイツ歴史主義がなんらかの形で影響を与えたに違いない、と看做すようになった。そういうことは確かにあるだろう、が、影響は間接的である――歴史と法に関するドイツの著作はイギリスの歴史家に対して一定の影響を与え、そして彼らがアシュリーやカニンガムのような人々に影響を与えた。しかしドイツ歴史派経済学の人名リストはイギリスでは、たいていは短いものに留まったのであって、このリストは当時も、またそれ以降も、（旧歴史学派の）ロッシャーとヒルデブラント、クニース、ないしは（新歴史学派の）シュモラーとワーグナーという標準的な名を挙げる以上に長くなることはまずなかった[55]。

注

（1） J. S. Mill, *Principles of Political Economy, Collected Works of John Stuart Mill*, Vol. II (in two parts), London: Routledge and

Kegan Paul, 1965, p. 456.

(2) もちろんこの様式化は理論的発展を反映している。この発展は、その含意に対する一般的理解の普及とはまったく別に、早くとも二〇世紀半ばまでは完成しなかった。

(3) J. Schumpeter, *History of Economic Analysis*, London: George Allen and Unwin, 1954, pp. 828-29 を見よ。

(4) 方法論争の批判的概括についてはK. Tribe, *Strategies of Economic Order*, Cambridge: Cambridge University Press, 1995, pp. 66-79 を見よ。

(5) アシュリーは一八八〇、八三、八四年にドイツを訪れたが、より直接的影響を受けたのはアーノルド・トインビーの講義とクリフ・レズリーの論文であった。次を見よ。A. Ashley, *William James Ashley. A Life*, London: P. S. King and Son, 1932, pp. 22-23.

(6) J. N. Keynes, *The Scope and Method of Political Economy*, London: Macmillan, 1891 p. 167 n. 1.

(7) これらの詳細は、W. R. Scott, "William Cunningham 1849-1919", *Proceedings of the British Academy*, Vol. IX, 1919-20, pp. 465-74 による。

(8) A. Kadish, Historians, *Economists, and Economic History*, London: Routledge, 1989, pp. 214-18 を見よ。

(9) Ashley, *op. cit.*, p. 94 を見よ。

(10) W. J. Ashley, *What is Political Science*, Toronto: Rowsell and Hutchison, 1888, p. 10.

(11) 「一〇年か一五年ほど前、ポリティカル・エコノミーは英語圏諸国では威厳ある、ないし有益な地位を占めてなどいなかった。英国ではそれは二人の極めて有益な人物、ケアンズとジェヴォンズに代表された。だが両者とも教養層に対しては著しい影響力をもってはいなかった。そしてオクスフォードとケンブリッジでの専門教育はわずかな科学的意義しかもたなかった。大学やカレッジでは、ポリティカル・エコノミーは都合のいい埋め種であった」。Ashley, *What is Political Science*, p. 10.

(12) W. J. Ashley, "On the Study of Economic History". 初出は *Quarterly Journal of Economics*, Vol. 7, 1893, pp. 115-36. ここでは *Surveys Historic and Economic*, Longmans, London: Green and Co., 1900, p. 2 に再録されたものからの引用。アシュリーはハーバード大学で経済史の最初の教授であった。

(13) Ashley, “On the Study of Economic History”, pp. 3-4.

(14) W. J. Ashley, “The Present Position of Political Economy”, *Economic Journal*, Vol. 17, 1907, p. 467. この稿は少し修正されてシュモラーの記念論文集に再録された。“The Present Position of Political Economy in England”, *Die Entwicklung der deutschen Volkswirtschaftslehre im neunzehnten Jahrhundert*, Bd. 1, Leipzig: Duncker und Humblot, 1908, pp. XV, 1-26.

(15) J. S. Mill, “On the Definition of Political Economy; and on the Method of Philosophical Investigation in that Science”. 一八三一年に起草され、三三年に修正され、三六年に出版された。*Collected Works of J. S. Mill*, Vol. IV, London: Routledge and Kegan Paul, 1967 pp. 309-39 を見よ。

(16) フォーセットについては、P. Deane, Henry Fawcett, “The Plain Man's Political Economist”, in L. Goldman (ed.), *The Blind Victorian. Henry Fawcett and British Liberalism*, Cambridge: Cambridge University Press, 1989, pp. 93-110 を見よ。

(17) Ashley, “The Present Position of Politicl Economy”, p. 474.

(18) Munich: R. Oldenbourg, 1874. レズリーの “The History of German Political Economy” は一八七五年に *Frotnightly Review* に発表され、次のものに再録された。T. E. C. Leslie, *Essays in Political and Moral Philosophy*, Dublin: Hodges, Foster and Figgis, 1879, pp. 167-78.

(19) Leslie, “The Political Economy of Adam Smith”, *Essays*, p. 152.

(20) メインの早期の影響については次を見よ。J. Burrow, *Evolution and Society*, London: Cambridge University Press, 1966, pp. 142-45.

(21) Leslie, *Essays*, p. v.

(22) W. Roscher, *Grundriß zu Vorlesungen über die Staatswissenschaft. Nach geschichtlicher Methode*, Göttingen: Dieterische Buchhandlung, 1843, p. 2. ロッシャーの歴史主義の諸問題に関する一般的議論については、Tribe, *Strategies of Economic Order*, pp. 68-71 を見よ。

(23) Ashley, “The Present Position of Political Economy”, p. 475.

(24) アシュリーは講義に出席した。彼のノートはボルトン・キングのノートとともに、A. Toynbee, *Lectures on the Industrial Revolution of the Eighteenth Century in England*, Longmans, Green and Co., 1884 として出版されたものの基礎をなした。

(25) Toynbee, *Lectures*, p. 5.

(26) Ashley, "The Present Position of Political Economy", p. 472.

(27) Toynbee, *Lectures*, pp. 5-6.

(28) A. Kadish, *Apostle Arnold. The Life and Death of Arnold Toynbee, 1852-1883*, Durham, N. C.: Duke University Press, 1986, pp. 125, 128, 147f.

(29) J. Burrow, *A Liberal Descent. Victorian Historians and the English Past*, Cambridge: Cambridge University Press, 1981, pp. 119ff を見よ。

(30) W. Cunningham, "Why Had Roscher so Little Influence in England?", *Annals of the American Academy of Political and Social Science*, Vol. 5, November 1894, pp. 317-34. カニンガムが自分の修辞的質問に答え損ねているのは特徴的である。アシュリーは "Preface" と "Introduction" を *Quarterly Journal of Economics*, Vol. 8, 1894 に訳出し、それが *Surveys Historic and Economic*, pp. 31-7 に再録された。

(31) これは例えばイギリスにおけるオーストリア学派経済学の受容と対照的である。グラスゴウ大学の講師で、のち一八九二年から一九一五年までポリティカル・エコノミーの教授であったウィリアム・スマートは、彼らの著作を翻訳し、素述した。例えば彼の "The New Theory of Interest", *Economic Journal*, Vol. 1, 1891, pp. 675-87 を見よ。ジェイムズ・ボナーとエッヂワースもオーストリア学派の業績を積極的に論評した。

(32) Ashley, "The Present Position of Political Economy", pp. 476-77.

(33) ロンドンのキングズ・カレッジでトゥーク講座の経済学・統計学教授として彼の行った就任講演は、当時の経済学に対する批判がほとんどだった。「経済学はある特定の改善図式に含まれる諸困難の程度や性質を理解するのには役立つかも知れない」。W. Cunningham, "The Relativity of Economic Doctrine", *Economic Journal*, Vol. 2, 1982, p. 15.

(34) W. Cunningham, "The Perversion of Economic History", *Economic Journal*, Vol. 2, 1982, pp. 491-506.

(35) W. Cunningham, "A Plea for Pure Theory", *Economic Review*, Vol. 2, 1982, pp. 28, 29. 彼がこの文脈でオルガノンなどと言ったのが皮肉なのかどうか明確ではない。この語はマーシャルが習熟したエコノミストの分析手段を言うのに用いていた。

(36)　J. Maloney, *Marshall, Orthodoxy and the Professionalisation of Economics,* Cambridge: Cambridge University Press, 1985, pp. 93-94.

(37)　W. Cunningham, *The Growth of English Industry and Commerce,* London: Cambridge University Press, 1882, p. 3.

(38)　*Ibid.,* pp. 244-47. カニンガムはこの価格形成において消費者の効用の問題を確かに論じてはいるが、売り手の効用にも言及している。交換と価格メカニズムの扱いは極めて混乱しており、これ以降の著作でも改善されていない。

(39)　「あるのがあたりまえの自由競争がかなりの程度で存在していなかったのだから、近代の経済諸原理は、過去のある時期の実際の産業発展に関するわれわれの研究を混乱させるほかはない」。*Ibid.,* p. 8.

(40)　*Ibid.,* p. 12.

(41)　W. Cunningham, *The Case against Free Trade,* London: John Murray, 1911, pp. 42-43.

(42)　*Ibid.,* p. 43.

(43)　A. Marshall, "A Reply", *Economic Journal,* Vol. 2, 1892, p. 508.

(44)　Cunningham, *The Growth...,* p. 387.

(45)　後の版では修正されたが、対象時期を一九世紀初頭にまで延長しただけである。一八九六年から一九〇七年に三部に分けて出版された第三版は、終盤で一八四〇年代まで説明している。

(46)　A. Marshall, *The New Cambridge Curriculum in Economics,* London 1903, p. 27.

(47)　A. Marshall, *Principles of Economics,* Vol. 1, London: Macmillan, 1890, p. 1.

(48)　*Ibid.,* pp. 36-37.

(49)　*Ibid.,* pp. 3-4.

(50)　*Ibid.,* p. 302.

(51)　A. Marshall, "The Social Possibility of Economic Chivalry", *Economic Journal,* Vol. 17, 1907, p. 19.

(52)　私はこの点を別のところで詳しく論じておいた。Tribe, "Mercantilism and the Economics of State Formation", in Lars Magnusson (ed.), *Merkantilism,* Boston: Kluwer, 1993, pp. 175-86.

(53)　A. Kelly, *The Descent of Darwin. The Popularization of Darwin in Germany, 1860-1914,* Chapel Hill: University of North

Carolina Press, 1981, p. 22.

(54) T. C. Barker, "The Beginnings of the Economic History Society", *Economic History Review,* Second Series, Vol. 30, 1977, p. 5.

(55) アシュリー自身の説明すら証拠となる。 "Historical School of Economists", *Palgrave"s Dictionary of Political Economy,* ed. H. Higgs, London: Macmillan, 1926, Vol. II pp. 310-14.

第9章　カール・メンガーと歴史学派[1]

——方法論争とその後——

八木紀一郎

はじめに

先の世紀末頃のドイツ語圏の経済学の世界において、歴史学派に対立した学派は、カール・メンガーにはじまるオーストリア学派であった。カール・メンガーは、一八八三年の『社会科学方法論』でドイツの経済学界における歴史学派の覇権に挑戦したが、それに始まる「方法論争」が生み出した分裂は、マックス・ヴェーバーが活躍する二〇世紀初頭の頃まで続いた。実証的な細目研究の上に、発展段階論に代表されるような歴史的概括をおこなうことを旨とした歴史学派に対して、オーストリア学派は個人の経済行為における合理性を基礎にして経済理論を形成する「抽象理論」の学派であるとみなされた。有名な「客観性」論文でマックス・ヴェーバーが述べたように、ドイツ語圏の経済学は、相互に共通する言語の無い二つの陣営に分かれているかのようであった(2)。

しかし、両学派を異質な両極として扱う構図にたいしては、現在、二つの方向から再考が迫られている。まず第一は、制度と人間行動の発展に注目する進化的な経済学の可能性が探られるなかで、経済のなかに歴史的・倫理的要素を取り入れようとした歴史学派の経済学の再評価がおこなわれ、また同時に、メンガーをはじめとするオーストリア学派も、歴史学派と異なった型の制度進化の理論の先蹤者としてクローズアップされるようになったことである。英米経済学を基準とした経済学史の標準的な理解では、オーストリア学派は不充分な新古典派であり、歴史学派は経済史家、経済社会学者、あるいは社会政策論者の集合体ではあっても、経済理論に関連した学派とは考えられなかった。しかし、進化的な制度経済学という新たな問題関心から照射するならば、オーストリア学派と歴史学派が対立した前世紀末の方法論争も別様に見えてこないだろうか。

第二は、この二〇年近いドイツ経済学史研究の再生のなかで、オーストリア学派についても歴史学派についても研究が進み、両学派が前提としていた基礎概念や同時代的な知的状況が明らかになってきたことである。メンガーが「ドイツの経済学者」であることを強調したのは、E・シュトライスラーであったが、同様の視角はひきつづいてB・P・プリッダートなどによって採用されている。(3) 他方、歴史学派についても、プリッダート、J・バックハウスのほか、B・シェフォルト、P・コスロフスキーなどによって新しい照明があてられている。(4) 歴史学派再評価の機運が、ドイツ人学者のサークルだけに限られているのではないことは、本書がそれを証言するであろう。こうした研究のなかで、英語圏とも仏語圏とも異なるドイツ語圏の知的世界のなかで、産業化と近代化の進行する時代状況に対応しながら発展した両学派の共有ないし交錯する部分が見えてきたと言ってよいだろう。

本稿では、この二点を念頭におきながら、カール・メンガーの歴史学派批判とその反響を考察する。まずはじめに、メンガーが方法論の研究を開始した経緯から「方法論争」が起こった文脈を説明し、引き続きメンガーとシュモラーのやりとりを紹介する。後半部では、マックス・ヴェーバーを、歴史学派から出ながらメンガーの問題提起を受け止めた社会経済学者として解釈する。(5)

1 『経済学原理』から『経済学方法論』へ

一八七一年のカール・メンガーは、その『経済学原理』を、歴史学派の創始者の一人であるヴィルヘルム・ロッシャーにささげた。それはメンガーが、たとえば『歴史的方法による国家経済学講義要綱』(一八四三年)に示されたような、ロッシャーの歴史主義の研究プログラムに賛同したからではない。ロッシャーには、いま一つ、体系的な教科書作者としての側面があり、その理論篇である『経済学の基礎』は、K・H・ラウの『経済学原理』とともに、メンガーが創造的な理論的思索を加える基礎となった書であった。

ロッシャーはこの教科書のなかで、経済的価値を「経済活動をする人間の目的意識にとっての財の意義」[6]と定義していた。それに対して、メンガーの定義では、「価値とは、自分の欲望を満足させうるかどうかが、具体的諸財ないしは諸財の数量を支配しうるかどうかに依存していることを、われわれが自ら意識することにより、その諸財ないしはその数量がわれわれにたいして獲得する意義である」[7]。ドイツ経済学の伝統の中では、経済行動の目的と「欲望満足」が相互に読み替えられることを考えるならば、メンガーがロッシャーの定義に付け加えたのは、限界主義的な思考法によって、「具体的諸財」とそれに依存する欲望満足を対応させ、それによって「財の意義」に評価の尺度を与えたことである。いいかえれば、メンガーの価値は、ある経済主体がすでに特定の数量の諸財を支配しているという状況下で、特定の財一単位を喪失すること、あるいは追加的に獲得することを想定して適用されたロッシャーの価値である。

しかし、メンガーがその思索の出発点において基礎とした主観的価値論は、ロッシャーだけのものではない。「財価値のすべての現象形態に共通する諸要素を確定しようとする努力、つまり価値の一般的概念を得ようとする努力は、価値の理論を独立した仕方で論じたすべてのドイツ人に見出されるものである」[8]。『経済学原理』の価値論の章にメンガーが付した注にあらわれるフリードレンダー、クニース、ラウ、シェッフレなどのドイツ人学者はみなそうである。ロッシャーは彼らの代表として『経済学原理』を献じられたのであって、もしラウが一八七一年に存命であれば、この光栄はラウの方に行ったかもしれない[9]。

「われわれにとって特別な喜びであったのは、ここでわれわれによって取り扱われた、経済学の最も一般的な諸理論を包括する領域は、その少なからざる部分が、本来まさに、ドイツ国民経済学の最近の発展のもたらしたものであり、したがって本書で試みられるわれわれの科学の最高原理の改革は、ほとんど例外なしに、ドイツ的篤学心が生み出した予備作業を基礎としておこなわれているということである」[10]。

一八七一年に『経済学原理』を刊行したとき、メンガーはそれを「第一部総論」として、後続する第二部以下を執筆する計画であった。しかし、彼は『原理』への書評をきっかけにして、経済学方法論の研究に入り込んだ。私は、かなり前に一橋大学のメンガー文庫に残されている『原理』の著者用特製本を用いて、書評に対するメンガーの反応を推測したことがある。(11) 一八七一年にドイツの経済学界に「親しい挨拶」を贈ったメンガーが、約一〇年後に、なぜ、歴史学派への挑戦者として登場したかは、彼が方法論の研究を開始した事情から説明ができる。

書評のなかには、歴史学派からの立場からする文体の類似した書評が二つあった。その一つには G. Sch. というイニシアルが付されていて明らかに、グスタフ・シュモラーの筆になるものと解される。メンガーはこの書評で、初心者が教科書を書いてデビューしたと評された上、若い学者はまず個別研究から出発すべきだと説教がましく戒められた。この書評はメンガーがイギリス経済学と同様の利己的経済人の仮定にその理論を立脚させているとして、次のような論評を加えた。

「経済生活の心理学的基礎なるものは、国民ごと時代ごとに変化するものではないか。著者は、それをいうことによって、抽象的平均的人間の基本性向を絶対的に確実な量とみなして、それから経済生活を正確に導出することができるというイギリス人の時代遅れの間違った虚構を再興しているのではないか。自然科学が精密な探求をおこなってきたのは秤や顕微鏡を用いることによってであるが、経済学においてそれらに対応しているのは、歴史的・統計的などの研究方向である(12)」。

「時代遅れの間違った虚構」というのは、歴史学派がその創設以来、指弾してきたアダム・スミスの「自利心」は「公共心」に優るというドグマである。もちろん限界量に注目して経済行為の合理性を論じたメンガーの理論を、労働価値説などを含む古典派の経済理論と同一視することはできない。しかし、欲望満足を最大化する経済主体という彼自身の想定を、歴史学派の提起する人間行動の多様性と関連させて方法論的に擁護することは、この書評を目にして以来、メンガーにとっての重要課題となった。

この論評にあらわれているいまひとつの対立は、経済学の研究における「精密性」の理解をめぐってあらわれている。メンガーにとって「精密的」というのは、歴史学派の書評者が理解したような、単なる「抽象的」な「虚構」からの演繹を意味するものではなかった。メンガー自身は、初版『原理』の序文で、それを次のように表現している。

「人間の経済の複雑な諸現象を、しっかりした観察によって行き着きうる最も単純な諸要素に還元し、この諸要素にそれらの性質にふさわしい尺度を与え、この尺度を保持しながら、どのようにして複雑な経済現象がそれらの諸要素から合法則的に展開して来るかを再度研究する」(13)。

具体的に言えば、人間の欲望と財、そして両者の関係から生じる財価値がこの「最も単純な諸要素」にあたり、そこから展開してくる「複雑な経済現象」というのは、生産や交換という経済主体の行動や、価格現象である。欲望、財、そして財の経済主体にとっての「意義」といういみでの財価値の現象は、すべての人が自分自身を例にとって確認しうる事柄であり、また、生産・交換・価格は客観的に現れる経済現象である。初版『原理』のメンガーは、このように考えて、この方法を「経験的方法」と呼んでいる。しかし、この個人主義的な還元＝再構成の方法のなかであらわれる「尺度」は、「価値」について考えればわかるように、必ずしも客観的なものとは限らない。メンガーにとって「価値」は、客観的に観察されないにせよ、一貫性をもって人間の行動を導き、それによって価格という客観的尺度の基礎をなしている主観的な尺度であった。

それに対して、歴史学派の書評者にとっては、経済学の「精密性」が意味することは、個々の歴史的事象の詳細な研究、あるいは統計資料をもとにした実証的分析に基礎を置くことであった。すべての国民、すべての時代に通用する経済理論を構想することは「抽象的」な「虚構」であり、経済学にとっての経験的基礎は、複雑な様相をもった個々の事象から直接得られる客観的データ、あるいはその統計的な加工にしか存在しない。したがって、理論研究においても、実証研究の集積の上にその成果の帰納的な一般化として取り組まれるべきだというのが、シュモラーに代表される新歴史学派の研究プログラムであった。

このような立場を、『経済学方法論』のメンガーは、理論研究における「現実主義的・経験的方針」と名づけている。メンガーによれば、それは出現頻度やその影響力から言って経験的に重要な類型的現象（「現実定型」）や諸事象の継起あるいは共存の経験的な規則性（「経験的法則」）を発見することはできても、例外性のないことが概念と事象の論理的関連からみても保証されているような「精密的法則」の確立には到達しえない方針であった。しかし、『経済学方法論』においては、収集された事実からの帰納的一般化という歴史学派的な方針に対して「精密性」を否認する一方で、自分自身の採用する理論研究の「精密的方針」からは、「経験的方法」という呼称は回避されるようになった。

「孤立的に考えられた人間現象の個々の構成要因が現実的であるかどうか、それを現実のなかで精密に測ることができるかどうかは……社会現象の領域での理論的研究の精密的方針にとっては、……まったく重要でない……」[(14)]。

「財貨欲求の充足をめざす経済人の努力のなかでの人間的利己の発現を精密的なやり方で追求する」のが「精密的経済学」であるが、それは人間の現実の生活の構成要因から孤立的に取り出された性向に基づいて経済生活という「人間生活の最も重要な側面のなかの一つ」を理解させる特殊な理論である。「公共心」や「遵法心」といった性向を孤立的に取り出せば、政治学や倫理学の理論が生まれるであろう。したがって、『経済学方法論』のメンガーは理論の経験的妥当性については多くをのぞまない。歴史学派が問題にするような、経験的現実としての社会現象を理論をもって理解するには、人間生活の諸側面を解明する精密的な諸理論の発達を待たなければならないというのである。

シュモラーは歴史学派の方法論のなかで経験主義的な立場を代表しているが、歴史学派にはいま一つK・クニースに代表される非合理主義的な立場があった。歴史学派のなかで「最も徹底した方法論者」といわれるクニースは、一八五三年の『歴史的方法の立場からする経済学』において、「自由意志」のはたらく人間行動については、自然科学と異なって因果的法則の成立の余地はなく、可能なことは歴史的発展のなかであらわれる「類似性」の認識にとどまると論じていた。もしメンガーの経済理論が人間の経済行為の主観的側面を理論化したものであるとすれば、こうした非合理主義的な立場への対決も不可避であろう。

初版『原理』の「序文」でメンガーは、クニースの名前をあげずに、自由意志による経済法則の否定論に言及している。メンガーは、「理論的な経済学がとりあつかうものは経済的な行為に対する実際的な提案ではなく、自分たちの欲望を満足させることに方向づけられた人々の先行的に配慮する活動が展開される際の諸条件である」から、経済現象の「合法則性」は人間の自由意志の存在によっては影響されないと論じていた(15)。この個所に異議を申し立てたのが、ハックの書評である。彼は欲望と財の間の「因果連関」とメンガーが表現している関係は、「原因と結果の関係としてではなく、目的と手段の関係として把握すべきである」と論じ、さらに上述のメンガーの文章をそのまま書き写して「経済行為の法則が意志の自由といかに両立しうるかという周知の係争問題」は、なお未解決であるとしたのである(16)。

ハックは特に経済理論上の業績のある書評者ではないが、彼の批評は経済理論の性格についてのメンガーの理解を、行為論的に純化することに役立ったと思われる。事実、メンガーは一橋大学のメンガー文庫に保存されている著者用特製本のなかでハックに引用された個所を抹消し、また第一章第二節のタイトルを「諸財の因果連関について」から「諸財の目的論的連関について」に変更している(17)。もちろん、経済学を「精密的科学」とするという志向が放棄されたわけではない。初版『原理』序文で意志から独立した「諸条件」とされたものは、『経済学方法論』でも人間経済の「出発点」と「目標点」というように行為論的に表現があらためられた。しかし、前者は「直接的に支配可能な財数量」であり、後者は「直接的な財欲求の充足」であるから、各時点をとってみればいずれも厳密に決定されたものとみなせるというのが経済法則の非決定論を拒否する理由とされている。(18) 客観的な因果法則論を目的論的な行為論におきかえた帰結は、「出発点」と「目標点」は定まっていても、両者を結び付ける現実的な過程は能力、恣意、誤謬の影響を受けて多様であろうという認識である。したがって、経済理論における法則は、この過程を「事実」として決定するのではなく、完全に合目的的な、いいかえれば最も「経済的」という意味で限定された唯一の理想的過程を論じることになる。

このように初版『原理』の書評をめぐる方法論的問題を考察していくと、一八八三年の『経済学方法論』におけるメンガーの回答はおのずと明らかになってくる。要約していえば、第一に、経済学は財による欲望満足という目標の達成に向けられた経済主体の目的意識のなかでの財と人間行動の関連を探求する、第二に、このように想定された経済主体としての人間はたしかに「利己的」ではあるが、それは現実の人間がもつさまざまな性向のうち最重要なひとつを取り出したものであり、人間の行為連関における経済的側面を理論化するための不可避的な抽象である、第三に、現実の経済過程は非経済的な要素、能力の差違、知識の不足や誤謬の影響を受けているが、経済理論はこれらに影響されない理想的な経済的過程を論じる、ということである。これは、経済理論を「理念型」として解釈した一九〇四年のマックス・ヴェーバーの見解とほぼ同一である。

2　メンガー対シュモラー

シュンペーターにせよ、ミーゼスにせよ、メンガーが初版『原理』のあと、方法論の研究に向かったことを残念なことと考えている人は多い[19]。メンガー自身も、方法論を独立してとりあげることの不毛さを知らなかったわけではない。経済学にとっての本来の方法論は、経済理論の探求を実際に前進させ、それを経済学研究の全体と結び付ける具体的な方法を論じることにあるだろう。メンガーはこれを、経済学研究という「目標」への「認識通路」と呼んでいるが、一八八三年の『経済学方法論』はそれを論じたものではなく、経済学研究という「目標」自体の認識論的な性質を論じたものに過ぎなかった。

しかし、当時のドイツの経済学界は、メンガーの判断では、「有力な学派の支持する誤った方法論的原則が支配的な勢力をえ、偏見がある学問領域でのすべての努力を裁断する」という状況下にあった。それは、「他の場合にはむしろ自分の学問の本来の課題に解決に力をつくすことを好む人々さえも方法論争に参加すべき時機」である[20]。いいかえればメンガーは、歴史学派の誤った方法論に挑戦することをもって、その『経済学方法論』の公刊を正当化したのである。

すでに一八七〇年代に、メンガーは初版『原理』の特製本に、「叙述の歴史的方法は存在するし、さらにまた歴史は諸法則の研究対象でもあるだろう。だが、研究の歴史的方法なるものは存在するのか？[21]」と、歴史学派の立場に対する根本的な疑念を書き付けていた。もちろん、メンガーは『原理』の歴史学派の書評者が誇らしげに披瀝した歴史的・統計的研究の価値を否定したわけではない。メンガーはまず、諸現象をその個性においてとらえる経済史の領域と諸現象をその一般性においてとらえる理論の領域を分ける。その次に、理論研究において、「現実主義的・経験的方針」と「精密的方針」を区分した。歴史学派がとくにその統計的研究をもって行うのは前者にしたがった研究であり、それは「現実的諸現象の継起と共存のなかでの実際上の規則性」を「経験的法則」として確立することには大いに役立つのである。[22]

メンガーによれば、歴史学派の誤謬は、「現実主義的・経験的方針」だけを理論研究の方針と考え、それ以外の方針（「精密的方針」）の価値を認めないことにあった。それは例外と程度の差の大きい「経験的法則」のみを理論とみなし、諸現象のあいだの論理必然的関連を論じることを放棄することに等しい。例外のない論理必然的な関連を法則として理論化する「精密的」な研究方針は、「現実主義的・経験的方針」の基準からすれば、当然にも「非現実的」として否認されることになる。こうした立場から、理論の「精密的研究方針」の認識論的特性を提示して、誤解を退けるのが『経済学方法論』の第一の課題であった。

メンガーは『方法論』において、防衛のみに専念したわけではない。歴史学派の文献を子細に検討するなかで、メンガーは歴史学派経済学者の議論の背後に、「国民経済」についての独特の有機体論的見方が潜んでいることを発見した。歴史学派には「歴史的・哲学的」傾向と「統計的・理論的」傾向の差異はあっても、経済現象を個人の経済行為から解明しようとする理論に対して「原子論」という非難を浴びせるのは共通である。それは、現実には個別的な諸経済の複合体でしかない国民経済を、「全体としての国民」が主体としてあらわれる統一的な経済であるかのようにみなしているからである。[23]

メンガーは、「国民経済」についてのこの有機的全体論的な観念が、法は人為ではなく有機的全体としての「国民」の発展から生まれるとしたザヴィニーらの歴史法学派に由来すると推測した。個人を単位とした「精密的」理論化の方針にしたがうメンガーは、こうした全体論には与しないが、彼らが社会諸制度の有機的成立という問題領域を発見したことを積極的に評価している。しかし、経済学における歴史学派は、歴史法学派と異なり、こうした研究領域を無視して、「国民経済」という全体論的な見方を実用主義的な政策論と結合したのである。したがって、「歴史学派」という名称自体が、浅薄なご都合主義の産物にほかならない、というのがメンガーの歴史学派に対する攻撃であった。

シュモラーは彼の編集する通称『シュモラー年報』に掲載したレビュー・アーティクル「国家科学・社会科学の方法論のために」でメンガーの『経済学方法論』をディルタイの『精神科学序論』とともに取り上げて、応戦した。シュモラーは歴史的実証研究に基づかない仮説から仮説を引き出すだけの恣意的抽象であるという従来の批判を繰り返しただけでなく、「国民経済」についての歴史学派の見方への支持を表明した。シュモラーの見方では、経済学は、国家や社会、慣習、道徳、法律とともにある国民経済を対象にしているのであり、歴史学派の研究はまさにそれに向けられたものであるが、メンガーの「精密的」理論は、そうした総体としての「国民経済」についての何ものをも与えないというのである。

「歴史学派の本質的な原因や必要性をメンガーはもちろんけっして理解することはできない。けだし、彼にはその器官が欠けているからである。歴史学派は、一切の現実性を欠いている若干の抽象的な朦朧像に代る現実の学問的把握への復帰を代表する。メンガーはまた、すべての重要な国民経済現象は場所的に、時間的にはなはだ広大であって、歴史や統計学が行なうような集合主義的観察によってはじめて接近しうるものであることも解っていない。このことはメンガーには閉されたものである。けだし、彼はもっぱら個別経済の単一の観察から出発し、いつもただ交換、価値、貨幣などについて考察しているのであって、国民経済という身体の骨格を形成している国民経済上の機関や制度については考察していないからである」(24)。

だが、メンガーは歴史や制度について論じなかったわけではない。メンガーの『経済学方法論』は、その後半の「有機的社会現象」を取り上げた部分において、社会制度の自生的な形成について論じている。「有機的社会現象」

というのは、言語や慣習法のように、その成立について具体的な意図も創造者も特定できないにもかかわらず、現実に有益な機能を果たしている諸制度のことであり、それが「有機的」と称されるのは植物や動物が意図なくして合目的的な器官を発達させる生命現象と類比されるからである。事実、ザヴィニーらの歴史法学者や、グリム兄弟などのロマン主義者にとっては、言語、法、民話、伝承を生み出す生きた全体としての民族の生活の一部であった。

メンガーはこうした全体論的な実体の想定を拒否するが、「どのようにして共同福祉に役だち、その発展にとってもっとも重要な制度がその創設をもくろむ共同意志なしに発生することができるのか？」[25]ということが「社会科学の多分もっとも注目すべき問題」であることを承認する。メンガーは、こうした「有機的社会現象」の起源の理解についても、自分の利益関心にしたがう個人の行動に排他的に注目するという「精密的方針」が成果をあげうると論じた。もしそれが成功しているとすれば、歴史学派の全体論的な考察法は、その本拠地において無力化されることになるであろう。

メンガーが実際の例としてあげているのは、貨幣の起源である。貨幣が無ければ、財の交換は双方が相手の提供する財を欲しがっているという極めて幸運な場合を除いて行なわれ得ない。したがって貨幣は、すべての人に対して一般的な交換手段として役立っているのであるが、もし財と貨幣の交換を孤立的に取り出すならば、なぜ人は貨幣といわれる特定の財と引き換えであればいつでも自分の財を相手に与え、他の財に対してはそうではないのかを説明することは困難である。ザヴィニーはこのように考えて、貨幣の成立は個人の利害関心から説明しえない神秘を蔵していると論じた。

メンガーの議論もまた、直接的な財交換の困難性から出発するが、彼は、社会の成員のうちの誰かは、財には種類によって相手に受け取ってもらえる可能性の高い財と低い財があることに気づくであろうという。こうした差があるならば、自分の財をそれよりも交換可能性の高い財にまずとりかえ、それを本来自分の欲しい財に交換することが、交換の目標達成にとってより効率的であることに気づく経済主体が出てくるであろう。また、そうした経済主体の成功を見聞した他の経済主体も同様な行動をとるであろう。このように間接交換の交換手段として利用される財は、その交換可能性をますます高めるので、最後には唯一の財が誰にでも受け取ってもらえる排他的な交換手段となる。つまり、一般的交換手段としての貨幣は、自分の経済的利害のみに動かされる個人が、間接交換の可能性を発見しそれを普及させるなかで成立する。こうした制度形成の「精密的理解」においては、公共心も全体論的な主体の想定も必要ないのである。

「貨幣の起源は、実際は、ただわれわれがここに問題になっている社会制度を社会の成員の特殊的に個人的な諸努力の無反省的な産物、意図されない合成果として理解することを学んではじめて完全にこれを理解することができる」(26)。

個人の利害認識の高まりとそれに基づく新しい行動の出現、さらにその普及と慣習化、こうした過程の全体を通じての「思わざる結果」としての制度の成立というのが、メンガーの提出した制度形成論であった。メンガーは、こうした制度の形成論が、貨幣だけでなく、市場や集落、言語、法、さらに国家の成立についても適用可能であるとみていた。言語、法、国家の成立についてまで経済学の範囲に属するとメンガーが考えていたとは思えないが、貨幣成立論で例証された『「有機的」に成立した社会形象の起源の精密的理解」は、これから発展すべき他の諸学にとっても範例としての意味をもつと考えられたのであろう。

シュモラーは、メンガーの示した「有機的」社会現象の「精密的」解明に強い印象を受けたようには見えない。彼は制度の「有機的起源」の問題に対しても、また、歴史学派のロマン主義的な先駆者たちに対しても距離をとっている。シュモラーは、「ザヴィニー流の民族精神の神秘主義に対するメンガーの強い共感」を嘲笑し、「ロッシャーがロマン派のこうした神秘的観念をその出発点としていないのは、ザヴィニーにたいしての一つの進歩であった」[27]と、勝ち誇ったように宣言している。シュモラーはさらに、メンガーのザヴィニーに対する共感を、経済的自由への意識的干渉に対する「マンチェスター的反感」に由来するものとみなした。

明らかにシュモラーは、ロマン主義的な神秘的全体をメンガーが破壊したことの意義を見失っている。メンガーを自由放任の「マンチェスター派」とみなすことも間違っている。メンガーは、国民の福祉という実際的目的のために意識的な立法作業がおこなわれることの必要性を否定しなかった。しかし、政府の「実用主義」的視角からする介入と対比して、自生的に形成された制度への信頼の意義を説いたことも事実である。メンガーは歴史学派の経済学者が立法や政策による社会改革をはかる「実用主義」に偏していると批判したために、シュモラーから社会改革への敵対者の列の中に加えられた。メンガーの制度形成論は、二〇世紀になって、ハイエクによって自由な市場経済と両立する自生的な秩序の形成の論理として再興され、現在また、個人の合理的適応行動を基礎に制度の形成・変化を説明しようとする「新制度主義」の論者によって新しい発展が付け加えられている。しかし、一九世紀の後半は、欧州の諸国民にとって、立法による社会諸制度の整備が矢継ぎ早やに行われた時代であった。こうした改革の時代において、メンガーによる「有機的」社会現象の解明が大きな反響を呼ばなかったのは、けだし当然であったかもしれない。

シュモラーは、制度の「精密的」理解に対して、彼自身の見解を次のように披瀝する。

「すべての社会形象は、最終的には個人の心的過程に遡及されるとする点ではメンガーはもちろん正しい。しかし、個人の心的生活は協調と利己的努力との対立につきるものではなく、無限に多くの利己的な感情と努力と同情的な感情と努力とから合成されている。この両者はあるいは意識的な協調によって、あるいは無意識的な、またはたんに感情的な同調によって、経済的・社会的生活のよりいっそうの結果、確固たる形成にみちびくのである」[28]。

これは、ほとんどの歴史派経済学者が賛成すると考えられるような、経験主義的立場を表明したものである。シュモラーがメンガーをディルタイとともにとりあげたのは、個人の複雑な心理的生活に当時出現しはじめていた心理学などの精神科学によって接近できるかもしれないと考えていたからであろう。しかし、同時に留意する必要があるのは、経済学への倫理的要素の統合が、こうした経験主義的言明と結びついているということである。

いずれにせよ、メンガーの歴史学派批判は、ことシュモラーに関するかぎりは、何の効果をももたなかった。メンガーは、翌年、今度は純粋にポレミカルな書簡体の著作『ドイツ経済学における歴史主義の誤謬』を公刊して、彼の憤懣を発散させたが、シュモラーはもはやそれに答えなかった。

3　ヴェーバーにおけるメンガーの受容

一八八三〜八四年のメンガーとシュモラーの公然の対決のあと、今度はヴィーンを舞台として方法論争の第二陣が行われた。一八八八年に新歴史学派のいま一人の指導者ルイヨ・ブレンターノが、ヴィーン大学に着任して「古典派経済学」というタイトルでその就任講義を行った。この講義のなかで、ブレンターノは、「経済現象の記述は、どれほど些細なものであっても、それが正確なものであるかぎり、経験的経済学者にとって、経済学上の利己主義からのもっとも鋭い演繹に優る価値を有している。そうした演繹から得られる結果は、それが形式的には正しいとしても、現実とは両立しがたいからである」と論じた。(29) それに対して、メンガーの弟子であると同時にオーストリア学派の共同創設者であるベーム＝バヴェルクが論駁の筆をとった。ベームにとって、古典派経済学が責められるべきなのは、「利己主義」を想定したからではなく、労働価値説という理論的な誤りをおかしたからである。「明解な経済人」を想定することは、経済学的のすべての理論的作業にも不可欠な想定なのである。(30)

しかしブレンターノはヴィーンに長くとどまらなかった。彼がライプチヒ大学に移った後には、二つの学派のあいだには地理的にも棲み分けが成立したかのようであった。

両学派の本格的な交錯は、世紀の転換期に歴史学派の少壮の経済学者マックス・ヴェーバーによって果たされたと解釈することができる。マックス・ヴェーバーは現在では社会学者とみなされることが多いが、一八九二年フライブルク大学、一八九六年ハイデルベルク大学で彼が就任したのは経済学の講座であった。一八九八年の発病前のヴェーバーは、この両大学における経済学の教育および研究体制の熱心な改革者であった。彼がどのような経済学講義を行ったかについて、マックス・ヴェーバー全集の編集者は、ハイデルベルク大学の社会主義的傾向をもったある学生の証言を提供している。

「……いま言及したヴェーバー教授の名前は、国民社会党の筋から貴君にも知られているかも知れない。彼は歴史学派の第一人者クニースの講座を引き継ぐために前学期にフライブルクから招聘された。一群の人が彼に、大きな期待をかけて、それまで彼が灰色に包んできた若いエネルギーの発揮を待ち受けた。この坊やがどのような精神をもっていたかは、その講義の最初の数回で早くも明らかになった。過激なことばをいくつか吐いた後、殻を脱ぎ捨てた彼はすぐに、教師ベーム＝バヴェルクとメンガーの体系をドイツに輸入しようとするオーストリア学派の戦士として登場した。われらが教授は、残念なことに、この戦士の役だけでは役不足と考えたらしい。彼はさらに、マルクス批判者にもなろうとした……」[31]。

この学生の報告は、ヴェーバーが配布した一八九八年の「一般（理論）経済学」講義のシラバス[32]に対応する。このシラバスによれば、ヴェーバーは最初に、「理論経済学の課題と方法」（シラバス第一章）について、一八八三〜八四年の方法論争を含む文献に言及しながら語り、さらに経済学の基礎概念の理論的説明（第一部）に進んでいる。講義のこの部分をシラバスから書き写して示そう。

(a)価格形成　(b)貨幣と貨幣価格　(c)交易価値
補論　古典派と社会主義の価値理論の批判
(3)　国民経済における生産
(a)規制原理　(b)分業　(c)生産手段：　α　物財　β　労働
(d)企業
(4)　資産と所得
(5)　信用(33)

今日の学者の目から見れば、この講義もなお、欲望と財の概念の説明から出発する当時のドイツ経済学通有のスタイルを保持している。しかし、「経済的」原理、「価値帰属」といったオーストリア学派の概念がすでにこの構成にあらわれているし、講義第一部のために作成されたレジュメでは、「経済行為」、「先慮」、「限界効用」という用語までがあらわれて、講義のオーストリア的色彩はもっと明瞭になる。

ウェーバーのこの講義で私たちの関心をひくのは、「方法論争」から彼が引き出したと思われるいくつかの結論がそのなかに組み入れられていることである。

その第一は、オーストリア学派の「抽象理論」を受容するに際して、彼が重要な限定を付していることである。それは、歴史的側面と論理的側面の双方にわたっている。まずは、歴史的側面における限定について。

「経済行為は数千年にわたる適応過程をつうじて人間に教え込まれたものである。現代的意味での、計画的な経済行為の程度は、過去においても現在においても歴史的であり、人種によって、あるいは近代西欧文化の内部においても、諸個人の職業、教育、知性、そして性格によって、きわめて差異があり、強度に発展している場合も不完全な発展の場合もある。個人の行動を定める衝動についても同様のことが考えられる。それは歴史的に、また個人的にきわめて異なるのである。抽象的理論は、近代の西欧型の人間類型とその経済行為を前提としている。それは、経済的に完全に教育された人間の基礎的な生活現象を探求しようとするのである[34]」。次に、論理的な限定である。

「それ［抽象理論――引用者］は、この目的のために、ある構成された「経済主体」を基礎にすえるが、この主体は経験的な人間と対比して、

a　経験的な人間に影響を及ぼす、特殊経済的、すなわち、物質的な欲望に対する先慮に由来するものではない動機はすべて存在しないものと取り扱われる――つまり無視され、

b　経験的な人間には見られないか不完全にしか備わっていない、以下のような特定の性質を備えているものと仮定されている、

α　その時々の状態を完全に知悉していること――経済的な完全知、

β　その時々の目的に最も適合した手段を例外なく採用すること――絶対的な「経済性」、

γ　自分の力を経済的な財確保の配慮に完全に充用すること――「遅滞のない鋭利経営」。

それは、したがって数学における理想的像と同様に、非現実的な人間について論じているのである[35]」。

論理的な限定に関しては、ヴェーバーはメンガーの『経済学方法論』の立論を繰り返しているだけだと言ってよい。ヴェーバーの独自性は、むしろ「経済人」を歴史的に西欧の近代人に比定するところにあるだろう。

ヴェーバーが方法論争から学んだと思われることの第二は、国民経済の全体論的な観念の拒否である。ヴェーバーは、国民経済を市場経済として理想的に構成し、ここでも、それに対して、歴史的・論理的な限定を加える。「これらの、それぞれ互いに依存しあいながら存続している個別経済からなる経済共同体は、今日では『国

民経済』という名前をもっている。特徴的なことは、それは、(a)否定的には、個別経済の需求の相互確保を計画的におこなう組織が存在しないことによって、(b)肯定的には、こうした計画的組織や指導的意志の代わりに、生産、家計、財の分配と消費を自動的に規制するものとして、大量現象としては財交易が機能すると想定されている[36]」。

「私有財産の原則も経済的自由の原則も、完全無欠に貫徹されているわけではない。しかし、それらが支配的な原理であることは、現代の（必ずしもあらゆるというわけではない）交易経済―「国民経済」の種差的な特徴である[37]」。

国民経済の全体論的概念の拒否をヴェーバーが基礎づけたのは、ロッシャーとクニースに対する方法論的な考察においてであった。この未完の論稿においてヴェーバーが追求したのは、「最近三十年ほどのあいだに歴史科学やわれわれの専門学科において論議されたある種の基本的な論理的・方法論的諸問題が、歴史的国民経済学の当初にどのようにあらわれたか」を考察することであった。しかし、ヴェーバーは歴史学派が問題を解決したとみなしたのではなく、むしろ歴史学派の方法の「欠点」から見えてくる「科学的研究にとっての一般的な前提」を重視したのである[38]。

ロッシャーを取り扱った前半では、ヴェーバーはロッシャーの歴史的方法が、それ自体、経験主義と有機的全体からの「流出論」の矛盾に満ちたアマルガムであることを明らかにする。これはまさに、メンガーが歴史学派経済学に投げかけ、シュモラーがそれをはねつけた嫌疑であった。

メンガーを悩ました「非合理性」の問題も、ヴェーバーがクニースを論じるなかであらわれてくる。クニースは、社会と歴史に客観的法則によって説明しきれないユニークさを与えるものは「人間の自由意志」であると論じていた。行為において自由があることの帰結は「計算不可能性」であるが、クニースにとっては、それがとりも直さず

「人間的尊厳」の証であった。しかし、ヴェーバーの回答はクニースの正反対であった。ヴェーバーにとって、人間の人格性は何らかの究極的な「価値」と人生の「意義」を目的をもった合理的な行為に能動的に変換するところに存在するのであって、「非合理性」や「計算不可能性」には存在しなかった。ヴェーバーは、次のように、人間の自由意志を援用して合理的経済理論を基礎づけることによって、方法論的転回を果たす。

「行為者の『決意』が『ヨリ自由に』なるにつれて、つまり『外的な』強制や抑えがたい『感情』に曇らされない『自分自身』の『考量』に基づいてなされる程度が大きくなるにつれ、動機づけは、他の条件が等しい場合には、ますます余すところなく、『目的』と『手段』の範疇のなかに整除され、したがってそれの合理的な分析、および場合によっては、合理的な行為の図式への整除の度合いは、それだけ完全になる。だが、その結果——一方においては行為者、他方においては分析をおこなう研究者にあって——法則論的な知識が果たす役割もまたますます大きくなり、行為者は『手段』について、ますます『決定されている』ことになるのである」(39)。

初版『原理』への書評を扱った個所で、私たちはすでに、メンガーが彼の理論の解釈を因果論的関連から行為における目的論的な関連に変更したことを見てきた。ヴェーバーはそれを知る由もなく、メンガーの記述の心理主義的なバイアスについてしばしば不満をもらしている。しかし、「目的論的な構図による合理的行動の解明」というヴェーバーの経済理論に対する理解は、一八八〇年代のメンガーの理論観と一致している。さらに、ヴェーバーが後に彼の行為論の分類のなかで「目的合理的行為」を定義するさいに、限界効用理論によってガイドされていたことも付け加えていいであろう。効用最大化をはかるためには希少な資源をそのそれぞれの用途における限界効用が均等になるように配分すべし、という限界効用理論の命題は、ヴェーバーによれば、特定の目的に対する手段の選択の合理性にとどまらない、その時々に優先させるべき目的の選択を含む高次の目的合理性のモデルであったからである。もし、とりあげられる行為が、物的財による人間の欲望の充足という目標に志向するという意味での狭義の「経済行為」であるという限定性が取り払われるなら、メンガーの経済理論はより一般的な社会学的な行為理論に転化するであろう。

以上見てきたように、一九世紀と二〇世紀の転換期におけるヴェーバーの方法論的考察は、メンガーの方法論研究の、少し間をおいての継続であった。しかし、メンガーの『経済学方法論』のいまひとつの主張である「有機的に成立した社会形象の精密的理解」についてはどうであろうか。一見したところ、ヴェーバーがこの問題に関心を示した証拠はない。しかし、だからといって、シュモラー同様、ヴェーバーがそれから何も学ばなかったと結論していいのだろうか。

この問題に答えるためには、こうした「有機的」発展の過程は、価値論からの価格の導出とは異なって、現実的な時間の経過が必要とされるということに留意しなければならない。たしかに、「有機的」発展もまた、価値―価格理論と同様に方法論的な個人主義のスタイルで論じることができる。しかし、現実的な時間軸のもとで進行する普及過程を論じるためには、完全知識と完全能力の仮定は問題自体を消去するような仮定である。かといって、まったく不確定な状況と、まったく頼りにならない知識のもとでは、制度が成立する可能性もない。したがって、その中間領域に位置する「有機的」な制度形成過程について適用された「精密的」方針が、価値―価格理論と同じ意味の「精密性」を持ちうるかどうかは疑問である。メンガー自身もまた、貨幣の成立を論じるなかで、他人よりも早く間接交換の利点に気づく人とそうでない人を想定し、また模倣や慣習が貨幣の成立に果たす役割を認めているのである。

この問題は、ヴェーバーの「社会経済学」の概念と結びつく。それは、純粋な理論的科学とは異なる経験的な科学であり、純粋な経済学的現象だけでなく、「経済に関連する現象」を広く視野におさめるものであった。ヴェーバーの見方では、ロッシャーとマルクスがそのそのドイツにおける創設者であり、彼らはメンガーの意味での「精密な」理論家ではなかったが、「人間の共同生活と、その歴史的組織形態の社会経済的機構がもつ一般的な文化意義とを科学的に探求する」(40)社会経済学的研究を促進したのである。

ヴェーバーは、歴史学派の他の学者と同様に、経済をその発展過程において考察する場合には、その経済的側面だけを孤立化させて取り出すことはできず、社会の政治的あるいは文化的な要素との相互作用において捉えなければならないと考えていた。したがって、ヴェーバーの仕事において、メンガーの「有機的」発展にあたるものをさがしもとめる場合でも、それは狭義の「経済」的要素だけでなく、他の諸要素との相互作用のなかでうまれる「思わざる結果」になるであろう。

「歴史上のある文化のもつあらゆる生活現象や生活条件の総体は、物質的な欲求の形成やその充足のしかた、物質的な利害集団の形成や、その集団の権力的手段の様式、さらに『経済発展』のすすみ方にも影響をおよぼす。――つまり、『経済に直接関連する』ものとなる。われわれの科学が、経済的な文化諸現象を個々の原因――経済的なものであれ、非経済的なものであれ――へ、因果的にさかのぼって帰属させるかぎり、われわれの科学は「歴史的」認識を追求するものである(41)」。

したがってマックス・ヴェーバーは、歴史学派に対するメンガーの批判をほとんど受け入れたにもかかわらず、自分を「歴史学派の子」と称することができたのである。彼は抽象的な経済理論を現実世界にいま一度投影することによって、合理的理論を意義あるものにする現実的な歴史過程としての「合理化」という問題圏を発見した。これが、病気回復後のヴェーバーの研究の基本テーマであることは言うまでもない。

「『目的』と『手段』という範疇は、これを経験的現実に適用するときに、その合理化の原因となり、それゆえにまたそれゆえにのみ、このような図式の構成が可能となるからである(42)」。

注

（1） このテーマを、私は『オーストリア経済思想史研究』名古屋大学出版会、一九八八年の第一章と第二章で扱っている。そこでは方法論争は具体的にはとりあげなかったが、本論文よりも詳細にわたる部分もある。基本的な見方には変更はないので、補足的に参照いただければ幸いである。

（2）「理論的な見方と歴史的な見方とのあいだには、今なお橋渡しできそうもない溝がよこたわっている。すっかり参ったウィーン大学のある学生は、かつて絶望のあまり、こう音をあげたという話がある。『国民経済学は二つあるのか』と」（徳永恂訳「社会科学および社会政策的認識の『客観性』」、徳永恂・浜島朗訳『ウェーバー社会学論集』青木書店、一九七一年、二〇頁）。*Gesammelte Aufsätze zur Wissenschaftslehre*, Tübingen 1922, S. 159.

（3） E. Streissler, "Carl Menger, der deutsche Nationalökonom", in B. Schefold, Hrsg., *Studien zur Entwicklung der ökonomische Theorie*, X (*Schriften des Vereins für Sozialpolitik*, Bd. 115/X), Berlin 1990; B. P. Priddat, *Der ethische Ton der Allokation*, Baden-Baden 1990 など。

（4） B. P. Priddat, *Zufall, Schicksal, Irrtum*, Marburg 1993; *Die andere Ökonomie*, Marburg 1995; B. Schefold, "Schmoller als Theoretiker", in Beiband zur Faksimileausgabe von Schmollers 》Grundriss《, Düsseldorf 1989; J. Backhaus, Hrsg., *Gustav Schmoller und die Probleme von heute*, Berlin 1993; P. Koslowski (ed.), *The Theory of Ethical Economy in the Historical School*, Heidelberg 1994 など。

（5） オーストリア学派と歴史学派の葛藤をマックス・ヴェーバーにまで及ぼす点において、本論文はKeith Tribeの最近著*Strategies of Economic Order*, Cambridge University Press, 1995におさめられた論文 "Historical Economics, the *Methodenstreit*, and the economics of Max Weber" と視角が類似している。ここでは、このテーマに関して私が彼よりも先に着手しまた成果を公表していること、また、メンガーにより内在していることで本論文の生存権を擁護しておきたい。トライブはヴェーバーのメンガーとの違いを強調しているが、相違があるのはあたりまえであり、本論文では、別個の知的問題圏に同一の理論が摂取される際の仕方に関心が向けられていることを付記しておこう。

（6） W. Roscher, *Grundlagen der Nationalökonomie*, 24. Aufl., Stuttgart 1906. S. 9.

(7) Carl Menger, *Grundsätze der Volkswirtschaftslehre*, 1871, in Carl Menger, *Gesammelte Werke*, hrsg. v. F. A. Hayek, Bd. I, Tübingen 1968, S. 78.〔八木ほか訳『一般理論経済学』みすず書房（第二版『経済学原理』の初版対照付き翻訳）第一巻、一五七頁〕。

(8) *Grundsätze*, S. 78n.〔前掲訳書第一巻、一五七頁注〕。

(9) メンガー価値論の成立過程については、八木紀一郎「メンガー『経済学原理』の成立」（『経済論叢』〔京都大学〕第一四六巻第一号、一九九〇年）を参照されたい。

(10) *Grundsätze*, S. X.〔前掲訳書第一巻、二四頁〕。

(11) 前掲八木『オーストリア経済思想史研究』四三頁以下。一橋大学所蔵特製本への書き込みは、Emil Kauder によって解読されて、*Carl Menger's Zusätze zu "Grundasätze der Volkswirtschaftslehre"*, Bibliothek der Hitotsubashi Universität, 1961 として公表されている。

(12) *Literarisches Centralblatt für Deutschland*, Nr. 5, 1. Feb., 1873, S. 142-43.

(13) *Grundsätze*, S. 7.〔前掲訳書第一巻、一二頁〕。

(14) C. Menger, *Untersuchungen über die Methode der Socialwissenschaften, und der Politischen Öekonomie insbesondere*, 1883, in: Menger *GW*, II, Tübingen 1969, S. 59.〔吉田昇三訳『経済学の方法』日本経済評論社、一九八六年、五一頁〕。

(15) *Untersuchungen*, S. XII.〔吉田訳、一四頁〕。

(16) *Zeitschrift für die gesamte Staatswissenschaft*, Bd. XXVIII, 1872, S. 184, Hack.

(17) *Zusätze*, S. 25, 45.

(18) *Untersuchungen*, S. 262f.〔吉田訳、二四三頁以下〕。ただし、後のメンガーは、前掲八木『オーストリア経済思想史研究』四九～五〇頁で指摘したように、支配可能財数量も充足すべき財欲求も確定しがたいと考えるようになって懐疑主義に陥る。

(19) L. v. Mises, *Notes and Recollections*, South Holland, Ill, 1978; J. A. Schumpeter, "Carl Menger", *Zeitschrift für Volkswirtschaft, Sozialpolitik und Verwaltung*, NF 1, 1921.

(20) *Untersuchungen*, S. XII.〔吉田訳、八頁〕。

(21) *Zusätzte,* S. 26.

(22) *Untersuchungen,* S. 36.〔吉田訳、四五頁〕。

(23) *Untersuchungen,* S. 83f, u. 232f.〔吉田訳、八六、二三三頁以下〕。

(24) Gustav Schmoller, "Zur Methodologie der Staats- und Sozialwissenschaften", in *Jahrbuch für die Gesetzgebung, Verwaltung und Volkswirtschaft im Deutschen Reich,* N. F., Jg. 7, 1883, S. 983.〔吉田昇三抄訳「国家科学・社会科学の方法論のために」メンガー『経済学の方法』訳書所収、二八七頁〕。

(25) *Untersuchungen,* S. 163.〔吉田訳、一五〇〜一頁〕。

(26) *Untersuchungen,* S. 178.〔吉田訳、一六三頁〕。

(27) Schmoller, "Zur Methodologie", S. 986.〔吉田訳、二九一頁〕。

(28) "Zur Methodologie", S. 249.〔吉田訳、二八九〜九〇頁〕。

(29) Lujo Brentano, "Die klassische Nationalökonomie", in : derselbe, *Der wirtschaftender Mensch in der Geschichte,*Leipzig 1923, S. 31f.

(30) Eugen von Böhm-Bawerk, "Die klassische Nationalökonomie", in: *Gesammelte Schriften,* hrsg. v. F. X. Weiss, Bd. I, Wien 1924, S. 149-56.

(31) Max Weber, *Gesamtausgabe,* Bd. I/4, hrsg. v. W. J. Mommsen, 1993, S. 45n.

(32) Max Weber, *Grundriss zu den Vorlesungen über allgemeine ("theoretische") Nationalökonomie:(1898),* Tübingen 1990.

(33) *Grundriss,* S. 7-8.

(34) *Grundriss,* S. 29.

(35) *Grundriss,* S. 30.

(36) *Grundriss,* S. 42.

(37) *Grundriss,* S. 44.

(38) M. Weber, "Roscher und Knies und die logische Probleme der historischen Nationalökonomie", in: *GAzWL,* S. 1f.〔松井秀親訳『ロッシャーとクニース(1)』未来社、一九五五年、五頁〕。

(39) *GAzWL*, S. 132. 〔松井訳(2)、一一三頁〕。
(40) *GAzWL*, S. 165. 〔徳永訳『客観性』二四頁〕。
(41) *GAzWL*, S. 164. 〔徳永訳、二二~三頁〕。
(42) *GAzWL*, S. 131. 〔松井訳(2)、一一三頁〕。

第10章　第一次大戦後における歴史派経済学と政策論
――F・リスト協会・社会政策学会を中心に――

柳澤　治

はじめに

本稿は、第一次大戦後のドイツを中心とする歴史派経済学を対象として、その政策論とその背景にある資本主義の現実認識とを、フリードリッヒ・リスト協会（Friedrich List-Gesellschaft, 以下リスト協会と略称）及び社会政策学会（Verein für Sozialpolitik）における同時代の議論に焦点をあわせて検討するものである。

1　ドイツ歴史派経済学と「第一次大戦後」

歴史派経済学に関するこれまでの研究は、F・リスト（一七八九〜一八四六年）と旧歴史学派（B・ヒルデブラント〔一八一二〜七八年〕、W・ロッシャー〔一八一七〜九四年〕、K・クニース〔一八二一〜九八年〕）及び新歴史学派（A・ヴァグナー〔一八三五〜一九一七年〕、G・シュモラー〔一八三八〜一九一七年〕、L・ブレンターノ〔一八四四〜一九三一年〕、G・F・クナップ〔一八四二〜一九二九年〕、K・ビュッヒャー〔一八三八〜一九三〇年〕ほか）、それに学派に対する方法論上の批判者としての「最新」の歴史学派、M・ヴェーバー（一八六四〜一九二〇年）とW・ゾンバルト（一八六三〜一九四一年）を主として対象としてきた。つまり従来の歴史学派研究の力点はすぐれて「第一次大戦前」に置かれていたのであって、本稿で取り上げようとする「第一次大戦後」については、いくつかの関連研究はあるが、全体的な検討はほとんど行われることがなかった。否、むしろ「大戦後」の歴史学派の存在そのものについて否定的であったとさえいえよう。

例えば大河内一男は、歴史学派のめざしてきた社会改良・社会政策の対象の変質とM・ヴェーバーによる方法論的批判等により、一八九〇年代以降は行き詰って衰退したと次のように指摘する。「このように、『新歴史学派』の提案した『社会改良』は、すでに、九〇年代においては、実践的に行きづまり、またその学問上の態度は、二〇世紀にはいって、マックス・ウェーバーにおける社会科学の『方法論批判』という形で、彼の鋭い論理で、清算されてしまったのである」(1)。

小林昇は、歴史学派をもっぱら「社会問題」に対する実践的解決とその倫理的観点において捉える大河内に対して、学派を広義の理論史の中に位置づけたばかりでなく、さらに、歴史研究や法学・統計学等との関連における成果についても示唆し、その全体的な再検討の必要性を指摘している(2)。しかしその小林も歴史学派の「爛熟」ないし「老熟」をほぼ同じ一九世紀末に見、その終焉を「ドイツ資本主義の独占資本主義化にともなう帝国主義政策の破綻と、帝国そのものの崩壊――第一次世界大戦――」に重ね合わせ、「この時期にあたって歴史学派のための葬儀執行者となった者はマックス・ウェーバーであった」と述べている(3)。

このような理解に立てば「第一次大戦後」における歴史学派は、せいぜいのところ「末流」でしかなく、その立場もイギリス正統経済学とマルクス経済学とに対して「第三の折衷的経済学」(4)にとどまり、全体として経済学説史上の意義はほとんど問題となりえないということになる。

「第一次大戦後」の歴史学派に対する学説史研究の乏しさは恐らく上のような評価と無関係ではないだろう。そしてこうした認識にあたかも照応するように、「第一次大戦後」についてはもっぱら「末流」としての晩年のW・ゾンバルトやゴットル・オットリリエンフェルト、O・シュパンらの思想だけが、とりわけナチズムとの関わりで取り上げられた。人々はこれをナチス期におけるリスト評価と重ね合わせて、この学派をしばしば一面的にナチス思想に結びつけて理解してきたように思われる。

このような理解に対して本稿では「第一次大戦後」の歴史学派の学史上におけるそれなりの意義を評価するとと

もに、ワイマール共和制とナチズムとの学派のそれぞれの歴史的関連について異なった歴史像を提示しようと思うのであるが、その理由はさし当って次のようにまとめることが出来る。

［1］第一次大戦前の歴史学派の中心的な学者のうち、A・ヴァグナーとG・シュモラーは一九一七年に、M・ヴェーバーは一九二〇年にそれぞれ世を去り、また、L・ブレンターノやK・ビュッヒャーは大戦後には七〇歳を過ぎる高齢となっており、確かに歴史学派は世代的な転換を迎えていた。しかし大戦前から既に活躍を開始していたM・ヴェーバーの弟A・ヴェーバー（一八六八〜一九五八年）、C・エッカート（一八七四〜一九五二年）、F・オイレンブルク（一八六七〜一九四三年）、M・ゼーリンク（一八五七〜一九三九年）、B・ハルムス（一八七六〜一九三九年）らの歴史学派の第三世代は、ゴットル（一八六八〜一九五八年）、シュルツェ・ゲーファニッツ（一八六四〜一九四三年）、A・シュピートホフ（一八七三〜一九五七年）ほかとともに健在であり、戦前の学派の学風を受け継いで、W・ゾンバルトらと並んで、社会政策学会の主流を形づくっていた。

同学会には、W・オイケン（一八九一〜一九五〇年）、W・レプケ（一八九九〜一九六六年）、G・コルム（一八九七〜六八年）など第二次大戦後に指導的な役割を演ずることになる学者が、学会の若手として議論に積極的に関与しており、さらにまた戦前から学派と深い関わりをもったE・レーデラー（一八五二〜一九三九年）やR・ヒルファーディング（一八七七〜一九四一年）、E・ハイマン（一八八九〜一九六七年）らの社会民主主義者が学会の動向に少なからぬ影響を及ぼしていた。J・シュンペーター（一八八三〜一九五〇年）、L・v・ミーゼス（一八八一〜一九七三年）及びF・A・v・ハイエク（一八九九〜一九九二年）らも学会のメンバーに名を連ねていた。

A・ヴェーバーやC・エッカートをはじめ、第一次世界大戦、ロシア革命とドイツ革命、戦後混乱という激動の時代を生きた歴史学派の継承者たちが、大戦後の資本主義とその危機をいかに捉えていたかは、それだけでも興味深い問題であり、その彼らが、社会政策学会において、中心的な役割を演じつつ、一方では、W・オイケンらの新進の学者と、他方ではレーデラーらの社会民主主義者と議論を闘わせ合ったことの意義を考えることは決して無意味なことではないだろう。むしろ歴史学派、社会民主主義的なマルクス主義、第二次大戦後の社会的市場経済論に結びつく自由主義経済学、それに民族（主義）的政治的要素を重視し、ナチズムに重なる経済思想、これらが同じ学会組織の中で共存し、同じ場で意見を交えるという「第一次大戦後」の状況は、それ自体が学説史上の注目すべき問題であり、まさにその共存の場が大戦前からの社会政策学会であって、その中心に歴史派経済学の継承者があったことを考えると、歴史学派の終焉を早々と第一次大戦前に告げることに対してはもっと慎重であってよいのではないかと思われる。

［2］もとより「第一次大戦後」の歴史学派は戦前のそれとその経済学の問題関心、方法、立場において多くの相違点を示している。大河内が重視した社会問題、とくに労働者問題とその社会改良主義的立場は確かに「第一次大戦後」にはあまり問題とならなくなっていた。大河内のいう社会改良主義の対象の消失にともなって、社会政策学会と労働問題を中心とする社会問題との関係は一九世紀末に転機を迎えるが、それはしかし学会の社会的問題への関心の消失を意味するものでは決してなく、むしろ、ゾンバルトが指摘しているように、労働問題を中心とする狭義の社会問題（soziale Frage）から、農業問題、手工業問題、商業問題等々を含めたより多面的な社会的政策（Gesellschaftspolitik）への取組みの移行を意味していた(5)。一九世紀末以降における学会の広範な調査活動、厖大な調査結果の公刊、それを踏まえた議論は、学会の「叢書」（Schriften des Vereins für Sozialpolitik）に示されており、その成果は世界的に見て類を見ない豊かさと分析の水準を表している。社会政策学会のこうした活動は、現実社会のもつ複雑で多様な諸問題に対する鋭い問題関心なしにはありえないものであり、その観点は、特定の経済現象に局限するのではなく、経済社会のもつ多面的な問題を全体として、また歴史的段階的に認識しようとする点において、同時代の他の経済学にみられない独自な特徴を有していたといえる。このような観点は、まさにF・リス

トに発するものといえるのであって、すぐれて歴史学派に固有のものといいうるのではないだろうか。

大河内は歴史学派をあまりに一面的に社会改良主義に結び付けたために、その対象の消失をもって学派の衰退としたが、上のように見るならば“Sozialpolitik”から“allgemeine Gesellschaftspolitik”への観点の転換を通じて、同じ時期の他の経済学とは異なる独特の総合的観点に立った学的展開を示したというべきではないか。そうだとすると、次に問題となるのは、このような戦前の学的発展に関与した歴史学派の第三世代が、初めての世界大戦とロシア革命やドイツ革命の社会的激動、大戦後の経済的混乱を経験して、戦後の資本主義体制の動揺をいかに認識したかであろう。一九二〇年代の後半からナチスの政権掌握にいたる時期に社会政策学会を舞台にして繰り広げられた資本主義の構造転化に関わる議論は、このような資本主義の動揺と危機についての学派の歴史的な認識をいかんなく示しており、資本主義分析のための経済学説として「第一次大戦後」の歴史学派は、なお充分に評価されねばならない面を持っているといえよう。

［3］ 社会科学的・社会政策的な認識の客観性に関わるM・ヴェーバーの歴史学派批判に対して、社会政策学会の多くの学者はそれを受容し、それを踏まえた客観的な分析を試みた。第一次大戦期から一九三〇年にかけて次々に刊行された『社会経済学要綱』(*Grundriß der Sozialökonomik*) は、従来の Volkswirtschaftslehre や politische Ökonomie と異なる、経済社会の総合的な分析の方法としての「社会経済学」を意欲的に提示したものであるが、その豊かな成果は明らかにM・ヴェーバーの方法論的批判を踏まえた「新しい客観的科学」(6) の特徴を持っていた。「第一次大戦後」の社会科学の最大の業績といえるこの『社会経済学要綱』とM・ヴェーバーとの関連については住谷一彦が明らかにしているが(7)、そこに参加した筆者の大半は社会政策学会に関与する学者であった。このような事情を考慮すると、M・ヴェーバーによる方法論的批判をもって歴史学派の終焉とする見方は性急に過ぎる嫌いがあり、われわれは、むしろその後に展開される上述のような「社会経済学」的な取組みを歴史学派の第三世代の学

的営為として、旧・新学派のそれと並べて、それ相当に評価する必要があるのではないかと考えている。(8)

［4］「レッセ・フェールの終焉」と資本主義の転換の問題を、社会政策学会やリスト協会に関与した学者は、これを単なる現状分析としてではなく、経済発展の歴史的段階的な認識に基づきつつ、国民経済と世界経済との関連、国内市場、農・工関係のあり方と関連づけて解明しようとした。このような問題設定と観点はまさに、かつて学派の祖リストが提起したものであり、(9) また一九世紀末・二〇世紀初頭の「工業立国」をめぐる新歴史学派の経済政策論争(10)の中で明白に看取されたものであった。歴史学派特有のこの観点が問題となる大戦後のドイツとそれを取り巻く歴史的状況は、アンシアン・レジームの解体と資本主義の形成が課題であったリストやヒルデブラントの時代はもとより、古典的帝国主義の段階におけるドイツ資本主義の現実と発展傾向が論点となった新歴史学派の時代状況とも異なっていた。第一次大戦後の論者達は、こうした段階的歴史的状況の相違を明確に自覚しており、むしろその自覚に基づいて大戦後のドイツの資本主義とそれを取り巻く世界的状況の段階的認識に取り組んだのである。社会政策学会やリスト協会で議論された資本主義の構造転化や広域経済論・アウタルキー論は上のことを最もよく表している。それはとりもなおさずリストの経済学的認識に基づいて、現実の資本主義をリスト的段階との対比と関連において考察することに他ならない。経済発展段階論、国内市場・農業問題に関わるリストの経済学上の認識に立つならば、現実のヨーロッパ資本主義の歴史的状況は、リストの時代の「入口」であった問題のまさに「出口」における問題に他ならない――これが一九二〇年代における同時代人の歴史的認識であった。「リスト・ルネッサンス」(11)は、学説史上のリスト研究の面においてばかりでなく、リスト経済学の現状分析への適用においても、切実な要請と結びついて問題となっているのである。

［5］上のような経済学的認識は、それと関わる政策論を通じて不可避的に現実の社会的政治的状況に関係する。F・リストやB・ヒルデブラントがその経済政策的立場を通じてアンシアン・レジームの解体と資本主義社会への

移行、三月革命前夜と革命期の社会的政治的過程に直接関与したように、また一九・二〇世紀交の新歴史学派の学者がその政策思想によって帝国主義期の深刻な社会的対立に深く関わったように、第一次大戦後の歴史学派は、大戦と大戦後の内外の激しい社会的政治的対抗の中から登場してくるナチズムとナチス体制に無関係ではありえなかった。

その際しばしば指摘されてきたように、W・ゾンバルトのような学者のナチズムへの傾斜が問題となることはもちろんである。しかし歴史学派の大勢はナチズムに対して決して親和的でなく、むしろレーデラーらの社会民主主義者とともにそれに対抗的ですらあった。こうした立場の相違は、資本主義の構造転化の認識と不可分に結びつくアウタルキー論の中で、それに対する政策論的立場の違いとして表面化してくる。ナチスの圧力による社会政策学会の解散、主要学者の職場からの排除、亡命、逮捕の事実は、ドイツ歴史学派の文字通りの解体に結びつくが、同時にそれはこの学会とその中心をなした学派の支配的部分が、ナチズムと対立的であったことを示している。学派とその組織的基盤の解体がナチス政権の手で半ば強制的に行われねばならなかったという事実は、逆説的ではあるが、「第一次大戦後」の歴史派経済学の存在とその意義を表現していると言ってよいだろう。そのような意味からも「第一次大戦後」の歴史学派を考察する必要があるのであって、こうした検討を経てはじめて、F・リストにはじまり旧歴史学派、ついで新歴史学派を経過して第一次大戦後にいたる学派の全体像がより具体的に把握されうることになるものと思われる。

2　リスト協会・社会政策学会の動向とナチス体制

第一次大戦後の歴史派経済学の学派としての活動は、大戦前と同様に何よりも社会政策学会の組織を基盤にしていたが、それと併行して、リスト全集の編纂や現状分析に取り組んだリスト協会とも密接な関連を有していた。二つの組織は構成メンバーの点で重なり、また、ナチス政権の下で解体することでも共通しているので、両組織について活動状況の概要を見ておこう。

(1) リスト協会

リスト協会（Friedrich List-Gesellschaft e. V.）[12]は一九二五年九月に設立された。発足当時の会長は、A・シュピートホフ、副会長はF・レンツ、また書記は正がE・ザリーン、副がE・v・ベッケラートで、事務局の中心ザリーンをキール大学教授で世界経済海運研究所長のB・ハルムスが支えた。しかし二カ月後には、副会長・副書記が廃止され、シュピートホフ（会長）、ザリーン（書記）に加えて、経理担当K・ゲッサー（ドイツ民主党所属・シュトットガルト統計局長）、及びベッケラート、レンツ、H・オンケン（ベルリン大学）、ハルムス、W・ナッセ（外務省）、F・E・M・ゼーミッシュ（ライヒ会計局長）各理事という構成をとることになった。シュピートホフ退任後、会長後任に請われたゾンバルトはそれを辞退し、自身に代ってv・ゴットルを推したが、協会側は採用せず、結局ハルムスが一九二七年会長に就任した。会員は一九二六年末二五〇人であったが、一九二八年には八〇〇人に、さらに一九三一年には一二〇〇人を超えた。

協会の最大の仕事はリスト全集の編纂と刊行にあり、一九二七年から三五年にかけて一〇巻一二冊からなる全集が出版されたことは周知の通りである。全集の編纂事業と併行して協会は、List-Studien の刊行、さらに関税同盟史史料集の編纂（H. Oncken/F. E. Saemisch [Hrsg.], *Vorgeschichte und Begründung des deutschen Zollvereins*, 3 Bde., Berlin 1934）[13]などF・リストに関わる出版事業を行ったが、同時に、リストの業績に関連させて、現実の政策に対する認識根拠をえるための集会を企画したことも重要である。一九二七年一〇月の「交通問題」をテーマとする会議に続いて、「賠償問題」をめぐる会議（一九二八年六月、一一月）が開催されたが、協会理事を除くその主な参加者は次の通りであった。

F. Baade, H. v. Beckerath, M. Bonn, G. Colm, K. Diehl, C. Eckert, W. Eucken, F. Eulenburg, A. Feiler, Gottl-Ottlilienfeld, E. Heimann, H. Herkner, R. Hilferding, O. Jeidels, G. Krupp v. Bohlen u. Halbach, W. Lautenbach, E. Lederer, H. Luther, W. Prison, W. Röpke, H. Schacht, M. Sering, C. F. v. Siemens, H. Sieveking, P. Silverberg, W. Sombart, F. Thyssen, E. Wagemann, K. Wiedenfeld, 等々

この参会者リストからわかるように、参加者は実に多様で、後述の社会政策学会と同様に歴史学派の第三世代、オイケンやレプケらの新進の学者、ヒルファーディングやレーデラーらの社会民主主義者が同じ場所で相互に意見を交えたばかりでなく、首相ルター、ライヒスバンクのシャハト、経済省のラウテンバッハなどの政府側高官やジーメンス、クルップ、ティッセンなど有力重工業の関係者も加わっていた。

「資本形成と租税制度」に関する会議（一九二九年一〇月）の後、「富くじ」についての小会議を経て、協会は一九三一年に「恐慌における経済政策」をテーマに秘密会議を開いた後、一九三三年二月に「農業問題」の会議を開催して[14]翌三四年七月に解散する。最後の会議となった「農業問題」に関する集会は、深刻な経済不況の下での農業政策のあり方を、世界経済と国民経済の問題との関連で検討するために、政権を掌握したナチス党との緊迫した状況の中で、報告者や参会者への予想される圧迫を考慮しつつ慎重に準備され、開催された。そこではとりわけ「東部救済」や「アウタルキー」の問題をめぐって見解が鋭く対立することになり、それはまたナチスの政策の評価にも関連せざるをえなかった。[15]

会議の報告集『ドイツ農業政策——国内・対外経済政策との関連で——』[16]は、F・ベックマン（Bonn-Poppeldorf 農業大学教授）、B・ハルムス、T・ブリンクマン（同上）、W・ヘンケルマン（同上）、H・ベンテ

（キール大学）、E・ザリーンの編で一九三二年にリスト協会の Veröffentlichungen の第五巻として刊行された。内容は、ドイツ農業の位置と農業政策の形成、ドイツ農業政策とドイツ経済の有機的促進、及び補巻（外国の農業・農業政策）からなっており、理事会メンバーの他、F. Baade, A. Batocki, M. J. Bonn, C. Brinkmann, F. Burgdörfer, G. Colm, F. Eulenburg, A. Münzinger, H. Sybel ほか八〇名を超す論者が寄稿している。

リスト協会は、以上からもわかるように、B・ハルムス、E・ザリーン、E・v・ベッケラートら、社会政策学会でも活躍する歴史学派の学者を中心に、ワイマール共和国政府の援助の下に運営されていた。協会の活動に対する協力者は、オイレンブルクやエッカートをはじめとする歴史学派所属の学者、社会政策学会のそれぞれ有力な会員でもある、ヒルファーディングらの社会民主主義者とオイケンらの新進の学者、それに共和国政府高官及び財界・農業関係者など、多彩であった。協会理事や協力者の見解は多様であって、後述するように現状認識と政策論で考えを異にし、むしろ対立的でさえあったハルムスとザリーンが強い強力関係にあったことからもわかるように、協会は、社会政策学会と同様、排他的というよりかなり自由で開放的な組織だったといえる。

ナチズムに対する協会の立場はそれに相応して著しく慎重であり懐疑的であった。一九三〇年、ナチス党への大衆的支持の拡大という現実に対して、ライヒ首相ルターの要請を受けて、協会は同党の経済政策とその目標を科学的に検討する会議の開催を計画し、E・v・ベッケラートらを中心に問題の取り上げ方を検討したが結局実現にいたらなかった[17]。その際に示されたナチズムへの学問的関心は批判的な立場からのそれでこそあれ、決してナチス同調的な観点からではなかった。こうした慎重な対応は農業問題等の会議に際しても見られ、結局協会は一九三四年七月解散を余儀なくされる[18]。

(2) 社会政策学会

社会政策学会の会長は、シュモラーの後任として、H・ヘルクナー（一九一七～二九年在任、以下同じ）、C・エッカート（一九二九～三二年）、W・ゾンバルト（一九三二～三五年）と続き、C・v・ディーツェ（一九三五～三六年）で終わる。学会は、第一次大戦後の大会においては、独墺経済関係・社会化問題（一九一九年）、国家学研究の改善（一九二〇年）、社会政策の将来（一九二二年）、階級闘争・商業政策・通貨問題（一九二四年）、世界経済の Krisis と構造転化・西欧の過剰人口・租税問題（一九二六年）、資本主義の転換・対外借款・信用と景気変動（一九二八年）、社会政策の基礎と限界・ドイツ農業危機・都市居住問題（一九三〇年）、そして最後にドイツと世界恐慌をテーマに取り上げた。

大会の議題の内容はこのように多様であったが、それらの中でとくに一九二六年大会（ウィーン）の「世界経済の Krisis」、一九二八年大会（チュリッヒ）の「資本主義の転換」及び一九三二年大会（ドレスデン）の「ドイツと世界恐慌」は、第一次大戦後の資本主義とその世界体制の転換及びその中におけるヨーロッパ、とくにドイツの位置を問題にする点で共通しており、その問題をめぐる論議は学会の討議の場をこえて広がり、K・ブラントのいう「資本主義論争」（Kapitalismusdebatte）(19) の形をとって展開していった。

「世界経済の Krisis と構造転化」（一九二六年）に関してはB・ハルムスとF・オイレンブルクが主報告を行い、R・ヒルファディング、R・シュラー（一八七〇～一九七二年）、E・レーデラーほかが討論に参加した。「資本主義の転換」（一九二八年）をめぐる大会の主報告者は、W・ゾンバルトとC・エッカートで、E・ザリーン、シュルツェ・ゲーファニッツ、K・ディール、Al・ヴェーバー、E・レーデラーらが討論者となった。最後の大会での「ドイツと世界恐慌」に対しては、M・ザイツェヴ、G・コルム、v・ディーツェ、E・レーデラーが報告を行い、

M・ゼーリンク、A・ルュストヴ、W・オイケンほかが討議に加わった。

社会政策学会における「資本主義論争」は、上述のように、B・ハルムス、F・オイレンブルク、Al・ヴェーバー、C・エッカート、M・ゼーリンク、W・ゾンバルト、E・ザリーン、v・ディーツェ等々の歴史学派の学者を中心に、ヒルファーディングやレーデラーらの社会民主主義の立場に立つ論者、それにW・オイケン、G・コルム、W・レプケらの第二次大戦後に活躍する新進の経済学者を主たる論者としてくり広げられたのである。

これらの議論を通じて資本主義の現状認識と将来の発展可能性をめぐって見解の対立が次第に明確となるにいたった。それは何よりも「晩期資本主義」論に基づきアウタルキー化政策を提起するゾンバルトに対する、ハルムスやオイレンブルク、オイケン、レーデラーらの反論として現れた。一九三二年大会は社会政策学会においては後者の立場が圧倒的に優勢な位置にあることを示したのであって、後にゾンバルトが指摘したように[20]、学会はまさに「自由主義的社会民主主義的」な色彩を色濃く有したのである。

ナチス時代に入って二年、一九三五年六月の総会で会長ゾンバルトは、多様な世界観に立った公然たる論議の時代が去り、議論でなく決断、「指導者原理に基づく直接的な途」の時代が到来したことを――そうなったことを歓迎しつつ――指摘し学会の解散を提案した。これに対して会員の多くは学会の存続をのぞみ、ゾンバルト提案は退けられ、v・ディーツェが会長に就任するが、その後ナチス党および政府よりナチス党員学者の加入、ヴィスケマン（不可の時はブロイア）の会長およびv・ツヴィディネック・ジュデンホルストの名誉会長の就任の要求などがあったことから、一九三六年四月、学会の解散が理事会より提案され承認された。こうして六〇年に及ぶ社会政策学会の活動は幕を閉じることになった。

上のことからも分かるように社会政策学会の内部においても、ゾンバルトのようにナチズムに傾いたり、またナチス党員になったゴットルやその弟子のリスト研究者ヴィスケマンのようにナチス体制に同調する学者も少なくなかったが[21]、しかし、歴史学派の大勢はむしろ批判的ないし対立的であった。ナチス党政権がこの組織に介入し、解散を強制せねばならなかったという事情は、逆説的ながら学会とその自由主義的立場が少なからぬ意義を持っていたことを示している。学派の主力学者の個々の事例について見ると、C・エッカート（第三代会長）はケルン大学学長の地位を任期満了前に解かれ、M・ヴェーバーの弟Al・ヴェーバーも教授早期退任を強要され、F・オイレンブルクは教授職を追われた後、ゲシュタポに逮捕され獄死する。ナチス世襲農場法に反対した農政学の大家M・ゼーリンクはダレ（Darré）により厳しい弾圧を受け、またリスト研究者F・レンツとA・ゾムマーも職を失う。

ナチス体制の厳しい状況下で、密かにE・v・ベッケラート、C・v・ディーツェ（最後の会長）、W・オイケンらはフライブルク／Br.に集まり（「ベッケラート・サークル」）、ナチス倒潰後を予測した「自由で社会的な経済秩序」を立案する[22]が、こうした動きも、学派の上述のような動向の中で捉えられよう。われわれは戦後西ドイツのいわゆる社会的市場経済論の指導的な論者となるオイケンとレプケが既に第一次大戦後の社会政策学会やリスト協会において新進の学者として論陣を張り、歴史学派と密接に関わったことを知ったが、フライブルク集会に見られるように彼らと学派とのこうした関係は、ナチス体制下においてもなんらかの形で続けられていたのである。そのような意味では、フライブルク派を中心とする戦後西ドイツの経済学とそれに基づく戦後経済改革とに対しても、歴史学派はある種の関係を有していたと考えることもできよう[23]。

3　資本主義の構造転化・危機の認識

第一次大戦後のいわゆる全般的な危機の下でヨーロッパ経済は内的編成の点でも、またそれを取り巻く世界的環境においても戦前と著しく異なった様相を呈する。ヨーロッパ資本主義の内的外的条件の変化、戦前資本主義との対比における新局面の全体的な理解と資本主義の今後の発展の可能性をめぐる論争は、社会政策学会においては、一九二六年大会における「世界経済の Krisis」をもって始まり、「資本主義の転化」をテーマとする一九二八年大会で全面的に展開される(24)。

(1)　世界経済の Krisis に関する認識

一九二六年大会において主報告者B・ハルムスは、「世界経済の構造転化（Strukturwandlung）」の現実に注目する。彼は共通のテーマの「世界経済の Krisis」における“Krisis”の意味を、周期的な「恐慌」としてばかりでなく、世界経済の編成上の変化（=構造変化）による混乱=危機として捉える。彼は、エネルギー経済の変化（石油使用・水力発電・暖房技術向上）、鉄・非鉄金属・ゴム・人造染料・農産物等生産における立地変化、輸送、交通手段の発展、等々と並んで国民経済とその相互関係における変化として、国家理念と結びついた国民的生産力の発展、原料・食料生産国の「工業化」、モノカルチャー経済の後退、キー産業の発展、等の事実に注目し、これを世界経済の構造変化として認識し、そこに大戦後のヨーロッパ経済の危機を見る。こうした国民経済とその世界的関連におけるアウタルキー化と、旧来の構造の解体に対して、彼は、再度の戦争を回避するために、国際間の利益連帯と諸個別経済間の世界的な協業が必要であると主張した。

もう一人の報告者F・オイレンブルクは、大戦後、一方では①国民国家形成・強化、国家の経済への関与の強まりという国家主義の動向と、他方では②資本・信用上の国際的関連、国際協定あるいは政治的連帯等の形をとった諸国民連携（国際的連帯）の動きという、二つの反対する動向があることを指摘する。戦後の世界貿易の特徴として彼はヨーロッパの比重の低下とアメリカ・東アジアの地位の上昇とに注目し、実質購買力の後退、資本形成の停滞、東欧分離、通貨混乱等々によるヨーロッパ資本主義の地位低下に対しては、関税政策ではなく、産業保護を中心とする国家の多面的な政策（「行政的保護主義」）が有効であるとする。

オイレンブルクも旧農業国や新興国における生産諸力の発達と国民経済の形成（「地球の新たな工業化」）の事実を重視するが、これを旧工業国の発展への障害としてではなく、新しい国際分業関係の創出の条件として積極的に評価する。新興国の工業化は旧工業国からの生産手段の調達を必要とし、また工業化にともなう富の増大は同じく旧工業に対して良質の消費財の需要を拡大することにより、旧工業国のより高次の発展を促進することになる。従って資本主義の課題は国際主義・国際連帯の実現にあり、国民主義と国際主義は相互に規定し合う両極を構成することになる。

以上に対して、R・シュラーとE・レーデラーらは、経済の組織化・集中化、自由競争の排除ないし制限、その結果としての価格メカニズムの変質と恐慌からの回復の困難性を問題にする。

(2)　W・ゾンバルト「晩期資本主義」をめぐる論争

一九二八年大会における中心テーマ「資本主義の転換」（Wandlung des Kapitalismus）に関して、全体的な問題を提示したのはW・ゾンバルトであった。その基調報告において、ゾンバルトは戦後資本主義の転換をほぼ次のように捉えた。

①資本主義の地域的変化　旧資本主義国の資本蓄積の鈍化と資本不足の傾向に対して、アジア・アフリカをはじめとして資本主義は全世界に拡延している。農業民族の工業化により、ヨーロッパ資本主義の工業製品輸出は鈍化し、また新興国における農産物需要拡大によって旧工業国の農産物輸入は後退し、農産物自給の必要性が増大する。こうして全体としてアウタルキー化の傾向と世界経済的関連の縮小が生じる。

②資本主義の形態転化　外的な様相を見ると、資本集中・経営集積が進展し（カルテル・コンツェルン）、資

本に対する労働者・職員層、大経営に対する小経営、生産者に対する消費者、大株主に対する小株主のそれぞれ従属が進んでおり、全体として金融寡頭制の傾向が見られる。内的形態について見ると、(a)経済的意識の合理化と「資本主義精神」（非合理主義と合理主義、投機と計算性、企業家精神と市民精神との緊張としてのそれ）の後退、つまり情報・知識に基づく企業経営と企業家能力の後退、配当固定化・余剰の自己投資等による利潤追求意欲の減退、また(b)経営の官僚制化やカルテル化による自己規制、労働保護・価格統制等の国家的企業統制、経営評議会・労働組合・賃金協定による企業拘束、こうして(c)市場メカニズムの排除（カルテル・労働組合・国家・自治体による）、景気循環の消滅、資本蓄積の減退、技術進歩の緩慢化、等による経済過程の変質が指摘される。

③こうして資本主義的分野が後退しつつあるのに対して、手工業・農業における前資本主義的様式は存続し、他方、半官半民企業、国営・自治体経営、協同組合などの資本家なき「後資本主義的」（nachkapitalistisch）な経済制度が広がっている。

これまでの支配的な経済体制が終期を迎えつつあり、新しい経済体制が展開し始めたこの時期を、ゾンバルトは「晩期資本主義」（Spätkapitalismus）と名づけた[25]。

ゾンバルトの資本主義構造転化論をめぐる議論においては、現段階を「個人的資本主義」（Individualkapitalismus）から「社会資本主義」（Sozialkapitalismus）、さらに「計画経済」（Planwirtschaft）への移行として捉えるE・ザリーンがこれに賛意を表明し、今や経済が優位にあった時代が終焉し、精神的政治的諸力が重要な位置を占めるに至ったと主張した。だが、C・エッカート、Al・ヴェーバー、K・ディールらの歴史学派の大勢（及びE・レーデラー）は、ゾンバルトの晩期資本主義論に批判的であった。

エッカートは、大戦後のヨーロッパ（特にドイツ）資本主義が国家社会主義的（staatssozialistisch）な要素を混在させており、大戦前の資本主義とは異なる様相を呈していることを認めた上で、しかし、にもかかわらず本質的に資本主義的であるとする。利潤追求意欲、投機的非合理的可能性など資本主義の精神は健在であり、また資本主義企業の形態転化は明白だとしても発展そのものは否定されないし、経済への国家干渉、労働者の経営参加も、資本主義の本質を変えるものとはいえない。資本制的蓄積は合理化過程を促進し、私的企業に対する拘束、カルテル化・結合はこうした過程の所産であって、国家介入と私経済的結合の下での「規制された競争」(geregelter Wettbewerb)によって資本主義的企業はよりよく能力を発揮しうると指摘する。またヨーロッパ外の工業化に関しては彼は、それをヨーロッパ資本主義の存立基盤の縮小としてではなく、むしろ機械などの生産手段や新たな消費財に対する需要の拡大を通じて、資本主義を発展させる条件となりうると考える。

資本主義の構造転化に関する問題は、社会政策学会の範囲を越えて、ワイマール期ドイツの社会科学者の間で広く論議されたが、論者の中心にあったのは歴史学派の学者であった。そこで問題とされたのは第一次大戦後のヨーロッパ資本主義とそれを取り巻く世界的諸条件の特質、とりわけ大戦前と対比した場合のその変化であり、その歴史的段階的な位置づけであった。資本主義の新局面を過大に評価し、その最終段階として捉えるか、それともその本質と転化を認めつつ、それを資本主義のより高次の発展に結びつけるかはともあれ、歴史学派の第三世代が問題にしたのはレッセ・フェールの終焉後における資本主義の全体的構造的特質であり、その歴史的段階的認識であった。資本主義の経済学的認識の方法として、このような把握の仕方は、歴史学派のそれを継承したものというほかはなく、しかも戦争とその敗北、革命と労働運動の高揚の中で、大戦前とは全く異なる深刻な状況を身をもって経験しつつある学派の第三世代の経済学的認識は、大戦前の新歴史学派の学者とは比較にならないほど、深い危機意識と結びついており、その観点はおのずから全体的かつ段階的とならざるをえなかったのである。

4　アウタルキー化・広域経済圏に関する議論

新興国の工業化と経済的ナショナリズム、旧資本主義国のブロック化、国家の経済介入、等の動向を背景にして、世界経済からの自立と経済的自給をめざすアウタルキー化論が経済学の分野においてばかりでなく、政治的にも大きく問題となるのは、とりわけ一九二九年世界恐慌以降においてであった。それは広域経済圏論や農業政策論と密接な関連において議論されるが、しかし、その内容は、上述した資本主義の構造変化と段階認識の問題に不可分に結びついていた。アウタルキー化論の中心的な主張者はゾンバルトであって、この問題は、そのゾンバルトによって「自由主義的社会民主主義的」傾向を指摘された一九三二年の社会政策学会において、また、F・リスト協会の刊行物（『ドイツ農業政策』）や「農業問題」会議（一九三三年）においてさまざまな観点から論ぜられることになった。

(1)　アウタルキー化論――ゾンバルト・ザリーン――

ゾンバルトは、既に第一次大戦前において、工業生産の発展にともなって工業製品の輸出比率は低下するという見解を表明していたが[26]、彼のアウタルキー化に関する認識は社会政策学会（一九二八年）における晩期資本主義論、さらに『資本主義の将来』[27]（一九三二年）によって具体化された。

アウタルキー化論は、まず旧農業国ないし新興国の工業化に注目し、その結果として一方では、農産物の当該国での消費拡大、従って工業国に対するそれらの国からの農産物輸出の減少が、他方では旧工業国の旧農業国への工業製品の輸出の減少が生じると、指摘する。これに対して発展した工業国では人口が減少傾向に転じ、しかも農業生産力は上昇しているので（マルサス法則の逆転）、食料自給の可能性は増大している。また世界的には、一九世紀的な市場経済と国際分業体制が衰え、代ってイギリスの帝国ブロック化に見られるような閉じられた経済ブロックが形成されつつある。そこでドイツにおいても、そのような状況によって不要になった工業の輸出能力を転換し、食料・原料の自国生産の拡大に結びつける必要が生ずる。こうして「再農業化」(Reagrarisierung) の政策が重要となる。

それは農・工の内部的均衡と内部市場の重点化を意味するが、その場合、内部市場は一国的規模ではなく、広域的でなければならず、特に東南ヨーロッパを含めた広域経済圏 (Großraumwirtschaft) が構想される。アウタルキー化は、自由主義的経済の解体と拘束的経済への移行にも照応しつつ、経済に対する国家的介入と計画的政策によって初めて実現されることになる。

ザリーン[28]も戦時・戦後における旧農業国の工業化、世界的な反資本主義の動向（とくに資本主義国での労働運動とアジアのナショナリズム）による「ヨーロッパ的市民的世界秩序」への対抗、資本主義国における独占・半独占的団体による高価格メカニズム等を重視し、そこに一九世紀的システムの危機を見る。世界経済においては、イングランド銀行を支柱としアメリカの協力によって維持されてきた金本位制による世界的経済体制がイギリス帝国の崩壊とともに衰退し、今や世界経済の一体化に代って、閉鎖的な経済ブロックが形成されつつあることに注目する。イギリス支配・イギリス思想の優勢的な時代が去って、国家による経済の新しい方向づけが不可避的となり、今や工業の振興ではなく農業の促進が、また世界経済ではなく、内部市場の重点化が行われねばならない、とザリーンは述べる。

彼は自由貿易の前提となっていた内外市場での自由競争の原則が崩れ、計画的潮流が今日的現象となっており、個人主義の時代から共同体的結合の時代への世界史的な転換が現実の問題となっていると考える。自由貿易への復帰は困難であり。ドイツに残された道は自国の可能な限りの世界経済からの自律であり、とりわけ食糧の確保である。それは完全なアウタルキーを意味するものではなく、世界経済との関連は存続する。しかし、それを通じて工業優位の国家から農・工・商国家へ転換し、自己の勢力圏を経済圏として確保し、自経済圏の諸力を可能な限り発展させることが出来る。こうして政治的権力的な状況がかつてなく重要な意味をもつことになる。ザリーンは以上のように理解した。

(2)　アウタルキー化論批判——オイレンブルク——

アウタルキー化問題は一九三二年、「ドイツと世界経済」をテーマとする社会政策学会最後の大会（ドレスデン）で取り上げられ、C・ディーツェとE・レーデラーが主報告を行い、M・ゼーリンク、W・オイケン、W・レプケ、H・ジーフェキンク等々が議論に加わった。アウタルキー化論に対する論者の見解は決して一様ではなかったが、ドイツにおける工業の重要性と工業化した国々との経済関係の決定的な意義を指摘しつつ、アウタルキー化論、東南ヨーロッパ広域経済圏論の非現実性を問題にし、それとの闘いの必要性を主張するレーデラーの批判的立場や、自由主義的政策理念を重視するオイケンらの慎重論が優勢を占めた。学会会長の地位にあって、この年『資本主義の将来』を著わしてアウタルキー化を主張したゾンバルトにとっては、学会のこの「自由主義的社会民主主義的」雰囲気は決して好ましいものではなかったのである。

しかし、歴史学派の学者の中でアウタルキー論について批判的な立場から最も詳細に論じたのがF・オイレンブルクであった。彼は、工業発展にともなう工業製品の輸出比率の低下を主張するゾンバルトの所説を批判するとともに、一九三二年、『広域経済とアウタルキー』において、またリスト協会の『ドイツ農業政策』の論文「アウタルキーと農業保護」の中で、アウタルキー化論・広域経済化論をデータに基づいて経済学的に詳細に検討し、その問題点を指摘した(29)。

オイレンブルクはアウタルキーや広域経済という言葉が充分な検討なしにスローガンとして流布している状況に対して、これを経済学的観点から客観的に把握する必要性を説く。彼は、これまで主張された各種の広域経済論とその意義を検討し、その目的が経済的自給の強化、多面的生産、域内分業の編成、内部市場での販路確保、それによる商業政策上の力の確保にあるとする。広域経済の条件としてオイレンブルクは、土地、土着産業の発展、交通、そして販売に対する域内の消費と購買力（工業と都市の発展）、文化・言語の統一性、統一的な経済政策、ダイナミズムと発展可能性が必要であると指摘した。その上でヨーロッパにおける統合は、USAに対比した場合、政治的文化的前提をはじめ条件の多くを欠いており困難であると述べる。

ドイツにとっては工業的発展の現状、農業の比重低下、内地植民の限界等から、食料・原料の対外依存は不可避的であり、国内自給の可能性は著しく小さい。また工業製品の販売にとって国内市場には限界があり、むしろ工業諸国間の国際的分業が必要である。これまでもドイツの工業製品の輸出の五分の三以上が工業国向けであったことを想起せねばならない。ドイツにとっては農業的な東南ヨーロッパとの関係以上に西欧・海外との関連こそが重要であって、広域経済はドイツ資本主義にとって適当とはいえない。

もとより諸外国の閉鎖的保護主義的傾向は否定できない。しかしドイツは外国からの輸入を不可避とし、また対独輸出国はドイツ品の購買力をそれによって得ている。国際間の資本取引は、商品取引の世界的関連と結びつきつつ、国際的な循環を形づくっており、問題があるとしてもこれを停止できない。また、農業国の工業化は生産手段の購入を必要とし、それに対応して旧工業国は製品輸出の重点を消費財から生産財へと移行させているが、これは決してヨーロッパの世界経済的関連の後退を意味しない。むしろ、工業国にとってより重要なことは、農業的な新興国との結合、それの包摂と「再農業化」ではなく、工業化しつつある新興国、従って東南ヨーロッパではなくロシアとの関係である。

こうして世界経済的関連は障害はあるが今後も増大し、アウタルキーの実現の可能性はない。商業政策はこうした長期的観点に立って構想されねばならない、とオイレンブルクは指摘する。

(3)　F・リスト問題

以上の議論は、F・リストの学説の現代への適用と解釈に結びつけられた。またそれを通じて現代が一九世紀前半のリストの時代、さらに一九・二〇世紀交の時期と段階的にいかに異なりまた関連するかが問題とされた。

①　熱帯諸国の工業化の可能性

リストは経済発展の段階として未開、農業、農・工、農・工・商の各状態を考えたが、その際、工業の発達、従って農・工段階、農・工・商段階への移行は温帯諸国が最も適しており、熱帯諸国は自然的に見て農業には最適であるが、工業力の発展という点では不利であり、工業は温帯諸国に依存しなければならない。こうして、温帯諸国と熱帯諸国との世界的な分業関係と諸力の結合が生ずる、と考えた。ところが上述したように資本主義構造転化・アウタルキー化の議論において核心的な位置を占めたのは農業国の工業化、地球の工業化、有色資本主義の認識であった。この認識はいうまでもなくリストの考えと相容れないものであり、リストの学説はこの点に関する限り、ハルムスのように明確に表明するかは別として、誤りとして理解された。

しかし、農業国の工業化が旧工業国のそれと同じ形態をとるか否かについては意見は分かれた。ハルムスやゾンバルトは上述したように、両者の工業化に区別を設けず、両者の関係を競合的ないし対立的とし、それら相互の世界的な分業の消滅、一九世紀的な国際分業関係の解体としてそれを把えた。これに対してオイレンブルクに代表される見方は、新興国の工業化の現状を消費財部門を中心とするごく一部の工業に限定された現象と捉え、それは旧工業国に対する生産手段の需要を生み出し、両者はそれによって新たな分業関係に編成されうると考えた。

② 農・工・商段階と現段階

リストの経済発展段階論を前提とした場合、現段階はいかなる状況にあり、いかなる政策がとられるべきかという問題は、一九・二〇世紀交の「農・工国家」論争の中で既に立ち入って論ぜられていたが、資本主義の危機が問題とされ、その世界的編成の転換ないし解体が論ぜられる第一次大戦後においては、この問題はより深刻な意味をもつことになる。

現在の状況を「ドイツ経済政策の転換点」とするザリーンの先の立論は、リスト全集刊行の当事者のそれに相応しく、このリスト的問題の認識と密接に結びついていた(30)。ザリーンによれば、リスト段階論における農・工・商段階への移行は、イギリスは一八四〇年代半ばに、ドイツは一八七〇年代中頃にそれを果たし、今や両国やスイス・ベルギーは、リストの予想しなかった「晩期段階」(Spätstufe) に突入した。国際的には、現在、農・工・商段階の国々、その前段階の農・工段階の国々、そして「晩期段階」の国々が併存している状況にある。

この間、イギリスは、農・工・商状態から工商状態に移行した。しかしこの国はその後工業的に独・米に凌駕され、ロンドン金融市場の世界的位置を背景にして金融的利害が工業に対して優位に立ち、工・商国家から「開放的商業国家」に移行し、均衡的な国民経済は解体した。しかし世界大戦とその後の過程でこの体制は障害に直面し、イギリスは今や関税制度の採用と「工・商国家」への回帰を試みつつあり、伝統的な自由主義を捨てて、自由貿易による世界経済の再編ではなく、自帝国を経済圏として編成しようとしている。ザリーンは、リストの経済発展段階論において最先進国として扱われたイギリスのその後の発展をこのように総括した上で、ドイツがイギリスを模範として工・商国家、さらに商業国家へと、対外依存への途を強めることは適当ではなく、また、条件を欠いているとする。

農・工・商国家から開放的商業国家への移行の内的必然性が存在せず、イギリスも工業保護に回帰している今日、ドイツが世界を自由貿易に復帰させる可能性はなく、残された道は世界市場からの可能な限り自律（とりわけ食料のそれ）以外にない。リストは工業育成による国民経済の強化を説いたが、工業の過剰な発展はドイツ経済の過度な世界経済依存をつくり出した。今や育成と保護は農業に向けられるべきであり、それによって国民経済の新しい関係をつくり出さねばならない。以上のようにザリーンは理解した。

これに対してオイレンブルクは上述したように工業的発展の優位と食料自給の困難性を指摘し、農業の拡大＝再農業化を批判した。彼は購買力・所得の重要性を指摘し、リストを引用しつつ(31)工業的都市的発展こそがその上昇をもたらすと述べ、それを農業国の発展のあり方にも適用しつつ、農業国の工業化は購買力の上昇と結びつき、旧工業国の工業製品の需要を拡大するものとした。従ってかれはリストの段階論における農・工・商状態と、そのような国相互間の関係及び工業化した旧農業国との間の新たな国際的分業関係の意義を認め、そのための手段としてリストの見解通り自由貿易を適切と考えた。

③　農・工関係・内部市場・農業経営様式

アウタルキー化や再農業化あるいは購買力の問題は、内部市場とそこでの農工関係、さらに農業経営のあり方など、F・リストがかつて提起した問題に密接に関連する。上述したザリーンやオイレンブルクの議論だけでなく、v・ディーツェやM・ゼーリンクらの見解にもこれらの問題が取り上げられていたが、上の問題をリストの学説に関連させて正面から論じたのはP・ブラームシュテット(32)であった。

ブラームシュテットは、工業的発展が農業を支え、農業生産力と工業力との相互作用が形成されることを重視したリストの学説に注目する。リストは工業の発展の出発点（「入口」）に立っていたが、今やその発展の「出口」にわれわれは位置している。工業的発展と世界商業に関わるリストの展望は現実化したが、一〇〇年前にリストが見た市場の広がりは、その後の発展を経て、今や相対的に縮小し、イギリス世界市場システムの解体とアウタルキー化の中で内部市場が注目され、リストがかつて提起した国民経済における農工関係の相互的関連の問題が再び登場してきている、とブラームシュテットは捉えた。彼は統計データを駆使して内部市場の経済的関連における工業的地域の果たす主導的な役割を明らかにし、工業的地域の状況が国内的関連を通じて農業生産に間接的に作用すると指摘し、工業に対する農業の作用を重視する考えに対して、工業の促進が農業の発展をもたらすというリストの考えの妥当性を確認する。

この論点はさらに農業生産の担い手としての農業経営の形態、つまり大農場経営か中小農民的経営かの問題や、東部ドイツへの移民、ユンカー的土地所有の分割と農民的経営の創出、農村地域における工業的発展、等のリストの学説に関わる問題に関連するが、紙幅の制約からここでは指摘にとどめたい。

おわりに

第一次大戦における資本主義の危機とその性格、資本主義の現状認識と今後の発展可能性に関しては、マルクス主義におけるE・ヴァルガやN・ブハーリンらの危機論争や社会国家論、組織資本主義論をめぐる同時代の論争が存在することは周知の通りである。本稿で検討した歴史学派の論争は、同じように第一次大戦後の資本主義の現状把握と将来の可能性を問題にする点でマルクス主義の論争と共通する。しかも資本主義の構造転化とアウタルキー化に関する議論の基礎には、マルクス主義者とは方向は異なるが、資本主義の危機ないし動揺について、他のブルジョア経済学にはない深刻な認識が存在した。その際論争の核心をなした問題は、第一次大戦前、とくに一九世紀の資本主義とその世界的体制の変質と転化であり、そのようなものとしての戦後資本主義の歴史的段階的認識であった。それは国民経済とそれを支える国際的関係、それに対応した国民経済の内的編成と、とくにその歴史的認識の問題であった。そのような視点こそF・リストに始まり新歴史学派を経て第一次大戦後に継承された歴史派経済学特有の方法にほかならず、このような方法に基づく歴史学派第三世代の分析は「レッセ・フェールの終焉」後の資本主義を総体的に捉えることができた経済学上の成果として、ほかにはない意義をもったといってよいだろう。

資本主義の転換の認識に裏付けられたアウタルキー化論・広域経済圏論は、それへの批判とともに、政策論として現実の政策過程とそれをめぐる政治的社会的対抗に関わる。ドイツの深刻な状況はそこに拠点を置く歴史学派にとっては重大であり、その経済政策上の立場はワイマール共和制とナチズムの台頭、共和制の解体とナチス体制への移行に対して否応なしに関連をもたざるをえなかった。学派の創始者F・リストやB・ヒルデブラントらが三月革命前夜から革命期にアンシアン・レジームの解体とブルジョア社会への移行に積極的に関与したのに対して、歴史学派の第三世代は、そのブルジョア社会の動揺とブルジョア自由主義の危機の局面に直面することになったのである。

第一次大戦後の歴史学派の主流は、その際資本主義の変質と転換を資本制の発展可能性と結びつけて捉え、国際分業関係の発展の観点から、アウタルキー化論や広域経済論に対して反対ないし慎重の立場をとったが、それは現実の政治的関係においては、アウタルキー体制を志向するナチス党との対立を意味していた。社会政策学会やリスト協会の半ば強制的な解散、ナチスによる主流派学者の弾圧はこうした自由主義的な立場とナチス体制との対立が、論者の予測を上回って深刻であったことを示した。

歴史学派がその後のドイツの経済学の展開にいかなる影響を与えたか、とくにオイケン、レプケ、コルムら若手学者の学説にいかに継承されたかは今後の研究によりたいが、そのような後代への何ほどかの影響はあるとしても、歴史派経済学は社会政策学会の解散をもって、終焉したとすることが出来るだろう。もとよりゾンバルトやゴットル、その弟子ヴィスケマンのように一部の学者はナチス期に影響力を強め、ナチス思想と多くを共有し、体制に積極的に関与した。学説史においては、ヴィスケマン編『ドイツ経済学の途』(33)(一九三七年)に見られるように、民族主義、ナショナリズム、国家主義、広域経済圏論等々、リストや歴史学派の学説のある部分を「ドイツ的」に解釈し、それを「新しい経済学」に結びつける試みもなされた。

学説のこうした「ドイツ的」解釈——それがいかに一面的であったとしても——がどのようにこの時代の現実分析に結びつき、ナチス期の経済政策に関連したか、ナチス体制のイデオロギーとしていかなる役割を果たしたかはそれ自体重要な課題であり、さらにそれは、より広く、ナチズムと学派の学説との思想史上の部分的な関わり、学派のそのような意味での特殊ドイツ的部分を問う問題に関連する。ヴィスケマンらの「ドイツ的」解釈が、ナチズムのイデオロギーとしてドイツ史の現実に関与し身をもってその過程を担ったとすれば、しばしば「ドイツ史の特殊な途」と結びつけられるナチズムとこの「ドイツ的」に解釈された学説との関連はまさに直接的であり現実的といえるからである。

しかしナチス思想との関連で、リストや歴史学派の学説とその解釈史おけるこのような一面がどれほど注目されるとしても、このことと学派の学説とその展開の経済学史上の全体像とは別であり、両者が慎重に区別されねばならないことはいうまでもない。ナチス期のヴィスケマンらの「ドイツ的」な解釈は、第一次大戦後の資本主義の段階的構造的な認識に関わる学派の経済学的な活動のまさに排除と否定の上になされたのであって、ナチスへの関連を過大に評価することにより、学派とその学説に全体としてナチス的ないし「特殊ドイツ的」性格を賦与すべきで

ないことは論を俟たない。(34)

注

（1）大河内一男編『経済学説全集』五（歴史学派の形成と展開）、河出書房、一九五六年、第四章（大河内一男）、二三七頁。

（2）遊部久蔵・小林昇・杉原四郎・古沢友吉編『講座　経済学史V（歴史派経済学と近代経済学）』同文舘、一九七七年、第一章歴史学派（小林昇）四三～四頁（『小林昇経済学史著作集』Ⅷ、未来社、一九七九年、三九～四〇頁）。

（3）同上、二〇～一頁（同上、一二頁）。

（4）同上、四二頁（同上、三八頁）。

（5）Schriften des Vereins für Sozialpolitik（以下 Schr. d. V. f. SP.）, Bd. 187. Verhandlungen des Vereins für Sozialpolitik in Dresden 28. u. 29. Sep. 1932, S. 4.

（6）E. Salin, The Social Sciences as Disciplines (Germany), in: Encyclopaedia of Social Sciences, vol. I, New York 1930 (1937), p. 260. 大河内一男著『独逸社会政策思想史』下巻（同著作集第二巻、青林書院新社、一九七〇年三刷）第三篇第五章を参照。

（7）住谷一彦「Grundriß der Sozialökonomik の編纂者としてのマックス・ヴェーバー」（大塚久雄・安藤英治・内田芳明・住谷一彦著『マックス・ヴェーバー研究』岩波書店、一九六五年）。

（8）大戦後における価値自由論争に関しては、さし当たって、榊原巌著『社会科学としてのドイツ経済学研究』平凡社、一九六三（三刷）、跋、参照。

（9）小林昇、前掲書、第一章第二、三節、（同上著作集、一六頁以下）。

（10）田村信一著『ドイツ経済政策思想史研究』未来社、一九八五年、また、同『グスタフ・シュモラー研究』御茶の水書房、一九九三年、をも参照。

（11）小林昇「『全集』以後のリスト研究」（上記『著作集』Ⅷ）。

（12）リスト協会については H. Brügelmann, Politische Ökonomie in kritischen Jahren. Die Friedrich List-Gesellschaft E. V. von

1925-1935, Tübingen 1956. また、小林昇「リスト文献とリスト文庫」(同『著作集』Ⅷ) 二八二頁以下、参照。

(13) Brügelmann, a. a. O., S. 37-67. 小林、同上、及び注(11)の論文、一〇八頁、参照。

(14) Brügelmann, a. a. O. 協会は、一九三一年会議以外の会議については報告集を刊行している(但し、「賠償問題」と「農業問題」のみ筆者閲覧)。なお、最近、一九三一年会議についてもボルヒャルトらにより記録が公にされた。K. Borchardt /H. O. Schütz (Hrsg.), Wirtschaftspolitik in der Krise (Monographie der List Gesellschaft e. V., NF. Bd. 13), Baden-Baden 1991.

(15) A. a. O., S. 139-68.

(16) Deutsche Agrarpolitik im Rahmen der inneren und äußeren Wirtschaftspolitik, Berlin 1932.

(17) Brügelmann, a. a. O., S. 120-31.

(18) T・リハは協会の目的を、O・シュパンの「真の国家」の方向と結びつく政策形成に影響を与えるために、「同じ考えを持った保守的な経済学者、実業家、官僚、政治指導者を組織することであった」としているが、適当とはいえない。T. Riha, *German Political Economy: the History of an alternative Economics*, Bradford, 1985, p. 227.〔原田哲史・田村信一・内田博訳『ドイツ政治経済学』ミネルヴァ書房、一九九二年、四〇二頁〕。

(19) K. Brandt, Geshichte der deutschen Volkswirtschaftslehre, Bd. 2, Freiburg i. Br. 1993, S. 397-402.

(20) Geshichte des Vereins für Sozialpolitik 1872-1932 (Schr. d. V. f. SP, Bd. 188), Berlin 1939, S. 283.

(21) W. Krause, Wirtschaftstheorie unter dem Hakenkreuz, Berlin 1969, S. 70ff. S. 116.

(22) C. Blumenberg-Lampe, Die wirtschaftspolitische Programm der "Freiburger Kreise". Entwurf einer freiheitlich-sozialen Nachkriegswirtschaft. Nationalökonomen gegen Nationalsozialismus, Berlin 1973. 柳澤治「ドイツにおける戦後改革と資本主義の転換」(田中豊治・柳沢治・小林純・松野尾裕編『近代世界の変容』リブロポート、一九九一年)八〇頁以下、参照。

(23) 学説の方法・内容上の連関については改めて検討されなければならないことはいうまでもない。

(24) Schr. d. V. f. Sp., Bd. 172, Bd. 175. この問題については、柳澤治「資本主義構造転化論争」(岡田与好編『現代国家の歴史的源流』東京大学出版会、一九八二年。後に、柳澤治『ドイツ中小ブルジョアジーの史的分析』岩波書店、一九八九年、所収）参照。なお、大阪市立大学星野中氏の御教示により、次の論文を知った。以下の叙述全体に関連するので参照願いたい。M. A. Landesmann, "Views on economic crisis, international economic relations, and trade policy in inter-war Germany".（『経済学雑誌』第八八巻第二～三号、一九八七年）；H. Hoshino, Comment: "Export pessimism" in inter-war Japan.（同上）。

(25) cf. M. Appel, Werner Sombart-Historiker und Theoretiker des modernen Kapitalismus, Marburg 1992, S. 231f.; J. Backhaus (Ed.), Werner Sombart (1863-1941). Social Scientist, Vol. II, Marburg 1996, S. 170-173.

(26) W. Sombart, Die deutsche Volkswirtschaft im 19. Jahrhundert, 3. Aufl., Berlin 1913, S. 370f.

(27) Ders., Die Zukunft des Kapitalismus, Berlin 1932.〔鈴木晃訳『資本主義の将来』（『世界大思想全集』八六）春秋社、一九三三年〕。

(28) Ed. Salin, Von den Wandlungen der Weltwirtschaft in der Nachkriegszeit, in: Weltwirtschaftliches Archiv, 35. Bd. (1932 I); ders., Am Wendepunkt der deutschen Wirtschaftspolitik, in: Deutsche Agrarpolitik, T. 2.

(29) F. Eulenburg, Großraumwirtschaft und Autarkie, Jena 1932; ders., Autarkie und Agrarschutz. Theoretische Möglichkeiten und Grenzen ihrer Verwirklichung, in : Deutsche Agrarpolitik, T. 2.（本論文集には上記ザリーン論文も並んで掲載されている）。

(30) Salin, Am Wendepunkt der deutschen Wirtschaftspolitik, S. 691-99.

(31) Eulenburg, Großraumwirtschaft und Autarkie, S. 19, 32, 44.

(32) P. Bramstedt, Die Tauschbeziehungen von Landwirtschaft und Industrie-Probleme des Binnenmarktes, in : Deutsche Agrarpolitik, とくにS. 413-16, 448-50.

(33) E. Wiskemann/H. Lütke (Hrsg.), Der Weg der deutschen Volkswirtschaftslehre, ihre Schöpfer und Gestalten im 19. Jh., Berlin 1937.〔金子弘訳『独逸経済学の道』日本評論社、一九四三年〕。

(34) この時期の状況に関する同時代日本人学者の認識については、高島善哉著『経済社会学の根本問題――経済社会学者としてのスミスとリスト――』日本評論社、一九四一年、大河内一男著『スミスとリスト――経済倫理と経済理論――』同、一九四三年、参照。戦後日本の経済学史研究に大きな影響を与えた上の古典的な研究が、同時代のドイツの学問状況に対する批判的検討を内容としていたこと、その際ともに「スミスとリスト」を問題にしなければならなかったことは興味深い。その意味を理解するためには高島や大河内らの学史的研究を同時代の状況の中で捉え、それ自体を全体的な経済学史の中に位置づける作業を必要とする。それはまた、戦後日本の学史研究の意義の理解のためにも（従ってわれわれ自身の位置の確認にとっても）少なからず意味のある作業といえるのではないだろうか。

第11章　エミール・レーデラーの位置をめぐって

小林　純

はじめに――社会政策の限界――

『独逸社会政策思想史』の著者である大河内一男の歴史学派理解は、G・シュモラーと彼以降の世代「最新歴史学派」との継承関係の分析を欠くことから、すでに批判が加えられている。[1] 彼は「一九〇四年以来、歴史学派の最後の支柱としての、『倫理的』経済学が……ウェーバーによって取り去られ、学派全体として、理論的には既に清算の過程にある……」[2]として、第一次大戦前にすでに歴史学派の解体が進行しているとみた。だがシュモラーら「新歴史学派」と「最新歴史学派」に属すると目される人々が、ともに社会政策学会を活動の舞台としていた、ということについては大河内と彼の批判者の共通理解が得られるであろう。そして大河内の前掲書での固有の課題は、この学会を舞台として行われた論議の中にドイツの社会政策（政策課題の設定、その把握の仕方）の展開を跡づけることであった。

彼のこの作業において、「最新歴史学派」の周辺的人物と見なされるエミール・レーデラーは、ヴァイマル期の記述中にかろうじて登場する。最終章、第三編第五章「第一次大戦後における社会政策の転変――社会政策における『危機』と『限界』――」の骨子を以下に追ってみよう。

第一次大戦前においてすでに、社会政策はその客体および主体の変質により、「危機」を迎えていた。社会的弱者たる労働者階級に対する、党派的に中立な国王の官吏の手による恩恵的保護は、倫理的なる義務であった。しかし客体たる労働者階級は資本と対等な勢力となり、主体の「社会的王制」の主導力もユンカーから資本の手に移り、社会政策は「産業負担」と感じられた。ここに、従来「上からの」社会改良で見落とされていた、労働関係における労働者の自主権の獲得という課題が、危機を克服する新たな方向づけとして浮かび上がってきた。

戦後、労働者運動の躍進と無産政党の政治的権力への参与のなかで、社会政策の課題のひとつは、社会政策の社会主義化により労働関係における半＝封建的隷属性を払拭し、さらにはその資本主義的従属性をも克服することであった。もうひとつの問題は、戦前から継承された社会政策の経済的限界に関する批判であった。ドイツ経済が壊滅に瀕している中で賠償と復興を課題とし、まずは生産の増大が促進されねばならなかった。それが資本の要求であったばかりか、全体利益と一致すると思われた限りで、労働組合のスト権要求と八時間労働への固執は最大の障害に映った。こうして、従来の「分配政策的社会政策は生産政策的社会政策に転化」（二八四頁）せねばならなかった。学会員の多くが生産政策の優位に傾く中でブレンターノは一九二九年に脱退した。

戦前の学会は、パイの増大を前提に、経済政策が社会政策を不可欠の一部とすることを啓蒙し、倫理的・分配的経済学をその基礎としていたが、いまや社会政策の前提として経済政策が順当に遂行されるべきであることを指摘することが課題となった。こうして社会政策に対する経済政策の優位が確認されると、あとは社会改良はどこまで許容されるか、という「限界」の問題が残された。ひとつの答は、社会政策を社会主義に結び付けて両者が同じ精神に立つものと見て、「限界」を意識せずに経済民主主義の実現要求として提起されたが、これは「社会改良主義的本質」のものであった。もうひとつは、社会政策をとくに産業利潤に対する負担とみる立場で、社会政策の「限界」を力説した。

では、この「限界」とは具体的にはどう捉えられるものか。経済政策と社会政策は、ともに資本制社会の価値秩序をなす要素として比較されねばならなかった。そして社会政策の秩序維持機能の費用と効果とが秤量されて、そこで「限界」が語られるわけである。大河内は次のように定式化する。「この秩序維持効果とは、単に労働力保全策ないし労働能率増進策の意味における生産政策的効果のみならず、進んで階級対立の緩和、産業平和の実現等の効果も考えられたとはいえ、社会政策の『限界』の問題に対して厳密な関連を持ち来るのは、右の効果が『生産性』の上昇として数量的に表現され、且つこれらの社会政策的諸施設が国庫乃至は特に産業に対する『社会的負担』として数量的に表現される場合に限定された」(三〇三頁)。

このプラスとマイナスが他方の経済政策と対比されれば「限界」の問題は解答可能となる。かくして人口一人当りの社会生産物量の減少が始まるところで社会政策の「限界」に達したことになる。人口増加率を資本蓄積率が下回るときも同様とされる。だが、量的に不可測的なものはここでは考えられていない。したがってレーデラーの説くように、「動態」経済を扱う場合には、上記命題はつねに不可測的効果によって修正を被らざるを得ないのである。つまり階級対抗などの情勢に応じて、「限界」は広くも狭くも理解されることになる。生産政策こそ最良の社会政策だという主張は、「静態」経済しか考えないことの結果である。

大河内の大著において、社会政策の学的課題を論理的に追いつめてゆく叙述は、このレーデラーの論点の紹介をもって実質的に終わっている。社会政策学会が「産業負担」を旗印に社会政策の限界を喧伝する場へと変わってしまったときに、それでもなお社会政策の可能性をこの場で主張しえた人物がレーデラーだったのである(3)。

レーデラー自身はなにもこの学会の存続のためにこうした学的課題の提起を行ったのではなかろう。また大河内もレーデラーに、解体期の論戦参加者の一人として取り上げる以上の関心を示してはいないようである。ただ、二〇年代の半ば、すでに社会政策がかつての独自な意義と課題を喪失したことが一般に印象づけられていたような状況にあって(4)、学会の存存根拠を論戦のうちに論理的に探ってゆくと、レーデラーの活動の一端と交錯することとなった——こう見てよいのではないか。ともあれ社会政策の展開からみれば、レーデラーは上述の課題、すなわち動態経済における人口と資本蓄積の関係を理論的に考察するという課題、を負ったことになろう。

ハイデルベルク大学、ついでベルリン大学教授となったレーデラーはこの理論的課題を遂行してゆく。同時に彼はその他のヴァイマル期の実践的・理論的な諸課題に取り組んだ。本稿では、次項で彼の世界恐慌さ中のドイツ経済認識を紹介し、次にそれを支える彼の理論的立場を構成する諸要素を指摘し、最後に彼のアウタルキー批判をみる。歴史学派の特色である経済社会学的指向や国民経済観が、ヴァイマル期以降の布置状況でどんな位置を占めることになるのか、それを経済学者レーデラーの活動のうちに見ておきたい、という関心からである。

1　経済的危機の認識

一九三〇年の選挙でのナチスの躍進、そして三一年の金融恐慌の勃発と、ドイツの政治的経済的危機は探まった。ここで取り上げるレーデラーの「恐慌からの脱出路」(5)は危機のさ中に行われた講演の記録である。彼はここで、ドイツ経済の陥っている苦境について包括的な考察を加え、原因ならびに脱出の方策についての見解を、かなりまとまった形で述べている。この稿によって彼の現状認識を見ておこう。

(1)　恐慌の原因について(6)

彼はまず、現状の不況が、資本家的生産の法則的運動に由来するものであって、経済学による解明が待たれる景気循環の一局面である、と認識する。そして現下の危機の長期化が、若干の例外（フランス、スウェーデン）をのぞく世界各国を巻き込んだ世界経済恐慌によるものだとして、その原因と考えられることを以下の九点にわたって考察する。

第一、景気変動。彼は現状を景気循環過程における「正常な」恐慌であると見た。そして恐慌とは、経済の動態的な発展過程、つまり大きな技術変化が生じるときには不可避の部門間の成長速度の違いが引き起こす不均衡から生まれるものだ、とされる。ここには彼の景気循環の把握が示されている。まず好況期には、生産施設、機械、運輸設備等が拡張されるが、この時期の発明・発見は生産過程の再編の刺激となり、新たな経営が生み出されたりする。生産組織には新旧交替と同時に組織の全般的拡大も生じる。こうして生産能力の上昇が見られるが、とくに生産手段生産部門の飛躍的上昇が起こる。ドイツでは一九二六〜二七年に粗鉄生産が三五％も上昇したが、それは戦前の水準を二〇％も上回った。しかし消費財部門は決してこれと同じテンポで上昇しなかった。さて生産の拡張の重要な要件は信用である。信用は、ある限度内では現実の貯蓄形成よりも急速に拡大しうる。そのかぎりでは景気の上昇局面はいつもインフレの契機を含んでおり、利潤のつり上げや収益性の部門間対立、資本の誤った誘導など、不可避の随伴現象を起こす。好況の持続は、生産財価格を消費財価格よりも急速に上昇させて基礎的産業の拡張を促進し、全般的な価格水準の上昇に到り、自国経済が世界市場での価格水準との関連を失うまでになる。こうなると、あとは恐慌によって、価格水準の低下、諸生産部門間の正しい価格関係の再建を通じての調整を待つ以外にはない。好況が著しければ、それだけ激しい生産過程の収縮が起こる。不況は通例、信用の流れの阻害によって引き起こされる。つまり、例えば銀行が従来の信用の延長や新規の信用供与を行わないことで始まる。これで従来規模の生産継続が不可能になり、生産縮小、失業発生、消費後退、価格の低下や急落すら起こる。購買力は収縮し、インフレからデフレ過程に入る。これは経済的波動の必然的な局面であり、貨幣の運動として描かれるが、本質的には生産過程内部の痛みをともなった手術なのである。現下の動きはこの「正常な」経過のうちにあるけれども、この数年間の生産手段部門の高揚がとくに強力だったこと、また再編過程中の技術的効率が著しい能力の不均衡をもたらしたことのゆえに、波動の谷はとくに深くなっていた。これに、さらなる条件がつけ加わっている。

第二、原料と食糧の生産条件。現在、石炭や鉄鉱石、石油、銅、ゴム、穀物や食肉の市場では著しい過剰があって、価格も急落している。まず石油や石炭の自然資源については、将来の収穫を割り引いて現在価値で評価するという計算方式と、高い技術水準での自由競争とのゆえに、浪費ともいえる生産が行われている。穀物生産では、アメリカとカナダが耕地面積の拡大を進め、しかもコンバインを利用しての高い労働生産性を実現して低コストの穀物を供給している。ロシア、シベリア地域でも耕地拡大が見られる。だがヨーロッパ諸国では人口増加の停滞、食生活の変化のために、穀物需要は伸びていない。そのため価格低落は著しく、旧ヨーロッパ諸国の穀産農業は展望を失っている。各国政府が対応しかねている状況であるが、それでも新大陸では自由競争のさなかに絶えず新たな経営が登場してくる。関税政策もこの圧力には無力である。なによりもヨーロッパ農業地域の（工業生産物に対する）購買力が衰えている。工業部門との連動の分だけ一九世紀末の農業危機よりも深刻である。

ゴムや綿花の生産も急上昇した。以前は予想もつかなかったほどの供給の伸びがあり、ゴムの価格は戦前の八分の一に急落したが、熱帯地域の大プランテーション経営が苦しくなったとはいえ、零細経営の方はそれで生産から撤退するということもない。ヨーロッパの工業はこの原料価格低下を利用するのだが、しかし、生産の有機的構成が極めて高度化したために、原料価格低落が生産物価格のうちに現れることは困難になっている。

第三、労働市場。ドイツの場合、一般兵役義務の廃止により、約五〇万人分の労働人口が労働市場に現れ、その分だけ失業が増えていることになる。またとくに人口の年齢構成の変化が問題である。就業可能な一五〜六〇歳人口は、ドイツでは一九〇〇年から二五年までに三二三三万人から四〇五〇万人へと、二五％も増加した。イングランド・ウェールズではほぼ二二％の増加、これに対してフランスでは五％しか増加していない。戦争による喪失にも関わらず年齢構成の急激な変化が生じたのである。加えて中間層の貧困化と女性労働力の急増とが労働市場への圧力となっている。またドイツでは旧来の「レントナー」層が求職者として現れてきた。こうして労働市場の供給の伸びは生産部門の吸収能力よりも急速になっている。

第四、技術進歩の影響。一般に技術進歩は、生産の低コスト化や利潤の上昇を期待させる。それによって新たな購買力が作り出され、また新たな労働力吸収の基礎も作り出される、というわけだ。だが前回の好況期には以下の二つの事情があったために、この一般的な影響が充分に現れていない。

まず技術進歩は、どの領域で起こるかによってその影響が著しく異なる。一九世紀の鉄道網の建設・拡大は、急速な人口増加と生産増大の基礎となりえた。しかし今回は、新たな投資が新部門の開拓というよりは、従来産業の労働節約に向かうものであって、その構造から見て、イギリスにおける紡績機や織機の導入にも似たものである。つまり工場での省力化と手工業部門の破壊とによって、失業を大きくするという影響をもたらした。

次に技術進歩のテンポの問題がある。急速なテンポで圧倒的な浸透力をもった技術進歩は、減価償却の水準に強く反作用しており、このことが、新たな、追加的資本形成を遅らせることになる。今回の危機の厳しさには、この要因が重要であると思われる。

第五、経済の組織化。技術進歩が生産コストを引下げ、利潤上昇や価格引下げを通じて発展の契機をなすという傾向は、組織の硬直化によって否定される。市場を支配するカルテル、コンツェルン、トラストは、価格を固定して高い利潤を引き出している。好況期にはこの利潤の生産への投資はさらなる投資を呼んで好循環を生み出すが、同時に不均衡の基礎も作り出し、自由競争下なら不可能な程度のものとなる。こうして抱えこんだ生産能力は、需要減退期にはその分だけ大きな困難のもととなる。また有機的構成の高度化により、生産制限は固定費分だけ生産コストを引き上げることになる。販売量が減ってもカルテル価格はできるだけ維持され、可能ならば引き上げられる。これがさらに販売量の低下をもたらすことになる。組織された生産は、自由競争でならおよそありえない悪循環に陥ることになり、低い生産水準と高価格から動けなくなる。不況期の低価格によって、痛みは伴いつつも「正常な」経済状態への回復が準備される、という経路には戻れないでいる。

最新の経営が中小工場よりも高コストに悩むという奇妙な結果もある。最近、ベルリンのパン工場が、小さなパン屋がしかけてくる値下げに耐えられないと言っている。誤った投資の例とすべきであろう。手工業ほどに利潤を実現できず、また低価格で商品の提供をできず、しかも雇用数を減らすような生産組織の矛盾。こうした私的企業家は果たして「社会的資本」の正当な委託者と言えるのであろうか。

第六、賠償支払いの問題。これだけが経済恐慌激化の原因とはいえぬが、たしかにその一因ではある。ヤング案による年一七億ＲＭ（ライヒスマルク）という支払い額が国内で投資されたとして、百万ＲＭの資本が一経営につき一〇〇人を雇用するとしたら、一七万人の労働者を吸収することができよう。賠償額分の投資純増はありえないとしても、一部でも投資にまわれば消費の増加が生じて、少なくとも一定の上昇要因にはなったことであろう。

第七、関税。関税や国際カルテルは、分業の進展を妨げ、商品交換を阻害し、生産コストを高め、とくに独占形成を優遇し、同時に第五で述べた資本の誤った運用を容易にしている。とりわけ関税は国内での著しい搾取の基礎であり、ダンピングや国内高価格水準の維持、輸出奨励を可能としており、かくして人為的な価格関係が作り出されている。強化された保護関税体制が政治的な対立を激化させて国際的雰囲気を悪化させるために、国民経済相互間の不信も強まり、結果として自由な資本の流通が阻止され、国際的に経済恐慌の除去に大きく貢献できるはずの均衡運動が妨げられている。

第八、金産出の低迷。イギリスでは、金生産のいわゆる停滞が現在の恐慌に決定的な関連を有している、という見方に多くの支持者がいるが、そうは考えられない。彼らは、金の供給が伸びないために通貨流通と信用量の急速な増加がなされず、世界経済がデフレ過程突入を強いられており、その影響が現下の価格下落である、と主張している。だがこの粗雑な通貨理論に対しては、以下の決定的な異論を挙げておく。つまり、発券銀行の金保有は戦争開始以来、金生産の増加のみならず、金の流通からの退蔵を通じて著しく高まった、という点である。これは本位制の基礎を非常に強化し（ヨーロッパだけで約九〇億ＲＭの金が流通から消えた）、また技術的にも四〇％の準備率とするなら、約六〇億ＲＭ分の金の採掘と同じ効果をもたらすのである。(7)

ここでとくに重要なことは、世界における金の不均等な配分である。一九三〇年一〇月には全世界の貨幣金量総額四八三億金マルク余のうち、フランスに八三億金マルク、アメリカに約一九〇億金マルクが集中した。これは、この分野でも資本主義の古い自動調整機能がもはや作動しないことのしるしである。それはひとつには先に触れた資本・商品の移動に対する障害の可視的な表現にすぎない。貨幣制度に責任を求めるのは逆転した発想だ。その機能はずいぶん改良されており、とくに為替準備は、本位貨幣での支払いを軽減し、現金なき支払い流通の一般化によって企業家間の大量売買を紙券流通から独立させた。また最近の研究でも、ほとんどの発券銀行が多くの「自由準備金」を利用できる、つまり実際の生産への融資を要求された場合には手形信用をかなり拡大しえたことが言われている。だからここにはまだ大きな裁量の余地があって、景気回復の際にも利用できるのである。

要するに、金の生産に恐慌の原因を求めることは問題にならず、不均等配分も困難な事態の結果であって、そこに原因を求めることはできない。

第九、政治状況。とくにドイツの不安定な状況は重要な一因となっている。戦後インフレの起こった国からは資本逃避がみられたが、安定化がなされた国には戻ってきた。新たな政治的不安の強まるたびに資本の移動が見られるが、こうした中では設備投資はなかなか実行されず、株式や長期債券への投資は見送られ、流動性の高い短期債券へと傾く。だがこれはデフレ過程の強化を意味する。現在の資本集積はおよそ投資にはならず、価格の不均衡化作用をもたらすばかりである。こうした混乱は均衡回復を遅らせる原因になっている。

(2) 展望について(8)

では、脱出路はどこにあるか。理論的には、価格の低落による消費増加以外にはない。失業増加、賃銀低下の時期には、価格低落による実質所得の上昇と相対的な消費増加が、浮揚力となりうる。価格の低落は、生存能力なき企業の清算過程となるのが「正常な」経過である。しかし今日ではもはや自由競争が行われず、あらゆる種類の組織、政府の干渉（補助金）などによって、「正常な」過程は生じない。

ドイツでは基礎資材の価格は下落しない。例えば鉄価格は世界市場でトン当り約八〇ＲＭであるが、ドイツ国内では一三七ＲＭで取引されている。世界市場価格に関税二五ＲＭと運賃五ＲＭを加算した一一〇ＲＭよりもずいぶん高い。企業は八〇ＲＭで輸出し、補助金を受けている。こうして基礎価格が市場状況に適応することが妨げられている。

では、価格低下の要因たる賃銀低下は脱出策たりうるか。この間の著しい賃銀低下によって恐慌がなんら緩和されなかったという事実から、それはありそうもない話だといえる。この賃銀低下がいかなる作用をなすのかを検討しよう。

一．まず賃銀は費用である。基礎的工業では費用のうち賃銀部分が大きいのに対し、完成品工業では小さく、従って賃銀低下による価格─費用の間隙、つまり利潤も小さくなる。このこと自体がすでに誤った作用である。そして賃銀総額の低下は、まず消費財需要の低下と、同時に労働者階級の貯蓄の低下を意味する。

賃銀低下により実現しうる利潤が投資に回されない限り、活況は期待できない。しかし投資熱は冷えきっている。将来の不安が大きいため貨幣市場では長期貸付の金利が低下せず、需要も落ち込んでいる。賃銀の節約分が企業家の消費増になるとしても、それは購買力の移転にすぎず、労働者を犠牲にした景気回復策とはならない。

二．賃銀低下と価格下落がパラレルに起こる場合。この限りでは価格─費用の間隙の創出や拡大は断念され、経営改善にはならない。ただし賃銀以外の所得範疇に大きな変化がないとすれば、それは相対的に購買力を増すことになり、需要の増加をもたらし、利潤増加も可能である。ただし価格の確実な下落が条件である。

三．すべての社会層の所得が下落し、価格も下落する場合は、国内的には本質的な変化は生じない。唯一の作用は低価格による輸出の強行となろう。ただし他国でも同様の傾向がある以上、ドイツがこれで優位をしめることはできない。

四．価格が賃銀よりも著しく低下するなら、「正常な」恐慌の経過に相応する。徹底した価格下落によって生じる在庫の減少が、損失をともなう生産拡張ののちに、強い上昇の刺激となる。だが現在これが起こる見込みはない。以上に見たように、景気回復への移行はやはり価格低落によるしかない、という結論に到った。だが今日の国民経済は、市場支配力のある経済部門が強力な地位を占めており、不均衡な状態に押し込められている。

もう一点触れておくべきことは、技術進歩の意義、とくにドイツ大工業の合理化についてである。近年の効率的生産装置では労働力の組織的利用により、雇用労働が増加しないという。例えば石炭採掘では、労働者数が（一九一三年と二九年の比較では）五・五％増加したのに対し、採掘量では一六％の増加、褐炭採掘では労働者数二四％増に対して採掘量は一〇〇％増、である。

理論的想定では、「正常な」経済発展過程にあっては、こうして実現される利潤が新たな雇用を生む資本形成に結び付くか、価格低下による需要増加を引き起こすはずである。しかし実際は、部門内競争があるため設備の高度化が行われて労働需要は上がらず、また他部門への投資もごくわずかであった。

こうした経験から、労働市場の自動的で急速な補整は容易に認められないことが分かった。均衡の思想を動態経済に取り入れたために、あまりに単純かつ調和的な像の提起という誤りが生じたのである。

最近のドイツ経済における大組織の形成は、さらに重要な帰結をもたらしている。つまり工業の経営管理組織は戦前と較べて本質的に変化した、ということだ。大組織が発達して高度な技術をもつ管理職員がそこで高所得を得るために、独立の企業家が現れなくなってきた。職員の官僚化が進行して、わざわざ独立しようとする者がいない。国際的にも保護関税障壁ができあがり、商業政策が自由な雰囲気を殺している。つまり企業精神が高揚しないのである。またそうした商業政策のために、資本輸出による世界市場での需要増加という道が妨げられており、望ましい資本移動が生じない。将来的には国際決済銀行が取引拡張の役を果たさねばならぬであろう。だが、資本過剰と低利子率の国は、自国に資本を束縛しようとしているのみならず、投資先に関する知識ももたずにいる。例えば、フランス資本市場はドイツ商品への需要を有するバルカンの事情を知らずにおり、またバルカンと友好関係を保っているヴィーンは逆に資本をもたない。ここに協調の可能性があり、その実現が望まれる。

さて、こうした事態を前に言えることは、資本主義が自己調整能力を失ったということだ。資本主義は計画経済とは違って、諸条件が絶えず流動しており弾力的であるはずだった。しかし一部の組織が価格固定化をはかり、新部門への投資による労働力吸収と社会的生産物の増加とを妨げている。現在、経営数と就業者数が急速に伸びているのは、およそ非資本主義的な小売業を中心とする商業部門だけであり、ここと若干の修繕業が新企業家の非難所となっていることのうちに、ことの非合理さが現れている。資本主義の恐慌は資本主義的な手段がとられるときにのみ清算されうるのであって、市場法則自体を除去するために生産組織が結合した経済体系にあっては、それは不可能である。社会的生産力の計画的な組織化が不可避となってきつつある。

では、われわれは政治的民主主義を保持し、しかもその中で経済的自己支配にまで到ることができるだろうか。ドイツとヨーロッパの運命が自ら理性的な発展経路をたどるとは信じられない。またマルクスが生産の集中過程のうちに見た社会化された経済に到るには、まだ克服すべき幾多の段階があろう。ただわれわれの運命は、自らが切り開かなければならないものである。

2　レーデラーの位置

ここでは少し広い範囲の中でレーデラーの学問的立場を検討してみたい。一九二〇年以前の彼の経歴、すなわちヴィーン大学におけるオーストリア学派とマルクス経済学の習熟や社会民主主義的労働運動への関与、『社会科学・社会政策雑誌』（アルヒーフと略す）における労働立法の報告、そして革命期の社会化委員会での活動についてはすでに知られている。(9)

前節で明らかなように、レーデラーは自由放任の終焉した独占期資本主義の危機を対象としていた。戦後の社会化運動の挫折を経験した彼は、性急な社会主義化の道を採らず、ダイナミックな資本主義の本質とその構造的変質とが孕む諸矛盾の検討へと進む。独占による市場メカニズムの阻害、そして利潤追求の無政府性が景気回復を阻んでいるなかでは経済過程への政策的介入を主張せざるをえない。したがって社会政策における彼の立場は、「講壇社会主義者」とはおよそ異なった国家把握に基づく政策の支持であった。カルテル価格の引下げや後述する賃上げの支持は、しかしもはや社会政策の固有の問題ではなかろう。また「はじめに」でみたように、技術進歩と失業の関係を理論的に明らかにする作業を負ったけれども、これも理論家の仕事といってよい。繰り返せば「社会政策」論は、時代の諸問題を扱ったレーデラーの多様な活動の一端——とはいえ重要な——であった。以下、その中からいくつかを取り上げておこう。

まず戦前から二〇年代以降にまで続く彼の一貫した関心領域は、職員層研究に象徴される社会層分化 Umschichtung の問題であった。彼の職員層論はすでに雨宮昭彦の優れた一連の研究で検討されており、これによって紹介したい。(10) レーデラーは第二帝政期の職員層が「新しい中間身分」を志向した集団とみた。そして彼らが一方で被傭者という自覚から労組的政策をとる団体に結集しつつも、他方で安定した終身的地位にある公官吏をモデルとした労働者とは異なる「中間身分」の地位を確立しようとし、一部には極めて排他的な身分特権を求める動きすらみせていることを確認した。この認識はヴァイマル期に変化する。彼は、職員が資本と労働の仲介者として機能するという幻想が後退しているとして、かつての身分的要因が被傭者的性格に克服されて統一的被傭者階層の形成が起こっていると結論した。ナチス台頭の一九二九年論文でこの認識は再度変わる。レーデラーは、職員が経済的には労働者と同じ運命にあろうとも、そのイデオロギーには社会的ロマン主義や身分世界を志向するファシズムの思想が根をおろしている、とした。(11) こうした研究は、良質の学問的社会分析であったにとどまらず、社会民主主義や労組の運動方針に関わる実践的な性格をもっていたのである。後の中間層をめぐる議論の中心は三〇年以降のT・ガイガーの諸研究だが、(12) それが孤立的に現れたわけではもちろんない。

マックス・ヴェーバーの死後、レーデラーはアルフレート・ヴェーバー、シュンペーターとともにアルヒーフの編集者となった。彼の理論的関心は、シュンペーター『経済発展の理論』を前提にした景気循環の問題に向かい、信用を重視した独自な景気変動論を構築することとなった。日本滞在中に執筆したとされる「社会経済学講座」中の「景気変動と恐慌」がそれである。(13) ここで彼は、さきの階層分化研究の成果を取り入れ、マルクス主義的な資本主義経済分析の二階級モデルを修正して、企業者・労働者・農業者・農業労働者・官吏・金利生活者、という所得変動の異なる六階級構成を提起した。そしてそれぞれの所得弾力性が異なることにより景気の諸局面における各階級の分配分が変化することを重要な一要因として、変動のメカニズムが説かれることになる。その意味では彼の社会学的階層分化論は、諸階層の所得の発展が不均等であるということを介して、景気変動論を構成する契機となっている。(14)

さて「景気変動と恐慌」では、上述の諸所得と諸部門の価格の不均等な発展によって変動が説かれるため、永遠の景気循環論と批判されることもある。[15] 理論のうえでは「正常な」展開が描かれていたのに対し、レーデラーはこの後に「正常な」展開の起こらぬ危機からの脱出を探らなければならなかった。しかし彼はその手がかりをここですでに提出していた。それは、景気上昇の起動力となりうる追加的信用（＝先行する生産の結果ではない購買力の付与）である。[16] 単なる貯蓄の譲渡でないこの追加的信用は、それを可能とする貨幣・銀行制度の弾力性が条件となっている。この信用の享受者の需要が市場に現れると、生産量の不変な場合にはインフレが起こる。しかし「経済組織の弾力性」によっては追加的な生産をもたらすことになる。弾力性が大ならば価格騰貴が起こっても生産拡張が行われてデフレの方向に転換するであろう。生産拡張は動態的な経済における技術的進歩の論点とつながるのである。

レーデラーの理論の位置づけについては、彼と近い立場にあったE・ハイマンの記述がある。『経済学説史』の終章「景気波動の体系の出現」はケインズの体系の説明で終わるが、ハイマンは冒頭でこう記した。第一次大戦後の混乱の中で、均衡の原理とは違った新たな、「資本主義産業の正常な条件としての波動の理論」にいたる原理が求められた。そして「この討論の口火を切ったものは、のちにアメリカにわたってきた一団のドイツの理論家であった」として、レーヴェ、レーデラー、ナイサーを挙げている。[17] ちなみにハイマンは「歴史学派」の章でシュピートホフの景気循環論を紹介し、そこで恐慌の原因に挙げられた事実の説明には動態的理論が必要だが、シュピートホフにはそれが欠けていた、と指摘している。[18]

次に政策上の立場にも触れておこう。いわゆる「カッセル」論争[19]において、スウェーデンの経済学者カッセルが自由主義の立場から労組の独占的な地位を批判し、国家の失業救済事業の無効・有害を訴えたのに対し、いわば真正面から社会民主主義の立場で応戦したのがレーデラーであった。以下、これも雨宮の研究から要約しておく。カッセルの理論から導出される実践的立場は「いずれも企業の資本蓄積に対して桎梏となった労働組合の賃金政策と国家の財政・社会政策を批判して、経済活動に対する国家干渉の排除を要請」するものであった。レーデラーはカッセルの静態的な国際分業観や、「他の事情にして等しい場合」条項を無視した労働時間＝コスト観などを、事実と理論のレベルで反駁した。さらに政策の無効論に対しては、それが資本フォンド一定の古典的静態論だとして批判し、「生産的インフレーション」論と呼ばれた新たな経済政策論を提出する。

それは、前述した「現存する貯蓄」をこえる購買力の創出としての信用の意義を強調するものだった。現にそれは、インフレ的だとしてシャハトらの強い批判のため制約されてはいるが、地方自治体の外国借款を利用した公共事業にみられるものであった。また彼は国内銀行システム内での信用拡大も、新たな購買力にみあう産業構造再編や生産の上昇によって生産・消費の均衡が得られるならばインフレは発生しない、とした。だが独占による市場機能障害や企業精神低下のため、レーデラーは国家の事業に期待せざるをえなかった。

こうして国家は、従来の負担としての失業救済とは異なった、雇用創出→産業構造の変革→高次の生産・消費均衡達成、という課題を担うものとされた。カッセルが「社会の総生産から切り離された自主的な購買力という迷妄」と批判するのに対して、レーデラーは、自らが新しい経済政策思想に立つ自覚を込めて、「失業問題の理論的分析の課題は、まさに、総生産に関わる購買力は与えられているとの命題の批判的吟味から、例えば購買力の構造についての問題から始まるのではないか。セイの断言に甘んじてしまうならば、まさにそれこそプリミティヴな経済思想というものではないか」と述べている[20]。

この点でレーデラーは、同じ社会民主主義派のヒルファディンクとは分かれる。両者は国際的な金の偏在を解消することが国際的危機脱出の有効策であることを認めるのは同じである[21]。ただヒルファディンクがこの現実可能性のない原則論にとどまったのに対し、レーデラーは「追加的信用」を評価する側に立った。

最後に、技術的進歩にも一言触れておかねばなるまい。彼は、「はじめに」でふれた人口と資本蓄積の関係を、失業と資本蓄積の問題として理論的に考察した。[22] 均衡調和的な「補償説」の検討から始まる彼の研究の結論は、しかし、極めて一般的なものである。「かれは技術の進歩の多くのちがった場合をもらさず研究して、労働者の直接の解雇が一般的な拡張の効果によって相殺されるか否かに従って、技術の進歩が失業にみちびくこともあれば、みちびかないこともあることを見た」[23] というハイマンのコメントは至当であろう。ただしこのことだけでも、補償説に立って生産政策こそ社会政策であると主張する陣営を論駁する理論的可能性を与えている、と言えよう。

レーデラーは、有機的構成の高度化の速度が、労働力需要が供給に遅れるくらいに急速なときには失業が構造的になるとして、速度の問題に注意を向けている。[24] だが資本蓄積によって可能となる技術的進歩は、レーデラーにとって危機脱出のためには望ましいことであった。追加的信用の追加的生産拡大効果が発揮され、新しい産業の創出・産業構造の転換が実現されて、拡大再生産の道を歩むという真の解決のためには、やはり技術的変化が不可欠の要因とされていた。[25]

新旧のドイツ歴史学派が、古典経済学と経済的自由主義の調和観に反発し、経済主体や法・行政・労働等の諸制度が歴史的に変化するものであって、理論の一義的な適応可能性など僭称できないことを認める点では一致していた。そこからシュモラーに見られるような、歴史的個別研究によって現実社会への洞察力・政策立案能力の涵養をはかる、という「経済学」のドイツ的なあり方が生まれる。したがって学問的には経済史と経済社会学指向が強化されるのも当然であろう。中でもゾンバルトとヴェーバーは近代社会の経済体制を資本主義と捉えて、その「精神」の研究や構造的特質、経済社会学的研究に傾斜し、とくにヴェーバーはこの合理化・物象化された世界の意味を問うようになった。狭義の経済理論への関心はそこでは放棄された。だが社会政策学会のような場面で、補償説や均衡理論では説けない現実問題を理論的に扱うためには、動態論的なマルクスの経済学やシュンペーターの「発展」論など新たな理論展開の動きとの連携が要請されていたはずである。二〇年代、三〇年代の理論を考えるとき、現代の理論にどの程度まで接近していたかという評価基準のみならず、過去との連続的な問題の質を問うことも必要であろう。レーデラーの位置づけにあたっては、理論問題に限られぬだけに、とくにこの両方の視点が必要であろう。

3　アウタルキー批判

世界の交易の縮小と高失業率という危機的局面をむかえて、ドイツではまたアウタルキー政策を求める声が強まった。一九三二年九月の社会政策学会ドレスデン大会ではこれが取り上げられ、レーデラーは批判の立場から報告を行った。(26) 以下、それを要約紹介しよう。

アウタルキーの運動は二つの目標をもち、ひとつは再農業化、もうひとつは広域経済圏の創出である。運動は両者を矛盾なきものと主張しているが、双方を検討してみよう。

まず広域経済圏という主張について。これは中欧・東南欧諸国をドイツとともに大統一経済領域にまとめようというものである。だがこの数年の発展傾向はこの種の広域経済には向かっていない。この地域とドイツを介するオーストリアの地位が低落したので、外見的にのみドイツ商品の伸びが現れているにすぎない。ドイツとこれらの諸国との貿易収支を分析すると驚くべき結論に達するのだ。

チェコスロバキア、ルーマニア、ポーランド、オーストリア、ハンガリー、ユーゴスラビア、トルコ、リトアニア、ラトヴィア、ブルガリア、エストニアからの輸入はドイツの総輸入の一四・二%、これら諸国への輸出は一四・九％であった。ある地域との貿易を二分の一とか三分の一増加させるのがどういうことかを知っている人なら、ドイツの貿易の重心をこれらの国に移そうという考えがいかに空想的かが分かるだろう。枢密顧問官ゼーリンクがそう述べていたけれども、そう言える自信はどこに根拠をもっているのか、およそ理解できない。またこの地域では、ドイツの指導権のもとで統一しようというような政治的諸力も認められない。

次に再農業化について。これを主張するものは、食糧（穀物・飼料）輸入の比率のみを見て、原料については問題にしない。主張は農村人口比率の引上げを言っているようだが、それは非現実的であり、ドイツの伝統にも反する。ドイツは戦前からすでに工業化路線を選択したのである。経済政策は、急激な人口増加と工業建設に有利な諸条件があった中で都市的＝工業的発展の軌道に入っていたのである。経済政策はアウタルキーなど指向したことはなく、逆に、保護関税体制や輸入証明などの人為的な手段で国内価格水準を高位に保って工業の維持を図ってきた。生産の上昇は世界市場水準までの価格低下を不可避とするものである。

この間の発展傾向による構造転化がアウタルキーに接近しているのかを吟味しておこう。たしかに農産品輸入は、量およびとくに価額で減少した。だが食糧・嗜好品の輸入は一九三一年一月でも戦前と同様に全輸入の四〇％にのぼる。国内生産の低下とかなり比例的に全輸入が減少しているのである。

農業生産の増大は生産性上昇で達成される限りは歓迎すべきことだが、国内市場の購買力の限界に行き当らざるをえない。生産コストを低下させて立ち直りに向かわせるためには、補助金が望ましい。成果を望める部門に時期を限った補助金は育成関税の機能を果たす。これに対し関税引上げ策は、国民経済的に有害である。内外価格差をさらに大きくするからだ。(27) 戦前の穀物関税が世界市場価格の約二〇％であったのに対し、今日では三〇〇％へとはねあがっている。アウタルキー批判者は、ドイツ農業の発展を拒否しているのではなく、農業の発展が正常な道を通るべきであって、市場の崩壊を通してではいけない、と主張しているのだ。

一九三一年五月には失業者が四〇〇万、生産指数が（一九二八年＝一〇〇として）七四、三二年五月には失業者五五〇万、生産指数五八、となった。指数は二一％の、就業率は二八％の減少である。同時に輸入量も二一％、輸出量も三三％減少した。つまり現在は縮小過程にあるのだが、アウタルキーへの進展ではない。一九三一年の世界貿易は二九年水準を価額で四〇％、量で二〇％下回ったが、主要国での生産も同程度に低下したのであり、「世界経済の構造的分断」が生じたのではない。貿易の収縮は第一次的な発展傾向ではなく、従属的なものである。

その中でドイツのおかれた状況を考えると、次の二つの命題を主張できる。(1)ドイツの貿易は輸出がとくに過敏である。(2)ドイツの貿易構造は、輸入の制約が輸出にかなり大きな犠牲を課す、つまり貿易赤字を招く。すこし詳しく考察しよう。

まず(1)について。ドイツの輸出のうち完成品一般は一九三一年に六二億マルク、総輸出の三分の二にあたり、さらに工業中間財二〇億マルク近くが加わる。原料と半製品の輸出は三分の一にすぎぬ。つまり輸出は、外国との競争の激しい部門が中心となって、過敏さを増している。各国の工業化は輸出をむしろ促進してきた。ドイツの生産の専門化と需要への適応はすばらしいものがあり、危機の中でも前進してきた。だがそれは特殊な環境のおかげだったのであり、しかも輸入がドイツの輸出の不可欠な前提をなしている。

イギリスの機械輸出の価額は一九一三〜二九年に七億二一〇〇万マルクから九億二五〇〇万マルクへの微増であったのに対し、ドイツは同時期に七億から一四億マルクに上昇した。この数字からだけでも、ドイツが世界市場の転換にうまく適応し得たことが分かる。エンジニアや商人の適応能力の高さと良質で相対的に安い労働力が主な原因だ。税・社会負担や利子率が高かったことから、賃銀の低さはそれだけ著しかった。だが労働力の質の保持を考えればこの低賃銀水準は長期的には維持されない。また国内の穀価水準が世界市場からますます離れて、競合国での低穀価による賃銀低下がドイツを脅かすことにもなり、競争の激化はまぬがれない。

つまり、ドイツの輸出はこの数十年に著しく専門化し多様化した生産装置と輸出企業に大きく負うている。完成品、とくに生産手段の販売は、市場調査や競合者との差別化などにおいて、原料や半製品よりもはるかに高度な知識や熟練を必要とする。しかも輸出商品は多数の個別品目の集積である。だからドイツは輸入することで、こうした競争力をもつ製品の輸出を可能としているのである。輸入削減でこの過敏なドイツの輸出のうちの何が残るのか、だれも答えていない。

次に(2)に関して。まず工業化の進展がドイツに危険な競争を創り出す、という命題は誤りであることから確認しよう。ドイツの貿易黒字の七三%（一九三一年）は、イギリス、オランダ、フランス、スイスとの交易から生まれている。また例えばロシアや中国のような農業国では、基礎的部門と機械化の進んだ大工業がまず成立する。だが中間諸部門は欠如しており、生産諸部門を維持するためだけにも無数の個別諸部門の工業製品を輸入せざるをえない。工業化過程が豊かな輸入可能性をはらむことは経験的に知られている。

さて工業国のほうが農業国よりも工業生産物需要が大きいことも知られている。また同様に工業生産物の国内市場とは、主として都市であり、農村ではない。そして農業技術・生産力の発展が成功すれば、就農人口の減少とともに農業部門の購買力は相対的に減少し、また工業化進展につれて食糧費支出の比率も低下し、その支出も食品加工業に向かう分が増える。こうした関連を見れば、世界の工業化により工業生産物の市場が収縮している、などと言うことは誤っていることが分かる。逆に、アウタルキー化による世界市場の喪失部分を国内農業部門の市場深化で代替しよう、という考えも不可能であることが分かる。ドイツ農業が低価格の輸入品で大きな打撃を受けているのは確かだ。しかし、アウタルキーを夢想して外国の競争を締め出すなら、それだけ輸出路を閉ざすこととなり、国内生産を収縮させて失業を増やし、自国の市場をも弱体化させてしまうであろう。

そもそもアウタルキーの思想は中国のものである。中国は自国国境内にすべての必要な生産を備えた事実上のアウタルキーであり、外からの影響を意図的に拒絶した。なぜならそれは自己の完結した世界を脅かすだけだったからである。イギリスとの通商条約締結も中国の皇帝に言わせれば、西側の野蛮人どもが自分のところで生産されない磁器や絹、茶などへの強い欲求をもっていることは承知しており、中国は同情して欲求をかなえさせてやるために条約を結んだのだ、ということだ。これはおよそヨーロッパ的な態度ではない。ヨーロッパはつねに諸民族の多様性の中の統一性が支配する大陸であって、互いに精神的にも経済的にも決して孤立することなく交流を続けてきた。アウタルキーは経済的消耗、生産縮小、貧困化、政治的弱体化をもたらすが、加えて、交流の切断は精神的コミュニケーションと国境を超えた人間の移動をも終焉させることになる。経済のみならず、心と魂の歪小化をもたらすアウタルキー思想とは、断固として戦う。

おわりに

以上の要約の最後の部分は、レーデラーの個人的体験に基づく心情の吐露ですらあろう。翌三三年、彼は亡命する。また社会政策学会叢書も、この議事録を掲載した巻の次の、学会の歴史を綴った第一八八巻をもって終刊となった。学会自体がナチスによって自主解散に追い込まれたのである(28)。

学会最後の大会テーマが「アウタルキー化」だったのは歴史の皮肉ではないか。一八九〇年代の工業化論争や第一次大戦期の「中欧」構想論で東部内地植民論を掲げたゼーリンクがここにも登場していた。そしてナチスのアウタルキー政策（追い込まれた現実策としてではなく、政策思想としてのそれ）は周知のところだ。これはドイツ史の連続性を語る一面であろう。しかし同時に学会がナチスによって解散に追い込まれたという事実は、断絶面を示すことになろう。公共的意思形成のための討論や社会科学的営為は、それが自律的活動領域として残ろうとする限りはナチスと衝突するのであり、従って学会は自主解散の道を選んだ。この断絶面を見なければ、ナチス論は片手落ちとなろうし、同時に社会政策学会の歴史的な意味も充分には捉えられない。

注

(1) 田村信一「グスタフ・シュモラーとドイツ歴史学派」(経済学史学会編『経済学史——課題と展望——』九州大学出版会、一九九二年)、一二四頁。

(2) 大河内一男『独逸社会政策思想史(下)』青林書院新社、一九六九年(初版一九三六年)七九頁。

(3) ちなみに服部栄太郎『賃銀政策論の史的展開』(初出一九四八年)では、レーデラーは最後には賃銀切り下げを認めて「ついにドイツ社会民主主義賃銀政策論の戦後的形態の転落過程を終結せしめる」人物として描かれる(『服部栄太郎著作集Ⅲ』未来社、一九七一年、二〇〇頁)。

(4) 例として一九二四年原著発行の教科書『リーフマン経済学原論』(宮田喜代蔵訳、同文舘、一九二七年)ではこう書かれている。「社会政策は国家の干渉によって労働階級を助長せんとする政策を包括している。この外に又中産階級政策を云々するものがある。それは特に大経営に対して小工業及び小商業を保護するために、国家が干渉を加えることを意味している」(二九九頁)、「社会政策の要求は大部分既に実現された為、経済学に於て一方的に社会政策のみを顧慮するということも今日ではなくなった」(二八三頁)。

(5) Emil Lederer, Wege aus der Krise. Ein Vortrag, Tübingen 1932. in: Lederer, *Kapitalismus, Klassenstruktur und Probleme der Demokratie in Deutschland 1910-1940*, Hrsg. von Jürgen Kocka, Göttingen 1979. この論文を分析したものには、雨宮昭彦「戦間期ドイツ経済における『相対的成長障害』論の射程——ヴァーゲンフューアの議論をめぐって——」(『経済と経済学』第七三号、一九九三年三月)がある。雨宮はレーデラーの「分析の基礎に、一九二〇年代から恐慌期に至るドイツ資本主義のなかに経済の構造転換の芽が胚胎されていたという、まさにヴァーゲンフューアと共通した現状認識があったことは、殊に注目に値する」(六一頁)としている。

(6) Kocka (Hrsg.), S. 210-20.

(7) ライヒスバンク法では、銀行券に対する四〇%の準備と、うち金が四分の三以上であることが義務づけられていた。R・シュトゥッケン「ライヒスマルクの創設、賠償規制と外債、景気情勢」(ドイツ・ブンデスバンク編『ドイツの通貨と経済――一八七六～一九七五年――上』呉・由良監訳、東洋経済新報社、一九八四年)三〇九頁、これから計算上では、最高で六三億の金純増効果となる。

(8) Kocka (Hrsg.). S. 220-31.

(9) レーデラーの経歴については簡単に紹介したことがある。小林純「エミール・レーデラーのこと」(『創文』第二二四号、一九八四年五月)。社会化委員会については、美濃部亮吉『敗戦ドイツの復興過程――第一次世界大戦における――』東洋経済新報社、一九四八年、第二章を参照のこと。

(10) 雨宮昭彦「職員層とナチズム」(『千葉大学経済研究』第五巻第一号、一九九〇年八月)、同「第一次大戦前ドイツ商業職員の『移動』と社会的系譜」(『経済と経済学』第六一号、一九八八年二月)、ほか。「職員層が左派系労働組合の志向する方向から再度右翼的方向へ、そしてナチズムの社会的支持基盤へと転換していくワイマール期の状況がレーデラーの職員論には率直に映し出されている」(「社会的系譜」二〇三頁)。

(11) 三度目の変更が『大衆の国家』(青井・岩城訳、東京創元社、一九六一年)に見られる。

(12) 例えば、八林秀一「ドイツ中産層の歴史的把握をめぐって」(『専修経済学論集』第一三巻第二号、一九七九年三月)。

(13) 泉三義『レーデラー『景気変動・技術的進歩と失業』』(春秋社、一九五〇年)は、前編で「景気変動と恐慌」に、後編で『技術的進歩と失業』にそれぞれ詳細な批判的検討を加えている。なお日本滞在中の事跡については、Wolfgang Schwentker, Die Japan-Studien Emil Lederers.(『立教経済学研究』第四四巻第三号、一九九一年一月)を見よ。

(14) 泉、前掲書、一三〇～一頁。

(15) 同右、一四九～五〇頁。「……彼の理論的立場においては、機械的、永久的に景気の循環運動がくりかえされなければならない。……このような楽観的理論においては、技術の革新を含む生産力の発展に必ずしも位置をあたえる必要はない」。

(16) 泉、前掲書、一一四頁以下。

(17) ハイマン『経済学説史』喜多村浩訳、中央公論社、一九五〇年、三五五頁以下。

(18) 同右、二八二〜三頁。

(19) 雨宮昭彦「両大戦間期ドイツ資本主義の産業構造変化と社会階級」(『土地制度史学』第一四三号、一九九四年四月)、同「両大戦間期における経済秩序・経済政策思想の革新(1)(2)(3)」(『千葉大学経済研究』第一〇巻第三号、一九九五年一二月、第一〇巻第四号、一九九六年四月、第一一巻第二号、一九九六年九月)。雨宮は戦後ドイツの経済秩序の源泉を探って、「西ドイツ戦後資本主義経済秩序を両大戦間期以降のドイツ社会経済史の長期的な展開のなかに位置づけ」る作業を行った。雨宮はその中で、一九二〇年代の「リベラルな社会主義」グループと論争した経済的リベラリズムには恐慌を画期に決定的な転換が生じてその後の「ネオ・リベラリズム」派が生成したこと、そして両派がともに従来とは異なる「国家干渉主義」を抱き、それぞれの経済政策上の選択肢を提出したこと、を説いた。一九二六〜二七年に行われた「カッセル」論争は、この当時の両派の認識を示す重要な意義をもつものとされている。

(20) 雨宮「革新(2)」二一三頁。

(21) ヒルファディンクの立場については、F・リスト協会主催で一九三一年九月に行われたライヒスバンクの信用拡大をめぐる「緊急秘密会議」の記録を紹介・分析した藤本建夫「大不況と経済政策論争」(『甲南経済学論集』第三四巻第四号、一九九四年三月)を見よ。レーデラーのこの認識と、にもかかわらずその可能性のないことの認識は、例えば、Lederer, Die Lähmung der Weltwirtschaft, in *Archiv für Sozialwissenschaft und Sozialpolitik*, 67. Bd, 1. Heft, 1932, S. 27-8.

(22) Emil Lederer, *Technische Fortschritt und Arbeitslosigkeit*, Tübingen 1931.〔高山洋吉訳『技術経済学(上巻)』科学主義工業社、一九四二年〕。

(23) ハイマン、前掲書、三五六頁。

(24) レーデラー、前掲書、一〇二頁。

(25) Lederer, Die Lähmung, S. 24, 28.

(26) *Schriften des Vereins für Sozialpolitik*, Bd. 187, 1932. Zitat aus: Kocka (Hrsg.), S. 199-209.

(27) 市場の価格関係を左右する政策をきらって補助金策を採るというこの論法は、現在の社会的市場経済論者と同じである。

(28) 大河内、前掲書「補論三　独逸社会政策史に関する若干の資料」(初出一九四〇年)。

第12章　経済学・歴史・歴史主義

小林　昇

1

ドイツ歴史派経済学（以下歴史学派）を広い経済学史の流れのなかに置き、はたして何がその特徴であり貢献であったか、いな、そう呼ぶべきものが真にあったかどうかを、いまの時点で考え直してみたい。学史上の明白な事実としては、歴史への着目と洞察とはもとより、歴史研究自体さえも、一八世紀以来多くのすぐれた経済学体系の内部ないし基底に存在していたのであるから、こういうばあいの「歴史」の諸特質を、歴史学派の周囲に——前後左右に——位置させてそれぞれ簡単に検討し、それらに比べての後者の積極的意義の有無を見直してみたいと思う。日本のアカデミックな経済学界は歴史学派の影響を受けることが大きかったから、とくにドイツでのシュモラー復興と相応ずる、われわれの側での歴史学派への再評価のこころみが、そういう影響のたんなる継続ないし再生とならないためにも、このような反省は意義をもつであろう。

W・ロッシャー、B・ヒルデブラント、K・クニースのいわゆる旧歴史学派の三人は、その光芒がいまではだんだん消えつつある。むしろロッシャーの着実な経済学史研究、すなわち『イギリス一六・一七世紀経済学史論』(1)と大著『ドイツ経済学史』(2)とが、「後期」歴史学派の多くの専門的学史研究(3)とともに、省みられつづけることとなるであろう（そうして、オーストリア学派の学統の E. v. Böhm-Bawerk の周知の『利子学説史』がこれらと競い立っている）。古典学派に対抗して意義があると彼らの信じた、その相対主義・国民主義・倫理主義・心理主義・有機体説・段階説・発展思想等々の、歴史主義とさまざまに結合してそれぞれ一体を成していた体系を、平明に解きほぐして有効に再構成することは、いまではますます困難である。また、これとは別の意味で、すなわちいわゆる旧歴史学派のこの三人が厳密には「学派」を形成して集団的力能を発揮したわけでなかったことは、シュンペーターの指摘する通りであるから、(4)彼らの集団的業績といったものは厳密な対象とはなりにくいように思われる。ただし「新」歴史学派の中心人物G・シュモラーについてだけは、これもおもにシュンペーターの独自の積極的評価のゆえにしだいに新たな注目が集まりつつあるが、(5)このばあいにも、こんにちわれわれのいう社会経済史学の広範な研究領域の開拓と樹立とに対するシュモラーとその「学派」との最大の業績が、極限的に大規模な総合的経済学という理想のなかで、彼への評価の基礎となっているにとどまるように判断されるのである。シュモラーの諸作品の多くはこんにちなお読まれるけれども、誰が彼の最大作『一般国民経済学綱要』(6)を読み通そうとするだろうか。わたくしには、メンガーの単純なともがらへのシュンペーターのたしなめは理解できても、それがシュモラーの総体系に期待させるものの実現は、いまでもほとんど成功してはいないように思われる。

2

広い思想史と理論史との流れのなかでは、経済学の大体系はほとんどつねに歴史への関心とともにあった。「最初の経済学体系」であり'Euro-centric'な（大陸の事情をふまえた）体系であった、サー・J・ステュアートの『経済の原理』(7)は、農工分離＝商品経済＝生産者大衆の自由な社会の展開を、その大冊の端初から説きおこし、この展開の歩一歩の進行・拡大が広範な勤労（生産的活動・industry）とこれに応ずる有効需要（effectual demand）とに支えられつつ、諸国民間の外国貿易の交錯のうちに、貨幣・信用・財政の諸制度を成熟させる過程を、演繹的・帰納的に層々と――つまり体系的に――説きつくしたのであった。だからこの大体系は、十分歴史的理論の名に値するものだったのである。それは封建制の解体と近代商品経済の形成とを諸国民経済の成立と角逐という幅のなかで描き、このばあい、モンテスキューの『法の精神』（一七四八年）における「国民の一般精神」（l'・

esprit général d une nation）を継承したspirit of a nation（spirit of a people）[8]の語を多用して諸国の政治・経済・習俗の独自性を強調したが、同時にこの古典にはspirit of industry, spirit of modern times, spirit of European liberty等々の語も他方でしばしば見られ、国民経済の歴史的個性を経済史一般の発展法則のなかに置こうとする認識が、すでにはっきりと示されている。しかも留意すべきことに、『原理』では世界史の発展が古典古代↓中世封建時代↓近代社会というふうに明確に把えられていると同時に、この近代社会からスペインは脱落させられてそこに勤労者大衆の社会は見いだされていず、このかぎりスペインはむしろ古典古代社会に類縁的だと把握されているのであって、ここに西欧世界史の広袤が正確に認識されているのである。そうしてこれとともに、スペインを除く狭義の西欧諸国はそれぞれ独自の国民経済的個性をもちつつも相ともに世界史の前線を形成しているという、普遍的認識が一貫して認められ、歴史を開く理論というものがこうして出現することとなる。こういう、世界史的前線に立つ展望は、ドイツの歴史学派が社会問題へのさまざまな関心をつうじてもついに新鮮にはもちえなかったものであった。

A・スミスの『国富論』が『原理』の歴史認識をどの程度まで自覚的に継承したかは明らかにしがたい。またいうまでもなく、『国富論』の編別構成はすでに歴史=理論一体のものではなかった。しかしこの古典での歴史認識自体の広大さと深刻さとは周知のところであり、またこの認識がなくてはこの古典は成立しえなかったはずのものである。この意味では、スミスはステュアートよりもいっそう正統的に、いわゆるスコットランド歴史学派のなかに哺まれた者であって、新歴史学派の一人とされるW・ゾンバルトによる、スミスの同国人・同時代人J・ミラーの顕彰[9]は、おのずからこの間《かん》の事情を示しているといえよう。なお、『国富論』第三編における近代社会成立史にかかわる立論に、スケイルの大きいスミスの形而上学が潜んでいることにも留意しなければならない。

フランスの経済学史のなかでの歴史主義、ことに歴史家S・de シスモンディの『経済学新原理』（一八一九年）

やA・ブランキの『欧州経済学史』（一八三七年）などについては、それらを指摘するだけにとどめよう。

3

F・リストは歴史学派のたんなる先駆者ではない。彼の実践的活動はすくなくともドイツ全土に巨大な印象を与えたし、[10]またのちに彼の『著作集』（いわゆる *Die grosse List-Ausgabe*, 1927-35）に示されているその総体系は、彼の主著とされる『経済学の国民的体系』（一八四一年）をはるかに超えて、啓蒙主義とロマン主義との複雑な混淆の上に立つ、大きい思想的構築物を示している。

第一に、『国民的体系』での著名な発展段階説は、実践的・政策論的意図がとくにあらわであるとはいえ、その構造はA・R・J・テュルゴー＝スミスのいわゆる四段階説――それは実質的にはステュアートにもある――に最終の一段階、すなわち世界経済を単独で支配する超大国民のみの達する農工商業段階を加えたものであって、のちの歴史学派の各種の段階説よりも、むしろ一八世紀英仏の段階説の直接の継承である。

第二に、リストの全社会科学体系の基幹ともいうべき長論説「農地制度論」（一八四二年）は、西欧諸国の土地制度の差違ないし個性がそれら諸国の近代化（↓資本主義）の個性を、そのそれぞれの制度的欠陥とともに生んでいるという認識を明示すると同時に、ここから、ドイツには――零細農業に立脚するフランス、資本家的巨大農場に立脚するイギリスのそれぞれとことなる――中産的農場（近代的国家市民〈Staatsbürger〉の経営する農場）を創設すべきことを提唱したものであって、リストの主著の要請する、国民的産業資本のための国内市場の確保と、それを目的とする保護関税システムとは、以上の提唱と相応じてはじめて一貫するはずのものなのであった。ところがこの提唱は、他方でリストに、古代ゲルマンの土地制度への積極的評価・家産法的措置（↓J・メーザー）、中規模エンクロージュアに伴う農村過剰人口のハンガリーへの植民、等の立論を促したのであって、のちの歴史学派のものとはことなる独自のロマン主義が、リストの総体系を染め上げることとなる。そうしてこのロマン主義は、ドイツの社会思想の潜流となった。

第三に、リストの世界史的視野は、古典古代の人間類型と近代のそれとの本質的相違への着目にも及んでおり、彼は、古典世界における自然の豊饒が生産者大衆の勤労意欲の欠除と巨大帝権の成立とを導出したのに対し、近代西欧世界における自然の貧瘠は大衆に勤労意欲と技術の尊重と自立とを与え、同時に巨大政権の成立を防げたと論じたのであった。この洞察は『国民的体系』の補完として一八四四年に立言されたものであって、[11] それはスペインを視野に入れたステュアートの世界史的認識に相応ずるとともに、後代のM・ヴェーバーの広大な学問的世界をさえ予想させるに足るものであった。

われわれの関心をひくところは、歴史学派の諸峯が、リストのこういう世界史的認識について無関心だったという事実である。彼ら教授たちは、「農地制度論」がL・ホイサー編の最初の『リスト著作集』で、省略をふくみながらもすでに一八五〇年に公刊されていたにもかかわらず、また学史研究が彼らの関心の向うところであったにもかかわらず、当の「農地制度論」も、またリストの総体系も、彼らの留意するところとはならなかった。ロッシャーも、シュモラーも、「農地制度論」にはきわめて簡単に触れているにとどまる。そうして歴史学派のこの負の文献的伝統は、巨匠M・ヴェーバーにまで引き継がれたのであった。

4

シュモラー（一八三九〜一九一七年）はA・マーシャル（一八四二〜一九二四年）と同世代に属するが、J・

S・ミル（一八〇六～七三年）やK・マルクス（一八一八～八三年）はむしろロッシャー（一八一七～九四年）の同時代人である。マルクスの広大・深刻な歴史認識については、ここで触れる余地がなく、またその必要もないであろう。われわれはただ、マルクスを外部に置いての、歴史学派の出発という事実にいちおう関心をもっていればよい。――マルクス自身は、たんにリストの『国民的体系』を早くに読んだのみならず、その「農地制度論」をもはっきりと視野に入れていたのではあったが。(12)

歴史認識・歴史研究ないし歴史的洞察を深く有機的にふくんだ経済学の大体系は、ステュアートとスミスとマルクスと以外には見当らないといってよい。ただしA・マーシャルの『経済学原理』（1890. 8th ed. 1920）は、その「続巻」である『産業と商業』（一九一九年）と合わせれば、上記の三人の塁にわずかに迫るであろう――この「合わせる」作業は、依然としてわれわれの課題ではあるが。J・S・ミルの体系には世界史的洞察の深みが欠けるし、シュモラーの上掲の『綱要』は、マーシャルでは『原理』にあたる局面に新鮮度が欠けるため、彼に托してシュンペーターが理想とした「経済社会学」（Wirtschaftssoziologie）(13)と呼べるものに到達しているとはいえないので、上記の三人の代表作と肩を並べることはできないとすべきである。晩年のシュモラーは客観的価値判断の存在をヴェーバーの批判から守ろうとしたばあいにマーシャルを引合いに出し(14)、マーシャルの方ではその歴史研究にかかわってシュモラーを追慕しているのであって(15)、シュンペーターはここから、このふたりが同一の世界に由来していると述べているけれども(16)、シュモラーはマーシャルとことなって、正統的経済理論の開拓によって世界史の先端の風圧に立向うということがついになかった。またマーシャルはマーシャルで、自己の研究の発表の順序を、第一に経済理論プロパーに、第二に経済史に置いたのであった。

ケインズはその師マーシャルを追悼したとき、後者が六巻にも及ぼうとする経済史の著述に従事していたことを語り、碩学J・クラッパムが一七世紀以来の経済史にかんするマーシャルの豊富な知識を史家W・カニンガム以上であると評価したと補記している。(17) そうしてこのかぎり、カニンガムをそのひとりとしてふくむいわゆるイギリス歴史学派は、ドイツの歴史学派の影響を受けながらも、母国での経済学史の主流の影の下に置かれているといってよいであろう。そうしてまた、その後における社会経済史研究という独自の学問領域の成立が、現時点においては経済社会学の建設という方向を明示していないことを、われわれは認めざるをえないのではなかろうか。なお、これにかんして、われわれはシュモラーの有名な重商主義論(18)が、彼の爾余の豊富な個別的・細目的歴史研究にもかかわらず、こんにちでは古色の深いものであることを省みざるをえない。絶対主義プロイセンという舞台は、カニンガムやマーシャルの踏んだ舞台に比べれば日の当ることが遅く、この事実はシュモラーの学問的認識をも制約せずにはおかなかったのである。

5

アメリカのいわゆる制度学派に歴史学派の影響があきらかなこと、ここでもシュンペーターによれば、とくにシュモラーが制度主義（Institutionalismus）の父となったということは、否定できない事実である。(19) ただし、一九世紀初頭から二〇世紀初頭にかけてアメリカ人でドイツの諸大学に学んだ者の数は尨大であったから、彼らはドイツのさまざまな大学教授から享けるところが多かった。また一方、浅い歴史しかもたぬアメリカの研究者たちが、歴史学派の「歴史的」方法に滲透される余地はむしろ少なく、広いドイツ経済学における経験的方法や社会有機体の観念や相対主義等が反って受け容れられたのであった。それは広範な社会学的方法といってよいであろう。やがてパックス・アメリカーナの展開によって、この方法は一方での経済学の数学化と対立することともなるが、ともあれ、アメリカへの「広義の」歴史学派の影響は、Th・ヴェブレン→J・R・コモンズ→W・C・ミッチェルの線にいちじるしく、またH・C・アダムズ、J・B・クラーク、R・T・イリー、E・R・A・セリグマンらの存在も忘れえないであろう。[20] とくにヴェブレンは、新歴史学派、なかでもシュモラーを積極的に評価して、後者が歴史的細目研究を予備的手続きとする、ダーウィン的進化論的経済学の樹立をめざしたと判定したのであった。ただしこのばあい、シュモラーの倫理主義がそのあるべきダーウィン主義の制約となったことも指摘されている。またヴェブレンはマルクスと深く批判的に対立しているのであって、この点でもシュモラーとことなるスケールをもつというべきであろう。

なお、アメリカにおける歴史学派の影響といっても、ヴェブレン→コモンズ→ミッチェルの線は、同時にむしろ、歴史学派と標高を争う連峰を示しているというべきであろう。

また、歴史学派との対比において、われわれはアメリカでの経済学史研究の尨大な成果を忘れることができない。すなわちミッチェルの『経済理論の諸類型』[21]や、ドーフマンの『アメリカ文明における経済的精神』[22]等がそれである。ロッシャーの業績をも超えるこれらの大作を見れば、シュンペーターの超大作『経済分析の歴史』のいちおうの完成にも、こういうアメリカ学界の地盤があったというべきであるかもしれない。

6

シュモラーを中心とするいわゆる新歴史学派が包摂する人々の範囲は広いが、ここではとくに、クニースの学生であったと同時に広大かつ独自な社会学の領域を開拓してドイツにおける歴史的経済学→経済社会学を超克したM・ヴェーバーだけを——歴史学派の外に出た者として——一瞥することとする。それは一面では、青年ヴェーバーがすぐれた経済論者だったからであるし、また他面では、歴史学派から脱却したヴェーバーがはじめて世界史的課題の前線に立ちえたことに注目したいからである。この意味で、シュモラーを継ごうとしたシュンペーターを「最新歴史学派」と呼ぶことがあるにもかかわらず[23]、ヴェーバーを歴史学派の殿将とみなすことのほうが、経済学史の区分としては自然であるように思われる。もっとも、こう云うのは、歴史学派から脱却したのちのヴェーバーこそ、研究対象としてシュモラーとは比較にならぬほどの意義を担ってきたという事実の意味を軽視するものではなく、反ってその逆なのであるが。

ヴェーバーはいつごろまで、経済学者として歴史学派の新進（Wir Jünger der deutschen historischen Schule）[24]の位置にとどまっていたのだろうか。

彼の早期の傑作であるオスト・エルベの農業の分析（一八九二～四年）は、独自の人間類型論と国民主義とに立脚する一方、メンガー的理論体系の外部で立論しているかぎりで、歴史学派の流れのなかにあるすぐれた業績であり、他方、それにつづく複数の取引所論（一八九四～六年）は、ゆきとどいた制度的研究であって、これも歴史学派の領域に属するものである。これらは周知のフライブルク大学就任演説（一八九五年）と相俟って、若いヴェーバーの学的・実践的関心の所在を示すであろう。しかし、フライブルクへの就任を控えて、彼は経済学一般の広範な研究に集中した、一年以上と思われる期間をもったのであって[25]、それはフライブルクでの彼の地位が経済学および財政学（Nationalökonomie und Finanzwissenschaft）だったからであった（この地位にははじめF・v・ヴィーザーの名もあがっていたのである）。若い天才にとってのこの集中期間の存在は、経済学者ヴェーバーの成長に対してゆるがせにできない意義をもつであろう。

フライブルクでのヴェーバーの講義と、それにつづくハイデルベルクでの彼の講義と（一八九四～五年〔冬〕――一八九六～七年〔冬〕）は、その構成、最初の部分の要綱、全体にわたる文献案内を、現在刊行中の『ヴェーバー全集』の別冊付録から窺うことができる[26]。彼の両大学での講義の題目もまた知られている[27]。それらを見わたすと、講義の目的とした範囲が、方法・基礎概念・歴史・学史・理論の全域にわたってきわめて広大であったことが推測されるが、もとよりそれはメンガー流の理論的展開ではなく、歴史学派の正統を継承するものであったことが十分に理解できる。[28] もっともそこには、方法論争の書をふくむメンガーの諸著や、ベーム＝バヴェルクの論説やヴィーザーの労作もあげられているし、さらにジェヴォンズ、ワルラス、マーシャル、マルクス、エンゲルス、カウツキー等々の名もまた漏れてはいないのである。しかし、そこにあげられた尨大な文献群を概観すれば、当時のヴェーバーがシュモラー・メンガー論争に狭い関心を集めていたとは思うことができない。——そうして、一八九八年に発病して経済学教授の地位から離れたヴェーバーがようやくロッシャーとクニースとの方法の批判＝歴史学派の自己批判をはじめたのは一九〇三年、「プロテスタンティズムの倫理」を発表したのはつづいて一九〇五年のことであった。こうしてヴェーバーは、経済学を離れると同時に歴史学派を離れ、独自の社会学の世界に旅立つのである。それはシュモラー的（→シュンペーター的）意図からの訣別でもあった。後期歴史学派には、なおA・ヴァーグナー、L・ブレンターノ、W・ゾンバルトらの巨匠が存しながらも、その学派の終局はほぼ、一九三八年の『シュモラー生誕一〇〇年記念論文集』で画することができるが、[29] その最盛期はヴェーバーのこの訣別の時点で終るとしたい（それはシュモラーの巨大作の成立期とかさなる）。ヴェーバーはこうして、歴史学派を離れるとともに、国民主義を超えた世界史的気圏に到達し、旧来の相対主義や倫理主義や心理主義を方法的に深処で変容させ、ドイツの哲学・史学・法学等と並んで学問史の先端を開拓しつつ、とくに西欧の精神史的最前線に立つこととなった。そうして、それは歴史学派がついに立つことのなかった前線なのであった。

こんにちの経済学における世界史的前線は、斯学による環境問題の有効な包摂という地帯にある。歴史学派とくにシュモラーの再評価という学界の問題意識はシュンペーターに発するものといってよいであろうが、シュンペーター的学問世界の充塡が果たして斯学の世界史的前線の構築となりうるかどうかについては、むしろ各人の再考すべきところであろう。

注

（1） W. Roscher, *Zur Geschichte der englischen Volkswirtschaftslehre im sechzehnten und siebzehnten Jahrhundert,* 1851.

（2） Roscher, *Geschichte der National-Oekonomik in Deutschland,* 1874.——ロッシャーの数多くの著書のうち、Wirtschaft und Finanzen 社から刊行中の 》*Klassiker der Nationalökonomie*《 双書中に収められているのは、本書と、*Ansichten der Volkswirtschaft aus dem geschichtlichen Standpunkte,* 1861 とである。

（3） その代表的なものとして、W. Hasbach, *Untersuchungen über Adam Smith und die Entwicklung der Politischen Ökonomie,* 1891 をあげるにとどめる。

（4） Cf. J. A. Schumpeter, *History of Economic Analysis,* 1954, pp. 507, 808.〔東畑精一訳『経済分析の歴史』3、岩波書店、一九五七年、一〇六五～六六頁、5、一九五八年、一六九六～九七頁〕。

（5） Cf. Schumpeter, Gustav v. Schmoller und die Probleme von heute, *Schmollers Jahrbuch...,* Jg. 50, 1926, in derselbe, *Dogmenhistorische und biographische Aufsätze,* 1954. わが国での注目されつつある新研究としては、田村信一『グスタフ・シュモラー研究』御茶の水書房、一九九三年がある。

（6） Schmoller, *Grundriss der allgemeinen Volkswirtschaftslehre,* 2 Bde., 1900-4.

（7） Sir James Steuart, *An Inquiry into the Principles of Political Oeconomy,* 2vols., 1767.

（8） Cf. Montesquieu, *De l'esprit des lois,* livre 19, chaps. 4-5 ; Steuart, *op. cit.,* e. g. bk. 1, ch. 2 ; *Works,* II, 1805, p. 20.

（9） Cf. W. Sombart, Anfänge der Soziologie, *Erinnerungsgabe für Max Weber,* Bd. 1, 1923.

（10） Cf. E. Wendler und H. A. Gemeinhardt (hrsg.)》Nachrufe zum Tode von Friedrich List《, *Reutlinger Geschichtsblätter,* Jg. 1996・Neue Folge Nr. 35.

（11） Cf. F. List, Die anonyme Statistik gegen das Nationale System der politischen Ökonomie, *Friedrich List. Schriften, Reden, Briefe,* Bd. 6, 1930.

(12)『資本論』の最終の注を見よ。

(13) Cf. Schumpeter, *Dogmenhistorische...Aufsätze*, op. cit., p. 181.〔玉野井芳郎監訳『社会科学の過去と未来』ダイヤモンド社、一九七二年、四七〇頁〕。

(14) Cf. Schmoller, Die Volkswirtschaft, die Volkswirtschaftslehre und-methode, in *Handwörterbuch der Staatswissenschaften*, 3. Aufl., Bd. 8, 1911 (Schmoller, *Kleine Schriften zur Wirtschaftsgeschichte, Wirtschaftstheorie und Wirtschaftspolitik*, Teil 6, 1987, p. 993).〔戸田武雄訳『国民経済、国民経済学及び方法』有斐閣、一九三八年、一七二頁〕。

(15) Cf. Marshall, *Industry and Trade*, 1919, p. vi.

(16) Cf. Schumpeter, *Dogmenhistorische...Aufsätze*, op. cit., pp. 198f.〔玉野井監訳、前掲、四九四～五頁〕。

(17) Cf. J. M. Keynes, *Essays in Biography*, 1933, in *The Collected Writings of J. M. Keynes*, vol. 10, p. 210.〔大野忠男訳『人物評伝』、『ケインズ全集』第一〇巻、東洋経済新報社、一九八〇年、二七八～九頁〕。

(18) Schmoller, Das Merkantilsystem in seiner historischen Bedeutung, *Jahrb. f. G. V. u. Vw.*, 8, 1884, in Schmoller, *Kleine Schriften*, op. cit., Bd. 1.〔正木一夫訳『重商主義とその歴史的意義』伊藤書店、一九四四年〕。ただしこれは、プロイセンのフリードリッヒ二世の経済政策にかんする一連の論文の一つである。

(19) Cf. Schumpeter, *Dogmenhistorische...Aufsätze*, op. cit., pp. 165-6〔玉野井監訳、前掲、四四七～八頁〕。ただしシュンペーターは、こういう表現の内容の空疏であることをも指摘した。

(20) 制度学派については、とくに田中敏弘『アメリカ経済学史研究』(晃洋書房、一九九三年)から教示を受けるところが大きかった。

(21) W. C. Mitchell, *Types of Economic Theory from Mercantilism to Institutionalism*, ed....by J. Dorfman, 2vols., 1967-9. これは一九一三～三七年の講義ノートにもとづいている。

(22) J. Dorfman, *The Economic Mind in American Civilization 1606-1865*, 3vols., 1946.

(23) 田村、前掲、三一五頁による。

(24) M. Weber, *Der Nationalstaat und die Volkswirtschaftspolitik*, 1895, p. 22. *Max Weber Gesamtausgabe*, Bd. 4, 2. Halbband, p. 563.〔田中真晴訳『国民国家と経済政策』未来社、一九五九年、四二頁〕。

(25) Cf. K. Tribe, *Strategies of Economic Order,* 1995, pp. 82f.

(26) M. Weber, *Grundriss zu den Vorlesungen über Allgemeine* (*"theoretische"*) *Nationalökonomie* (*1898*), 1990.

(27) Cf. Tribe, *op. cit.,* p. 83.

(28) ことにこの別冊の pp. 29-30 を見よ。そこには経済学の歴史学派から足を抜こうとするヴェーバーさえ窺われる。

(29) A. Spiethoff (hrsg.), *Gustav von Schmoller und die deutsche geschichtliche Volkswirtschaftslehre: Festgabe zur hudertsten Wiederkehr seines Geburtstages,* 1938. Cf. Y. Shionoya (塩野谷祐一)' Schmollers Forschungsprogramm——Eine methodische Würdigung, *in Vademekum zur Wiederausgabe des Schmollers Lebenswerk "Grundriss",* 1989, p. 59n.

あとがき

歴史学派は過去の亡霊か否か。昨年（一九九六年）の一一月に開かれた経済学史学会の第六〇回全国大会では、共通論題に「歴史学派の世界」が取り上げられ、大会二日目（一一月一〇日）の午後に、このテーマに向けた全体セッションが設けられた。本書の編者二人はこの全体セッションの司会をつとめた。八木は冒頭で「開題」をおこない、住谷は「総括」をおこなった。うち住谷の方の「総括」は拡充されて本書の最初の章になっているので、八木が執筆した「開題」を『大会報告集』から再録しておこう。

一　前世紀の末において、英仏の自由主義的な古典派経済学が「旧派」と呼ばれたのに対して、「新派」と呼ばれたのはドイツを中心とした歴史学派の経済学であった。歴史学派の影響は、イギリスでこそA・マーシャルによって阻まれたとはいえ、ドイツの大学にならって高等教育を整備した日本やアメリカでは、「経済学の制度化」そのものと結びついていた。実証的歴史研究と政策研究を重視するこの学派は、明確な理論体系をもたないだけに、かえって、その発想やスタイルにおいてアカデミズムに適合したのである。もしそうだとすると、歴史学派をとりあげることは、現代の日本の経済学者にとっても、自己および周囲の同僚の経済学の忘れられた基礎の再発見につながるかもしれない。

二　他方、現在の主流派経済学の世界では、新古典派理論の体系化と精緻化が追求されたあと、新古典派理論の想定する人間像への批判とともに、制度と歴史への関心が高まっている。一時期、数理化に熱中していたマルクス経済学の世界においても同様である。これは、歴史学派が興隆し、たびたび方法論争がおきた一世紀前の状況に酷似している。一世紀前の歴史学派の存在の意義と限界を論じることは、現在の経済学にも資するところがあるのではないか。

三　「歴史主義」あるいは「歴史学派」というのは、この潮流の経済学者たちが自ら選びとった名称であった。彼らは、社会の構造や経済活動の形態が歴史的に相違することに注目して、英仏の自由主義経済学者のように、自利心にしたがった生産・交換の活動として経済活動を一般的にかたることに反対した。彼ら歴史学派の経済学者は、経済の産業化と社会の近代化がさまざまな軋轢を生み出すなかで生きていた。彼らは、そうした変動過程を国民経済という単位において把握し、国家の役割と基礎にある国民倫理を積極的に評価した。それは、個人主義的自由主義と異なる視角の歴史認識として、独自の意義をもつであろう。しかし、それは第二次大戦の悲劇にまでいたったドイツの「特殊な道」とどのように関連しているのか。

四　C・メンガーは、「歴史は経済学の対象にはなるだろう。だが、歴史的方法なるものが存在するのか？」と、歴史学派に真正面から反対した。また、M・ヴェーバーは、「価値自由」論争で、歴史学派の指導者G・シュモラーが価値判断を学問的解明のなかにすべりこませることを批判した。しかし、メンガーの「有機的社会現象論」、ヴェーバーの「宗教社会学」もまた、見ようによっては歴史学派的である。制度と倫理をとりいれた「歴史学派」の経済学は、どのように再構成されるべきなのであろうか。

この共通論題セッションでは、本書の寄稿者のうち、三人が報告者、三人が討論者、それに司会二名、計八名が登壇したが、そのほかにも、大会初日に、学会名誉会員である小林昇氏の特別講演がおこなわれ、大会二日目の午前には、学術振興会の招きで来日中のプリッダート氏の研究報告もおこなわれた。とくに、前日の小林氏の峻厳な歴史学派批評を受けて行われた全体セッションには、緊張感すら漂っていた。この全体セッションでは、歴史学派が国民経済と資本主義という認識装置から（田村信一報告）、また制度主義と進化理論との関連から（塩野谷祐一報告）、さらに戦間期のアクチュアルな政策論から（柳澤治報告）論じられた。これらの研究報告は、巧まずして、それぞれの視点から小林氏の批評に答える内容を含んでいた。三報告とそれへの討論が、さらにフロアからの熱心な、あるいは興味深い質問やコメントを誘発したことはいうまでもない。

結局のところ、歴史学派について、共通の理解が達成されたわけではない。歴史学派は、その基本思想と方法意識、またそもそもその時間的空間的広がりすら、いまだに茫漠としている。大会での討論は、歴史学派の範囲を広げ、またその像を一層多様にしただけかもしれない。しかし、歴史学派をそうした多様性自体において評価することが新しいことだと編者の一人には思える。

日本経済評論社の好意によって出版が決まると、編者二人は、大会で講演および研究報告をした五氏だけでなく、討論者と司会も論文執筆者として参加して内容を拡充することを考えた。また、歴史学派研究の国際的動向を示すために、プリッダート氏より一カ月前に来日したシェフォールト氏が編者の一人の勤務する京都大学でおこなったレクチュアの原稿と、英語圏におけるドイツ経済思想研究の第一人者であるトライブ氏がイギリスの歴史主義経済学について総括的評価を与えた一編をも加えることになった。これによって、本書『歴史学派の世界』は、同名の学会企画からもひと回り成長した姿で刊行されることになった。

編者の一人が、歴史学派を学会の論議の中心におこうと考えて、共通論題の立案作業に入ってから数えると三年がかりの仕事であった。大会当日の報告・討論だけでなく本書刊行にいたるまでお付き合いいただいた執筆者の方々、信頼をもって編者に論文の日本語での公表を委ねられたプリッダート、シェフォールト、トライブの三氏とその翻訳をご担当いただいた原田哲史、小林純、塘茂樹の三氏、編集の労をおとりいただいた日本経済評論社の谷口京延氏に感謝する。また、編者によるあとがきで編者に謝意を表するのは異例であるが、この「あとがき」を執筆している八木は、倍に近い研究歴とそれ以上の豊かな学識をもついま一人の編者住谷一彦氏が、最初の段階から今にいたるまで慈父の如き優しさで一貫してこの企画に支持を与え続けてくれたことをかたじけなく思っている。なお、本書の刊行に関して、平成九年度文部省科学研究費補助金「研究成果公開促進費」の交付を受けた。

一九九七年一〇月五日

八木　紀一郎

柳澤　治（やなぎさわ・おさむ）
1938年生まれ。東京都立大学経済学部教授。
主な業績『ドイツ三月革命の研究』（岩波書店，1974年），『ドイツ中小ブルジョアジーの史的分析』（同上，1989年），その他。

小林　純（こばやし・じゅん）
1950年生まれ。立教大学経済学部助教授。
主な業績『マックス・ヴェーバーの政治と経済』（白桃書房，1990年），その他。

小林　昇（こばやし・のぼる）
1916年生まれ。立教大学名誉教授。
主な業績『小林昇経済学史著作集』（全11巻，未来社，1976〜89年），その他。

〔執筆者・訳者紹介〕（執筆順）

原田哲史（はらだ・てつし）
1958年生まれ。四日市大学経済学部教授。
主な業績 *Politische Ökonomie des Idealismus und der Romantik,* (Duncker & Humblot 1989), その他。

田村信一（たむら・しんいち）
1948年生まれ。北星学園大学経済学部教授。
主な業績『ドイツ経済政策思想史研究』（未来社，1985年），『グスタフ・シュモラー研究』（御茶の水書房，1993年），その他

ビルガー・P．プリッダート（Birger P. Priddat）
1950年生まれ。ヴィッテン=ヘルデッケ大学経済学部教授。
主な業績 *Der ethische Ton der Allokation* (Baden-Baden 1991), *Die andere Ökonomie* (Marburg 1995), など，ドイツ経済学史に関する多数の著作があり，また，ドイツ語圏経済学史叢書（Metropolis-Verlag, Marburg）の総編集者。

ベルトラン・シェフォールト（Bertram Schefold）
1943年生まれ。フランクフルト大学経済学部教授。
主な業績 *Mr. Sraffa on Joint Production and Other Essays,* (London 1989) などの著作によって，資本理論および結合生産についての理論家として知られるが，近年は経済学史研究にも携わる。1991年以来，国民経済学古典翻刻叢書（Verlag Wirtschaft und Finanzen, Düsseldorf）の責任編集者。

塘　茂樹（とも・しげき）
1958年生まれ。京都産業大学助教授。
主な業績 *Eugen von Böhm-Bawerk—Ein großer österreichischer Nationalökonom zwischen Theorie und Praxis* (Metropolis-Verlag, 1994)，その他。

塩野谷祐一（しおのや・ゆういち）
1932年生まれ。国立社会保障・人口問題研究所所長。一橋大学名誉教授。
主な業績『福祉経済の理論』（日本経済新聞社，1973年），『現代の物価』（日本経済新聞社，1973年），『価値理念の構造』（東洋経済新報社，1984年），『シュンペーター的思考』（東洋経済新報社，1995年），*Schumpeter and the Idea of Social Science,* (Cambridge University Press, 1997), その他。

高　哲男（たか・てつお）
1947年生まれ。九州大学経済学部教授。
主な業績『ヴェブレン研究――進化論的経済学の世界』（ミネルヴァ書房，1991年），その他。

キース・トライブ（Keith Tribe）
1949年生まれ。キール大学経済学上級講師。英語圏におけるドイツ経済思想研究のリーダーの一人。また，経済学の制度化の研究でも知られる。
主な業績 *Governing Economy: The Reformation of German Economic Discourse 1750-1840* (Cambridge 1988), *Strategies of Economic Order: German Economic Discourse 1750-1950* (Cambridge 1995), その他。

〔編者紹介〕

住谷一彦（すみや・かずひこ）
1925年生まれ。東京国際大学教授。立教大学名誉教授。
主な業績『共同体の史的構造論』（有斐閣，1963年），『リストとヴェーバー』（未来社，1969年），『日本の意識』（岩波書店，1982年），その他。

八木紀一郎（やぎ・きいちろう）
1947年生まれ。京都大学大学院経済学研究科・経済学部教授。
主な業績『オーストリア経済思想史研究』（名古屋大学出版会，1988年），『経済思想』（日経文庫，1993年），その他。

歴史学派の世界

1998年1月20日　第1刷発行

編者　住谷一彦
　　　八木紀一郎
発行者　栗原哲也
発行所　株式会社　日本経済評論社
〒101　東京都千代田区神田神保町3-2
電話03-3230-1661　振替00130-3-157198
文昇堂印刷・山本製本
装幀＊渡辺美知子

乱丁落丁本はお取替え致します。　Printed in Japan

ISBN4-8188-0966-7

歴史学派の世界（オンデマンド版）

2003年3月10日　発行

編　者　　住谷　一彦・八木紀一郎
発行者　　栗原　哲也
発行所　　株式会社　日本経済評論社
〒101-0051　東京都千代田区神田神保町3-2
電話　03-3230-1661　FAX　03-3265-2993
E-mail: nikkeihy@js7.so-net.ne.jp
URL: http://www.nikkeihyo.co.jp/
印刷・製本　株式会社　デジタルパブリッシングサービス
URL: http://www.d-pub.co.jp/

AB199

乱丁落丁はお取替えいたします。　Printed in Japan

ISBN4-8188-1608-6